电子商务概论

隋东旭　郭宝丹 ◎ 主编

微课+思政版

清华大学出版社
北京

内 容 简 介

本书以培养适应电子商务和网络经济发展需要的应用型、高层次专业人才为目标，根据电子商务工作的主要内容以及能力要求设计教学内容，主要介绍电子商务认知、电子商务模式、网络营销与推广、电子商务物流管理、电子支付、电子商务客户关系管理、电子商务安全管理、电子商务数据分析与应用、新兴电子商务模式等知识。

本书主要供电子商务、市场营销、工商管理、物流管理、信息管理与信息系统、国际贸易、财务管理、金融等相关专业的学生学习"电子商务概论"课程使用，也可作为企事业单位电子商务的培训教材，以及作为从事电子商务相关工作的企业管理人员和业务人员的参考书。

本书封面贴有清华大学出版社防伪标签，无标签者不得销售。
版权所有，侵权必究。举报：010-62782989，beiqinquan@tup.tsinghua.edu.cn。

图书在版编目（CIP）数据

电子商务概论：微课+思政版 / 隋东旭，郭宝丹主编. —北京：清华大学出版社，2023.8
ISBN 978-7-302-64417-0

Ⅰ. ①电… Ⅱ. ①隋… ②郭… Ⅲ. ①电子商务—概论 Ⅳ. ①F713.36

中国国家版本馆CIP数据核字（2023）第152494号

责任编辑：邓　婷
封面设计：刘　超
版式设计：文森时代
责任校对：马军令
责任印制：杨　艳

出版发行：清华大学出版社
网　　址：http://www.tup.com.cn，http://www.wqbook.com
地　　址：北京清华大学学研大厦A座　　　　　邮　编：100084
社 总 机：010-83470000　　　　　　　　　　邮　购：010-62786544
投稿与读者服务：010-62776969，c-service@tup.tsinghua.edu.cn
质量反馈：010-62772015，zhiliang@tup.tsinghua.edu.cn
印 装 者：三河市天利华印刷装订有限公司
经　　销：全国新华书店
开　　本：185mm×260mm　　　　印　张：14.25　　　　字　数：347千字
版　　次：2023年8月第1版　　　　　　　　　印　次：2023年8月第1次印刷
定　　价：59.80元

产品编号：095962-01

前 言

近十几年来，随着信息技术和网络技术的迅速发展，电子商务日趋活跃。电子商务作为一种新型的经营方式正在被越来越多的企业所接受和应用，已成为21世纪推动社会、经济、生活及文化发展的重要动力。电子商务对传统的生产运作模式、经营管理模式和商务流通模式产生了前所未有的影响，为传统的经济管理理论和实践注入了新的内涵。

电子商务是一门交叉学科，它涉及社会科学的许多基础学科，如经济学、管理学、计算机科学、市场学等。本书主要从电子商务信息流、资金流、物流、网络营销、电子商务安全、电子商务法律规范、电子商务涉及的经济学问题及其应用等方面介绍电子商务的知识体系。本书的编写秉持以下原则：从高职、应用本科学生的身心特点出发，理论与实务并重，优选对电子商务实践富有指导意义的理论知识，精选实际应用中具有代表意义的电子商务平台或服务系统，重构课程教学的主体内容或实践教学环节的情景；同时，积极吸纳当前电子商务应用发展的新成果，淘汰过时的内容，力求教材取材及时、新颖。

本书以应用型高校教育理念为指导，以培养学生的电子商务应用能力为导向，紧密结合电子商务实际案例，构建电子商务运作的整体知识框架。应用型高校以培养应用型人才为主要任务和目标，即在教学过程中注重学生专业知识应用能力和职业素养的培养。自2001年教育部正式批准高校开办电子商务专业以来，电子商务一直是应用型本科院校的热门专业。"电子商务概论"作为电子商务专业的专业基础课程，在整个课程体系中具有统领的作用，其任务是使学生对电子商务有一个系统的认知，并为后续专业课程的深入学习奠定基础。

本书站在管理的视角，针对电子商务专业的初学者以及非电子商务专业的大学生，对电子商务知识体系进行了重新整合。全书共9章，对电子商务基础知识、零售电子商务、网络营销、电子商务订单履行和物流配送、电子支付以及新兴电子商务和电子政务进行了专题研究，针对电子商务的基本概念、主要技术和实际应用都做了详细的阐述。同时，本书紧跟电子商务的发展步伐，围绕O2O、近距离无线通信（NFC）支付等新兴电子商务模式展开了详细的介绍。除了基本的理论讲解，本书还注重互动实训，希望能够培养读者的实际应用能力。本书提供教学大纲、电子课件、补充教学案例（含文字和视频案例）、学习指导和自测试题、考核方法及模拟试卷。

第1章论述了互联网经济异军突起背景下企业运营及商务电子化的历史必然，介绍电子商务的基本概念、特征、分类，及其对社会各领域的综合影响。第2章介绍电子商务的结构，B2B、B2C、C2C等基本运作模式。第3章介绍网络营销的基本策略、方法与工具。第4章介绍电子商务下物流模式的发展、物流信息技术。第5章介绍电子商务下的资金支付方式，包括网上银行、第三方支付。第6章介绍电子商务客户满意度和忠诚度管理及客户关系管理系统的主要应用技术。第7章介绍电子商务安全的主要威胁因素、保障网上交易安全的技术手段。第 8 章介绍电子商务流量数据、舆情数据、市场数据、利润数据分析方法。第 9 章介绍跨境电子商务、移动电子商务、直播电子商务、农村电子商务等新兴电子商务模式。

电子商务是一门生动、有趣的学科，既来源于实践，也应回归于实践。本教材在突出实践性的同时，也力求体现简明、新颖、易学的特色与风格。

（1）实践性。重视实务教学，选择具有较高代表性、应用面广的大平台，以及时效性强、通用性高的解决方案为教学素材，努力与电子商务实践的最新发展保持同步。多年来我们一直以电子商务业界的主流商务平台，如阿里巴巴、淘宝、eBay、敦煌、中国工商银行网上银行等作为教学载体，实施电子商务完整交易流程中各环节的实训教学，保持教学与实践的高度融合，真正实现工学结合、学中做、做中学的教改理念。

（2）简明性。本书遵循经学致用的原则，理论阐述力求简化，但对重要的理论知识点，则论述充分，并穿插以实例佐证、解释；教学内容表述力求图文并茂、生动形象、深入浅出，以便各类读者理解掌握。

（3）新颖性。书中资料、数据、实例等教学内容紧密跟随电子商务业界的发展现状和趋势，在汰旧布新的同时，也融入了一些作者多年从事电子商务教育、科研和社会服务的成果，此外每小节都加入了思政小课堂，与时事政治紧密结合。

（4）易学性。每章开篇都设一个典型的引导案例，附案例思考题，以激发学生主动思考问题的积极性；在理论知识点上，尽可能多地列举实例，既可帮助学生理解消化相关理论，也可提供他们实际操作的素材；每章配置一定数量的习题、实践题，实现"在学中做，在做中学"。

本书由隋东旭、郭宝丹主编，其中第 2 章、第 3 章、第 5 章、第 6 章、第 7 章、第 9 章由隋东旭老师编写，第 1 章、第 4 章、第 8 章由郭宝丹老师编写。本书可作为国内高职或应用型本科院校电子商务、市场营销、国际经济与贸易、信息管理与信息系统、工商管理、会计、财务管理等专业电子商务课程的教材，也可作为继续教育、培训教育的教材，或供对电子商务感兴趣的其他专业及社会人士阅读。

因专业水平所限，书中或许存在不当之处，敬请专家和广大读者不吝批评指正，以使我们日后修订时能做得更好。

作者

2023 年 5 月 10 日

目 录

第1章 电子商务认知 / 1

1.1 电子商务概述 / 2
1.1.1 电子商务的概念和优势 / 2
1.1.2 电子商务的功能 / 5
1.1.3 电子商务的基本组成要素与概念模型 / 6
1.1.4 电子商务的形成与发展趋势 / 8

1.2 电子商务系统的组成及一般框架 / 11
1.2.1 电子商务系统的组成 / 11
1.2.2 电子商务的一般框架 / 12

1.3 电子商务的前沿技术和应用 / 14
1.3.1 电子商务的前沿技术 / 14
1.3.2 电子商务的应用 / 19

思考与练习 / 21

第2章 电子商务模式 / 23

2.1 B2B 电子商务 / 24
2.1.1 B2B 电子商务的概念和特点 / 24
2.1.2 B2B 电子商务的主要商业模式 / 25
2.1.3 B2B 电子商务的业务流程 / 26
2.1.4 B2B 电子商务平台的盈利模式 / 27

2.2 B2C 电子商务 / 29
2.2.1 B2C 电子商务的概念和特点 / 29
2.2.2 B2C 电子商务的主要商业模式 / 30
2.2.3 B2C 电子商务的业务流程 / 31
2.2.4 B2C 电子商务平台的盈利模式 / 31

2.3 C2C 电子商务 / 32
2.3.1 C2C 电子商务的概念和特点 / 32
2.3.2 C2C 电子商务的主要商业模式 / 33

2.3.3 C2C 电子商务的业务流程 / 34
2.3.4 C2C 电子商务平台的盈利模式 / 34

2.4 O2O 电子商务 / 35
2.4.1 O2O 电子商务的概念和特点 / 35
2.4.2 O2O 电子商务的主要商业模式 / 36
2.4.3 O2O 电子商务的业务流程 / 37
2.4.4 O2O 电子商务平台的盈利模式 / 38

思考与练习 / 39

第 3 章 网络营销与推广 / 40

3.1 网络营销概述 / 41
3.1.1 网络营销的概念 / 41
3.1.2 网络营销的特点 / 42
3.1.3 网络营销的职能 / 43

3.2 网络市场调研 / 44
3.2.1 网络市场调研的概念与优势 / 44
3.2.2 网络市场调研的方法与步骤 / 45

3.3 网络营销策略 / 47
3.3.1 产品策略 / 47
3.3.2 价格策略 / 50
3.3.3 渠道策略 / 52
3.3.4 促销策略 / 56

3.4 网络广告营销 / 57
3.4.1 网络广告基础知识 / 58
3.4.2 网络广告策划 / 59
3.4.3 网络广告的投放 / 61

3.5 主要营销方法 / 64
3.5.1 微博营销 / 64
3.5.2 微信营销 / 65
3.5.3 直播营销 / 69
3.5.4 搜索引擎营销 / 71
3.5.5 短视频营销 / 72

思考与练习 / 74

第 4 章 电子商务物流管理 / 75

4.1 电子商务物流概述 / 76

4.1.1　电子商务物流的概念及特征　/　77
　　4.1.2　电子商务与物流的关系　/　80
　　4.1.3　电子商务物流信息技术　/　82
4.2　电子商务物流仓储与配送　/　85
　　4.2.1　电子商务物流仓储概述　/　85
　　4.2.2　电子商务物流配送概述　/　91
4.3　电子商务物流运输管理　/　93
　　4.3.1　运输的概念和功能　/　93
　　4.3.2　运输方式管理　/　93
　　4.3.3　电子商务环境下的运输合理化　/　99
4.4　电子商务供应链管理　/　102
　　4.4.1　供应链管理基础　/　102
　　4.4.2　供应链的设计　/　107
　　4.4.3　电子商务在供应链管理中的实施　/　110
思考与练习　/　112

第5章　电子支付　/　113

5.1　电子支付概述　/　114
　　5.1.1　电子支付的含义　/　114
　　5.1.2　电子支付的特征　/　114
　　5.1.3　电子支付的分类　/　115
　　5.1.4　电子支付的优缺点　/　116
　　5.1.5　我国电子支付的发展阶段　/　116
5.2　网上银行　/　117
　　5.2.1　网上银行的概念　/　118
　　5.2.2　网上银行的特点　/　118
　　5.2.3　网上银行的功能　/　119
　　5.2.4　网上银行的分类　/　121
　　5.2.5　网上银行的支付流程　/　122
5.3　第三方支付　/　122
　　5.3.1　第三方支付的概念　/　123
　　5.3.2　第三方支付的优缺点　/　123
　　5.3.3　第三方支付的盈利模式　/　124
　　5.3.4　典型的第三方支付平台　/　125
　　5.3.5　第三方支付的流程　/　126
思考与练习　/　127

第6章　电子商务客户关系管理　/ 128

6.1　客户关系管理概述　/ 129
- 6.1.1　客户关系管理　/ 129
- 6.1.2　客户关系管理解决的主要问题　/ 130

6.2　电子商务客户关系管理概述　/ 131
- 6.2.1　电子商务客户信息管理　/ 132
- 6.2.2　电子商务客户满意度与忠诚度管理　/ 132
- 6.2.3　电子商务客户服务管理　/ 134

6.3　电子商务客户关系管理系统　/ 137
- 6.3.1　客户关系管理系统的分类　/ 138
- 6.3.2　客户数据的类型　/ 139
- 6.3.3　客户关系管理系统的主要应用　/ 139

思考与练习　/ 141

第7章　电子商务安全管理　/ 142

7.1　电子商务安全概述　/ 143
- 7.1.1　电子商务安全的概念　/ 143
- 7.1.2　电子商务面临的安全威胁　/ 144
- 7.1.3　电子商务安全体系结构　/ 146

7.2　电子商务安全技术　/ 147
- 7.2.1　数据加密技术　/ 148
- 7.2.2　数字认证技术　/ 149
- 7.2.3　用户识别与安全认证　/ 151
- 7.2.4　安全协议　/ 152
- 7.2.5　防火墙技术　/ 153

7.3　电子商务安全管理规范　/ 155
- 7.3.1　风险制度规范　/ 155
- 7.3.2　法律制度规范　/ 157
- 7.3.3　日常安全防范规范　/ 158

思考与练习　/ 158

第8章　电子商务数据分析与应用　/ 160

8.1　电子商务数据概述　/ 160
- 8.1.1　电子商务数据的认知　/ 161

8.1.2 电子商务数据的采集 / 164
8.1.3 电子商务数据的处理 / 167

8.2 电子商务数据分析 / 170
8.2.1 客单价数据分析 / 170
8.2.2 流量数据分析 / 172
8.2.3 舆情数据分析 / 175
8.2.4 市场数据分析 / 177

8.3 电子商务数据的可视化与报告 / 179
8.3.1 电子商务数据可视化概述 / 179
8.3.2 电子商务数据报告 / 181

思考与练习 / 185

第9章 新兴电子商务模式 / 186

9.1 跨境电子商务 / 187
9.1.1 跨境电子商务的含义 / 187
9.1.2 跨境电子商务的特点 / 188
9.1.3 跨境电子商务的分类 / 191
9.1.4 跨境电子商务主流平台 / 195

9.2 移动电子商务 / 197
9.2.1 移动电子商务的概念 / 197
9.2.2 移动电子商务的特点 / 198
9.2.3 移动电子商务的模式 / 200
9.2.4 移动电子商务常见平台 / 201
9.2.5 移动电子商务的应用 / 202

9.3 直播电商 / 206
9.3.1 直播电商的概念 / 206
9.3.2 直播电商的特点 / 206
9.3.3 直播电商的模式 / 207
9.3.4 直播电商的主流平台 / 209

9.4 农村电商 / 212
9.4.1 农村电商的概念 / 212
9.4.2 农村电商的特点 / 212
9.4.3 农村电商的分类 / 213
9.4.4 农村电商常见平台 / 216

思考与练习 / 217

参考文献 / 218

第 1 章

电子商务认知

知识目标

1. 了解电子商务的产生和发展，及其对社会经济和企业的影响。
2. 理解电子商务的分类。
3. 掌握电子商务的概念及概念模型。
4. 掌握电子商务的基本框架。

 引例

电子商务改变了人们的生活方式和企业经营管理模式

电子商务改变了人们的生活方式。我们足不出户就可以悠然自得地在网上购物，也可以做到对家事、国事、天下事，事事清楚，甚至可以坐在家中聆听世界一流大学知名教授的精彩授课。人们对"新零售""无人超市"这些词已经不再陌生。电子商务将人类过去的很多美好憧憬都变成了现实。

网上银行、支付宝、微信钱包等支付形式的出现，大大改变了人们的消费习惯和支付方式。人们出门不用带现金和银行卡，只需携带一部手机，就可以购物、乘坐交通工具、交水电费等。新的支付方式已经得到全面普及。

电子商务改变了企业的经营管理模式，也改变了政府部门的行政方式。一位外资企业的员工说："自从公司应用移动电子商务以来，我们随时随地都能了解最新的商机，随时随地都可以和客户取得联系，业务越来越好开展了。"一位政府部门的职员说："自从实施电子政务以来，政府部门的工作效率大大提高了，现在有时可以在一天之内完成过去半年的工作。"

↘ 辩证思考：

什么是电子商务？电子商务的基本框架是什么？电子商务究竟能给企业和社会经济带来哪些方面的利益呢？

1.1 电子商务概述

20世纪90年代，随着互联网技术的突飞猛进，商务活动电子化的条件逐步成熟，电子商务得到了蓬勃发展。如果说20世纪末"电子商务"还只是一个新名词，那么进入21世纪后，电子商务将生产企业、流通企业、消费者和政府等都引到了一个数字化的虚拟空间，影响和改变了人们生产和生活的方方面面。随着国家"互联网+"计划的实施，电子商务迎来了新一轮重要的发展机遇，呈现出不同于以往的新内涵、新特征和新趋势，成为推动经济增长的新动力。以网络和电子商务为主要特征的新经济，已成为推动经济全球化的重要手段。

1.1.1 电子商务的概念和优势

1. 商务与电子商务

1）商务的概念

随着我国市场经济的不断完善，企业、政府、个人同市场之间的联系越来越紧密，企业的市场化运作水平越来越高，政府采购开始采用市场化运作，个人消费日趋多样化。商务活动已渗透到社会经济生活的各个领域。商务可以理解为：以营利为目的的市场经济主体为实现商品交换而开展的一系列经营管理活动。对商务含义的具体解释如下。

（1）商务主体具有多元性，即包括一切以赢利为目的的市场经济主体。商务主体涉及企业、政府部门（包括事业单位）、家庭和个人等。

（2）商务的实质是商品交换，即通过买卖方式实现商品所有权的转移。

（3）商务的对象或客体是所有的经济资源，包括各种有形商品和无形商品。

（4）商务活动包括采购、生产、销售、商贸磋商、价格比较、经营决策、营销策略、推销促销、公关宣传、售前与售后服务、客户关系及咨询服务等。

2）电子商务的概念

如今，电子商务已经真正进入传统商务活动的各个环节和各个领域。电子商务是一个不断发展的概念。IBM公司于1996年提出了Electronic Commerce（E-Commerce）的概念；1997年，该公司又提出了Electronic Business（E-Business）的概念；1997年7月，美国政府发表了电子商务白皮书，从此"电子商务"一词被正式使用，并受到全世界的瞩目。

知识链接

《工业电子商务白皮书》的发表

2019年7月15日下午，由国家工业信息安全发展研究中心主办的新时代工业电子商务创新发展研讨会暨《工业电子商务白皮书》发布会在北京召开，国内首部《工业电子商务白皮书》（以下简称《白皮书》）正式发布。工业和信息化部信息化和软件服务业司巡视员李颖、国家工业信息安全发展研究中心副主任何小龙出席会议并致辞，工业和信息化部信息化和软件服务业司两化融合推进处处长冯伟做了总结发言。

事实上，迄今为止，电子商务还没有一个较为全面、具有权威性、能够为大多数人所接受的定义。国内外不同的著作、机构等对电子商务的定义都存在差异；各国政府、学者、企业界人士根据自己的理解和对电子商务的参与程度，对电子商务给出了许多不同的定义。本书综合多种说法后认为：电子商务是指利用互联网及现代通信技术进行的任何形式的商务运作、管理活动或信息交换，它包括企业内部的协调与沟通、企业之间的合作及网上交易三方面的内容。

首先将电子商务划分为广义的电子商务和狭义的电子商务。广义的电子商务定义：使用各种电子工具从事商务活动；狭义的电子商务定义：主要利用互联网从事商务或活动。无论是广义的还是狭义的电子商务的概念，电子商务都涵盖了两个方面的内容：① 它离不开互联网这个平台，没有了网络，就称不上电子商务；② 它是一种商务活动。

广义上讲，"电子商务"一词源自 Electronic Business，就是通过电子手段进行的商业事务活动。通过使用互联网等电子工具，使公司内部、供应商、客户和合作伙伴之间利用电子业务共享信息，实现企业间业务流程的电子化，配合企业内部的电子化生产管理系统，提高企业的生产、库存、流通和资金流转等各个环节的效率。

狭义的电子商务（electronic commerce，e-commerce）是指人们在互联网上开展的交易或与交易有关的活动。广义的电子商务（electronic business，e-business）是指人们利用信息技术使整个商务活动实现电子化的所有相关活动，包括利用互联网、内联网（intranet）、外联网（extranet）等不同形式的网络。它不仅包括企业商务活动中面向外部的业务流程，如网络营销、电子支付、物流配送等，还包括面向企业内部的业务流程，如企业资源计划、管理信息系统、客户关系管理、供应链管理、人力资源管理、战略管理、市场管理、生产管理、研发管理及财务管理等内容，如图 1.1 所示。

图 1.1　电子商务的业务组成

2. 电子商务的优势

传统商务起源于远古时代，当人们对生产活动进行分工时，商业活动就开始了。每个家庭不再像以前那样既要种植谷物，又要打猎和制造工具，可专心从事某一项生产活动，然后用自己生产的产品去换取所需之物。

电子商务并非新兴之物。早在 1839 年，当电报刚出现的时候，人们就开始了对运用电子手段进行商务活动的讨论。随着电话、传真、电视、移动通信设备等电子工具的出现，商务活动中可应用的电子工具进一步获得扩充。电子商务真正起始于 20 世纪 70 年代的电子数据交换（electronic data interchange，EDI）。在此之后，伴随着计算机技术和网络通信技术的发展，借助互联网技术实现企业内部、企业之间、企业与客户之间的商业活动，已经成为越来越多企业生存和发展的必然要求，并逐渐发展为一个相对独立的、全新的商务领域。

传统商务与电子商务的区别，主要体现在交易对象、交易时间、交易地点、流通渠道、销售方式、销售推动、信息提供、顾客方便度、顾客需求把握等方面（见表1.1）。

表1.1 传统商务与电子商务的整体对比

比较项目	传统商务	电子商务
交易对象	部分地区	全体
交易时间	规定的营业时间内	一周7天24小时服务
交易地点	实体店铺、仓库等	虚拟空间
流通渠道	企业→批发商→零售商→消费者	企业→消费者（跨过中间商，可降低流通成本）
销售方式	通过各种关系在线下交易	线上自由交易
销售推动	销售商努力（单方）	交易双方一对一沟通
信息提供	根据销售商的不同而不同	透明、准确、及时
顾客方便度	受时间和地点的限制	不受时空限制
顾客需求把握	需要用很长时间掌握顾客的需求	能够迅速捕捉顾客的需求，及时应对

什么是EDI

电子数据交换（electronic data interchange，EDI）是指按照统一规定的一套通用标准格式，将标准的经济信息通过通信网络传输在贸易伙伴的电子计算机系统之间进行数据交换和自动处理。使用EDI能有效地减少直到最终消除贸易过程中的纸面单证，因而EDI俗称为"无纸交易"。它是一种利用计算机进行商务处理的新方法。EDI是将贸易、运输、保险、银行和海关等行业的信息用一种国际公认的标准格式，通过计算机通信网络，使各有关部门、公司与企业之间进行数据交换与处理，并完成以贸易为中心的全部业务过程。

传统商务和电子商务的运作过程都是由交易前的准备、贸易磋商、合同与执行、支付与清算等环节组成的，但是两者的具体运作过程有很大的区别。表1.2为传统商务和电子商务运作过程的比较。

表1.2 传统商务和电子商务运作过程的比较

运作过程	传统商务	电子商务
交易前的准备	以纸质材料为主，进行商品信息的发布、查询和匹配	以网络为主，进行商品信息的发布、查询和匹配
贸易磋商	交易双方进行口头磋商或纸质贸易单证的传递	交易双方通过网络进行磋商或传递贸易单证
合同与执行	交易双方签订纸质商贸合同	交易双方通过第三方认证机构签订电子合同
支付与清算	一般有支票和现金两种方式	网上支付

通过比较可以看出，电子商务在交易的各个环节都采用了与传统商务不同的运作方法，在许多方面，电子商务都优于传统商务。

1.1.2 电子商务的功能

电子商务可提供从网上交易到管理等的交易全过程的服务。因此，它具有广告宣传、咨询洽谈、商品订购、电子交易、电子支付、电子账户、供应链管理、客户关系管理、企业信息化管理等多项功能。

1．广告宣传

企业可以在互联网上发布广告，宣传并传播各类商业信息。与其他各类广告相比，网络广告具有成本低廉、双向交流、给客户的信息量丰富等优点。

2．咨询洽谈

电子商务可借助非实时的电子邮件、新闻组和实时的讨论组、洽谈室了解市场的商品信息，并进行洽谈交易，网上的咨询和洽谈不受人们面对面洽谈的限制，实现了多种方便的异地交谈形式。

3．商品订购

在电子商务网站上，商品的订购通常都是在产品介绍的页面上提供十分友好的订购提示信息和订购交互格式框，以方便客户在线订购。当客户填完订购单后，通常系统会回复确认信息单，保证订购信息的收悉。

4．电子交易

运用电子商务可进行多种形式的电子交易，如网络营销、电子贸易、电子采购、网络招标、拍卖等。

5．电子支付

电子支付是电子商务中的一个重要环节，客户和商家之间可采用信用卡、电子现金、电子支票等方式实施支付。

6．电子账户

银行、信用卡公司及保险公司等金融单位可以提供网上金融服务。电子账户管理是其基本的组成部分，信用卡号或银行账号都是电子账户的一种标志，它的可信度由必要技术措施来保证。数字凭证、电子签名、加密等手段的应用提高了电子账户操作的安全性。

7．供应链管理

电子商务的供应链管理有助于促进上下游相关企业的密切合作，提高原材料采购、生产、包装、配送等环节的运行效率。

8．客户关系管理

通过用户注册，网站可以方便地得到客户的个人信息；通过一些程序，网站还可以跟踪客户的购物记录，分析、了解客户的需求，挖掘有潜力的客户。电子商务将推动企业加强客户关系管理，切实完善售后服务。

9. 企业信息化管理

企业可以加强信息化管理，如实施办公自动化、人力资源管理、财务管理、企业资源计划及战略管理等，以提高企业的经营效率。

1.1.3 电子商务的基本组成要素与概念模型

1. 电子商务的基本组成要素

电子商务的基本组成要素有互联网、内联网、外联网、用户、物流中心、认证中心（CA）、网上银行、商家。

互联网是电子商务的基础，是商务、业务信息传送的载体。内联网是企业内部商品活动的场所。外联网是企业与企业以及企业与个人进行商务活动的纽带。用户可分为个人用户和企业用户。个人用户使用浏览器、电视机机顶盒、个人数字助理、可视电话等接入互联网。为了获取信息、购买商品，还需采用 Java 技术及产品。企业用户建立企业内联网、外部网和企业管理信息系统（MIS），对人、财、物、供、销、存进行科学管理。企业利用互联网发布产品信息、接受订单，即建立电子商场。如果在网上进行销售等商务活动，还要借助电子报关、电子报税、电子支付系统与海关、税务局、银行进行有关商务活动。物流中心、认证中心、网上银行在电子商务中充当的角色如下。

（1）物流中心。满足商家的送货要求，组织运送无法从网上直接得到的商品，跟踪产品的流向，将商品送到消费者手中。

（2）认证中心。认证中心是法律承认的权威机构，负责发放和管理电子证书，使网上交易的各方能互相确定身份。电子证书是一个包含证书持有人、个人信息、公开密钥、证书序号、有效期、发证单位的电子签名等内容的数字文件。

（3）网上银行。在互联网上实现传统银行的业务，为用户提供 24 小时实时服务；与信用卡公司合作，发放电子钱包，提供网上支付手段，为电子商务交易中的用户和商务服务。

2. 电子商务的概念模型

电子商务的概念模型是对现实世界中电子商务活动的一般抽象描述，它由交易主体、电子市场、交易事务和信息流、资金流、商流和物流等基本要素构成。电子商务的概念模型如图 1.2 所示。

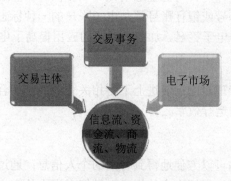

图 1.2 电子商务的概念模型

（1）信息流贯穿于电子商务交易的整个过程中，既包括商品信息的提供、促销、技术支持和售后服务等内容，又包括询价单、报价单、付款通知单和转账通知单等商业贸易单证，以及交易方的支付能力、支付信誉等，如图1.3所示。

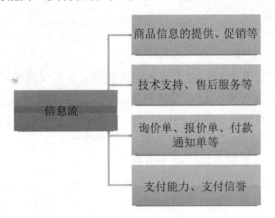

图1.3　电子商务信息流

（2）资金流主要指资金的转移过程，包括付款、转账、结算、兑换等过程。它始于消费者，终于商家，中间可能会经过银行等金融机构。

（3）商流是指商品在购销方之间进行交易以及商品所有权转移的运动过程，具体指商品交易的一系列活动，包含资金流和商流两大部分，具体活动过程如图1.4所示。

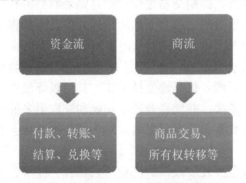

图1.4　商流的活动过程

（4）物流主要指物质实体（商品和服务）的流动过程，即运输、储存、装卸搬运、包装、保管、流通加工、配送、物流信息管理等各种活动，如图1.5所示。

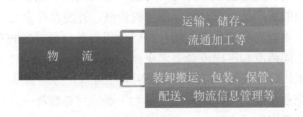

图1.5　物流的流动过程

信息流、资金流、商流、物流被称为"四流"。"四流"间的关系可以表述为：以信息流为核心和桥梁，通过资金流实现商品的价值，通过商流使商品所有权转移、商品价值形式发生变化，通过物流实现商品的使用价值。

1.1.4 电子商务的形成与发展趋势

1. 电子商务的形成

1）电子商务形成的原因

互联网投入商业化运营之后，电子商务应运而生，其不仅改变了商务活动的运作模式，更为社会经济的各个方面带来了根本性的变革。电子商务的产生是商务应用需求发展的必然结果，也是信息社会发展到一定阶段的产物，它的产生有着深刻的商业背景和技术背景。

（1）社会生产力发展的需求是电子商务产生的强大驱动力，社会生产力发展是电子商务产生的根本原因，具体表现在以下两个方面。

① 商务活动中信息流作用的日益突显催生了电子化手段的应用。商务活动包含了物流、资金流和信息流。自从人类社会有商业活动以来，物流自始至终都存在，资金流则是随着货币的产生才出现的。随着社会分工的日益细化和贸易的发展，专门以货币为中介的服务的机构（如银行）产生，这使物流与资金流开始分离，人类的交易活动呈现出丰富而复杂的特性，给人们提供了方便。

与此同时，也出现了新的商业风险，包括对方的商品质量信息、价格信息、支付能力及支付信誉等方面。要规避这种风险就得获取尽可能多的信息，只有掌握更多的信息，才能减少不确定因素，并监督、控制交易过程。正是随着商品所有权的转移和物流的分离，信息作为规避风险的有效手段越来越为人们所重视，信息流的作用日益重要起来。正是在这种背景下，商业活动引入了电子手段，从而引发了新的经济模式——电子商务。

② 电子商务是信息社会发展到一定阶段的产物，信息是继物质、能源之后现代社会又一重要的经济资源和战略资源。信息通信技术鉴于其可以降低生产成本、货物和服务的交易成本，提高管理职能的效率，并使企业能够交换和获取更多的信息，已经成为提高企业生产能力、增强企业国际竞争力的重要工具，对于提高整个社会的劳动生产率起到了至关重要的作用。

信息产业已成为当今世界发展最快的产业，它在社会经济、文化发展中起着举足轻重的作用，其发展已经引发了社会经济和政治生活的深刻变化，形成了经济全球化、市场国际化、社会分工国际化及产业结构在全球范围的调整。这又导致了资本的大量转移和大批跨国公司的涌现，推动了国际贸易的发展。一方面，国际贸易的迅速增长使传统的、以纸为载体的贸易单证和文件的数量激增；另一方面，市场的激烈竞争又迫使企业必须具有更快的响应速度、更快的新产品上市时间、最佳的价格，并能及时交付产品。

因此，制造商、供货商和消费者之间，跨国公司与各分公司之间对商业文件、单证的传递和处理速度、空间跨度和准确度都要求更高。追求商业贸易的"无纸化"已成为所有贸易伙伴的共同需求。而传统的单证和文件采用人工处理，劳动强度大、效率低、费用高、出错率高，已成为企业发展的阻碍因素。正是为了适应世界经济一体化市场中企业竞争、发展的需求，电子商务应运而生。

（2）信息通信技术的快速发展是电子商务产生的坚实物质基础。从20世纪60年代末到20世纪80年代，部分大企业的计算机系统开始通过专用增值通信网络（VAN）联系在一起，越来越多的企业开始通过电子数据交换系统（EDI）传输交易信息，企业内部局域网也得到了一定范围的应用。当时，EDI 被很多企业用来实现内部单证的自动化处理，它提供了一系列标准的消息和格式，使企业能够用标准化的电子格式与供应商进行订单等商业单证的传输，用于订购产品、接收货物和付账。EDI 技术减少了文字工作量，提高了自动化水平，简化了业务流程，使企业实现了"无纸贸易"。

但是受限于当时的技术背景，EDI 标准缺少灵活性和可扩展性。传统 EDI 把业务规则写进应用程序代码，但是在实际应用中，业务规则不仅因企业不同而不同，而且会随着市场的变化而变化。此外，传统的 EDI 服务是在昂贵的增值网络上进行的，其建立与维护的高成本阻碍了中小型企业对 EDI 的应用。这一时期的电子商务也可称为基于 EDI 的电子商务。自从 ARPAnet（高级研究计划署网络）诞生以来，计算机网络和互联网就在 20 世纪 70 年代得到了迅速发展，到 20 世纪 80 年代初，TCP/IP 协议族在 ARPAnet 上全面实现，随之而来的是互联网的蓬勃发展。1991 年美国政府宣布互联网向社会公众开放，可以在网上开发商业系统，一直被排斥在互联网之外的商业贸易活动正式进入这个领域，互联网逐渐成为全球重要的信息传播工具，几乎覆盖了全球所有的国家和地区，上网用户呈几何级数增长趋势，其快捷、安全及低成本的特点使互联网不断地普及和成熟，为电子商务活动的全面展开奠定了基础。从此，电子商务就进入了基于互联网的电子商务时代。

2）电子商务产生和发展的条件

（1）计算机的广泛应用。近几十年来，计算机的处理速度越来越快，处理能力越来越强，价格越来越低，应用越来越广泛，这为电子商务的应用提供了物质基础。

（2）网络的普及和成熟。互联网逐步成为全球通信与交易的媒体，其快捷、安全和低成本的特点为电子商务的发展提供了应用条件。

（3）信用卡的普及应用。信用卡以其方便、快捷和安全等优点成为人们消费支付的重要手段，并由此形成了完善的全球性信用卡计算机网络支付与结算系统，使"一卡在手，走遍全球"成为可能，同时也为电子商务中的网上支付提供了重要的技术手段。

（4）电子安全交易协议的制定。1997 年 5 月 31 日，美国 VISA 和 Master-Card 等国际组织联合制定了电子安全交易协议（secure electronic transfer protocol，SET 协议），该协议得到大多数厂商的认可和支持，使基于互联网开放网络的电子商务具有一个关键的安全环境。

（5）政府的支持与推动。1997 年欧盟发布了欧洲电子商务协议，美国随后发布了《全球电子商务纲要》，之后电子商务受到世界各国政府的重视。同时，全球电子商务的迅速发展和普及也要求各国政府、企业和国际组织采取广泛协作的方式，以确保一个稳定而可预测的环境。这个环境将促进全球电子商务的成长，并为所有的经济体和社会带来最大限度的社会效益和经济效益。

课程思政

中国当前对于电子商务方面的政策方针

参考《关于大力发展电子商务加快培育经济新动力的意见》，当前，我国已进入全面建成小康社会的决定性阶段，为减少束缚电子商务发展的机制体制障碍，进一步发挥电子商务在培育经济新动力、打造"双引擎"、实现"双目标"等方面的重要作用，现提出以下意见。

（1）阐述指导思想、基本原则和主要目标。

（2）营造宽松发展环境。

（3）促进就业创业。

（4）推动转型升级。

（5）完善物流基础设施。

（6）提升对外开放水平。

（7）构筑安全保障防线。

（8）健全支撑体系。

2. 电子商务的发展趋势

1）智能化趋势

智能化趋势可视为电子商务纵向上的发展。伴随软硬件技术的迅速发展，电子商务网站规模不断增大与消费者需求日益个性化之间的矛盾有望得到解决。"智能化虚拟导购机器人"在未来的网站中可以依托云计算等技术对网站大量数据资源进行智能化处理，从而实现为消费者提供更加人性化的服务。同时，利用智能技术，人们能够实现多种跨平台信息的更为有效迅捷的融合。例如，根据网民消费者在操作过程中所表现出来的操作特性以及从外部数据库中调用的消费者历史操作资讯，有针对性地生成优化方案，迅速满足消费者的个性化即时需求，最终提高消费体验，增大消费转化率，增加消费者满意程度及网站黏性。在B2B领域，信息也将依托智能技术而进一步商品化。各种信息将会被更加智能化地收集和整理，以便被商业用户所定制。智能化数据分析功能可帮助商业客户从简单的数据处理业务提升到智能的数据库挖掘，为企业提供更有价值的决策参考。

2）延展化趋势

延展化趋势可视为电子商务在横向上的产业拓展。电子商务将从如今的集中于网上的货物及服务交易，向行业运作的各环节领域扩展和延伸。在企业内部，电子商务元素将渗透到企业管理、内部业务流程；在外部产业群领域，电子商务的发展将激活和带动一系列上下游产业（如结算、包装、物流配送、位置服务等领域）的发展。此外，还将引导周边相关产业的创新与升级，如利用智能化远程水电煤表进行远程自动查表与收费，而这些创新反过来又将促使电子商务模式的不断升级拓展。

3）规范化趋势

电子商务市场将进一步得到健全和规范。商品与服务的提供方在售前的货源品质保障、售中的宣传推介和售后的服务兑现等方面将随着市场完善和相关法律及奖惩措施的出台而变得更加规范自律。不但像当前在淘宝、拍拍等普遍存在的假冒伪劣商品在将来的生存空间越来越小，而且随着地球环境的不断恶化和社会价值观念的逐步转变，环保低碳的共识将会在消费者之间慢慢产生，进而影响电子商务领域，将环保等理念融入行业中。在这一进程中，一些相关法令制度的颁布，将迫使电子商务从业者们通过规范化运营获取竞争优势。

4）分工化趋势

伴随电子商务在横向、纵向领域不断发展的进程，越来越多的专业服务型网站将填充在整个电子商务行业链条的各中间环节，将会出现越来越多像返利网、最低价网这类处于消费者和电子商务网站两个链环之间进行专业化资源对接的网站，在诸多中间环节（如网站与物流之间、与广告推广之间、与银行支付系统之间）都将出现专业化的分工机构来提升整体行业链条的效率，降低系统成本。这类网站在功能和应用方面都将不断进行创新。

5）区域化趋势

由于我国经济发展的不平衡，地区生活水平、自然条件、风俗习惯、教育水平的差异导致了网民结构的差异性，这必将在网络经济和电子商务发展中表现出区域差异。以当前快速发展的团购类网站为例，在美团网、拉手网、糯米网等团队的运营能力中区域化经营都表现出了不可替代的重要性。未来电子商务服务将从板块式经营模式向细分市场模式发展，更加符合和贴近当地生活习惯的本地化电子商务模式将会层出不穷，各个区域群体的个性化需求将会得到满足。

6）大众化趋势

在我国经济向中西部地区发展、全国各地城镇化建设的进程中，传统大城市之外的更为广阔的城镇、农村地区将成为巨大市场，这样除了常规电子商务行业，还会有其他行业针对电子商务以网络为依托的特点提出各种新的需求，如远程教学、远程医疗会诊、远程培训等，都将得到极大的发展，更多的人群将会参与到越来越大众化的电子商务服务中来。

7）国际化趋势

电子商务国际化趋势带有历史的必然性。我国的网络经济已成为国际资本的投资热点，一方面国际资本的直接注入将加速我国电子商务整体实力的提高，缩小我国电子商务企业与国际同行的差距，最终实现"走出去"面向全球消费者；另一方面，国际电子商务在我国的本地化投资运营既能通过竞争提高我国电子商务企业的能力，也能为我国中小企业提供在全世界展示自己的专业通道。这种内外双方的交互、融合、渗透将会是未来电子商务不可缺失的发展环节。

1.2 电子商务系统的组成及一般框架

1.2.1 电子商务系统的组成

电子商务系统包括电子商务网络系统、供应方、需求方、认证机构、物流中心、网上银行、电子商务服务商等，如图1.6所示。

（1）电子商务网络系统包括互联网、内联网和外联网。互联网是电子商务的基础，是商务、业务信息传送的载体；内联网是企业内部商务活动的场所；外联网是企业与企业之间，以及企业与政府之间开展商务活动的纽带。

（2）供应方和需求方统称为电子商务用户，包括个人用户和企业用户。个人用户使用个人计算机（PC）、个人数字助理（PDA）等接入互联网；企业用户通过建立企业内联网、外联网和企业管理信息系统，可对人力、财力、物力、供应、销售、储存等进行科学管理。

（3）认证机构（certificate authority，CA）是法律承认的权威机构，负责发放和管理数字证书，以使网上交易各方能够相互确认身份。数字证书是一个包含证书持有人个人信息、公开密钥、证书序列号、有效期、发证单位的电子签名等内容的数字凭证文件。

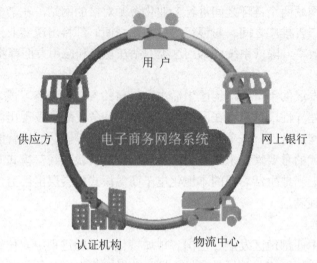

图1.6　电子商务系统的组成

（4）网上银行可在互联网上开展传统的银行业务，并为用户提供24小时实时服务。通过网上银行，用户可以进行在线支付、在线转账等。

（5）物流中心接受商家的送货要求，组织运送无法从网上直接发送的商品，跟踪商品的运输进度，将商品送到消费者手中。

（6）电子商务服务商在这里专指提供网络接入服务、信息服务及应用服务的信息技术厂商，如互联网服务提供商（Internet service provider，ISP）、互联网内容服务商（Internet content provider，ICP）、应用服务供应商（application service provider，ASP）等。

举例说明哪些企业属于ISP、ICP、ASP。

1.2.2　电子商务的一般框架

电子商务的一般框架是指实现电子商务从技术到一般服务所应具备的完整运作基础。完整的电子商务体系体现在全面的电子商务应用上，而这需要有相应层面的基础设施和由众多支撑条件构成的环境要素。这些环境要素从整体上可分为四个层次（网络层、技术支持层、服务支持层、应用层）和三大支柱（国家政策及法律规范、技术标准和网络协议、物流体系的构建），电子商务的一般框架如图1.7所示。

（1）网络层是指网络基础设施，是实现电子商务的最底层的基础设施。它是信息传输系统，是实现电子商务的基本保证。网络层包括远程通信网、有线电视网、无线通信网和互联网等。因为电子商务的主要业务是基于互联网的，所以互联网是网络基础设施中最重要的部分。

（2）技术支持层。网络层决定了电子商务信息传输使用的线路，技术支持层则决定了如何在网络上传输信息和管理信息。从技术角度来看，技术支持层主要包括应用开发技术、数据库技术和文件管理技术。应用开发技术包括后端开发和前端开发。后端开发需要考虑的是如何实现功能、数据的存取、平台的稳定性与性能等，可以用到的技术有 JSP、PHP 和 ASP 等；前端开发则考虑的是 Web 页面的结构、Web 的外观视觉表现以及 Web 层面的交互实现等，涉及的技术包括 HTML、CSS 和 Java Script 等。

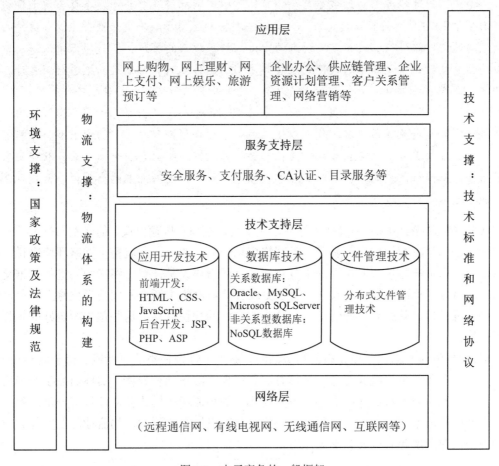

图 1.7　电子商务的一般框架

（3）服务支持层用来为电子商务应用提供支持，包括电子支付、目录服务等。其中，CA 认证是电子商务服务层的核心，因为 CA 认证保证了电子商务交易的安全。它通过为交易参与者签发数字证书确认电子商务活动中各方的身份，然后通过加密和解密的方法实现安全的网上信息交换与交易。

（4）应用层是指在生产、流通和消费等领域的各种电子商务应用系统，主要包括网上购物、网上理财、网上支付、网上娱乐、网上出行、旅游预订等个人用户的电子商务应用，以及在此基础上企业开展的企业办公、供应链管理、企业资源计划管理、客户关系管理、网络营销活动等。

（5）国家政策及法律规范。开展商务活动时必须遵守有关的法律、法规和相应的政策。电子商务出现后，其引发的问题和纠纷不断增加，原有的法律规范已经不适应新的发展环境，制定新的法律规范并形成一个成熟、统一的法律体系，已成为世界各国（地区）发展电子商务活动的必然趋势。

> **课程思政**
>
> **电子商务纠纷解决之道**
>
> 由中国国际经济贸易仲裁委员会颁布的《中国国际经济贸易仲裁委员会网上仲裁规则》于 2015 年 5 月 1 日起正式施行。该规则特别适用于解决电子商务争议。案件的处理均通过网络进行，无论是投诉人的申诉、被投诉人的答辩，还是域名争议解决中心的程序处理、审案专家的案件处理及裁决书的制作发布，都通过网络进行。另外，中国 21315 信网也同时向全国企业发出了《关于开展信用认证以快速、安全获得订单》的通知，在通知中，信网强调，将联合美国 CINWA 公司及世界三十多个国家信用管理机构，开展企业信用认证工作，以使在逆势中顽强搏击"风暴"的中小型企业能够通过第三方信用机构的公正权威信用信息评估与认证，树立企业诚信形象，取得买家的信任，赢得订单。同时，这对于在"风暴"中航行的国内外采购商来说，无疑也是一颗"定心丸"。

（6）技术标准和网络协议技术标准定义了用户接口、传输协议、信息发布标准等技术细节。它是信息发布和传递的基础，是网络信息一致性的保证。就整个网络环境来说，技术标准对于保证兼容性和通用性是十分重要的。网络协议是计算机网络中为进行数据交换而建立的规则、标准或约定的集合。对于处在计算机网络中两个不同地理位置上的用户来说，要进行通信，就必须按照通信双方预先约定好的规程进行。这些预先约定好的规程就是网络协议。

（7）物流体系构建一项完整的商务活动，必然要涉及信息流、商流、资金流和物流。物流是电子商务的重要组成部分，是信息流和资金流的基础和载体。实体商品生产和交换的全过程，都需要物流活动的支持，没有现代化的物流运作模式支持，没有一个高效、合理、畅通的物流系统，电子商务所具有的优势就难以发挥。因此，物流业的发展壮大对电子商务的快速发展起着重要的支撑作用。

1.3 电子商务的前沿技术和应用

1.3.1 电子商务的前沿技术

1. 物联网

物联网（Internet of things，IoT）是新一代信息技术的重要组成部分。顾名思义，物联网就是"物物相连的互联网"，在这里有两层含义：第一，物联网的核心和基础仍然是互联网，物联网是在互联网的基础上延伸和扩展的网络；第二，其应用场景延伸和扩展到了任何物体与物体之间的联通。

物联网理念最早出现于比尔·盖茨 1995 年所著的《未来之路》（The Road Ahead）一书中。1999 年，美国 Auto-ID 首先提出了"物联网"的概念，其主要建立在物品编码、射频识别技术和互联网的基础上。2005 年 11 月 17 日，在突尼斯举行的信息社会世界峰会（WSIS）上，国际电信联盟（ITU）发布了《ITU 互联网报告 2005：物联网》，正式提出了"物联网"的概念。根据国际电信联盟的描述，物联网是指通过为各种日常用品嵌入一种短距离的移动收发器，使人类在信息与通信世界里获得一个新的沟通维度，从任何时间、任何地点的人与人之间的沟通连接扩展到人与物和物与物之间的沟通连接。射频识别（radio frequency identification，RFID）技术又称电子标签或无线射频识别技术，是一种通信技术，该技术可通过无线电信号识别特定目标并读写相关数据，而无须在识别系统与特定目标之间建立机械或光学接触。物联网具有网络化、物联化、互联化、自动化、感知化、智能化的基本特征。

（1）网络化。机器到机器（machine to machine，M2M）的连接无论是无线还是有线形式，都必须形成网络；不管是什么形态的网络，最终都必须与互联网连接，这样才能形成真正意义上的物联网（泛在性的）。

（2）物联化。人物相连、物物相连是物联网的基本要求之一。计算机和计算机连接成互联网，可以实现人与人之间的交流。而物联网就是在物体上安装传感器、植入芯片，然后借助无线或有线网络，让人们和物体"对话"，让物体和物体之间进行"交流"。

（3）互联化。物联网是一个让人与自然界、人与物、物与物之间进行交流的平台。因此，在一定的协议条件下，实行多种网络融合互联，分布式与协同式并存，是物联网的显著特征。

（4）自动化。通过数字传感设备自动采集数据，根据事先设定的运算逻辑，利用软件自动处理采集到的信息，一般不需要人为干预；按照设定的逻辑条件，如时间、地点、压力、温度、湿度、光照等，可以在系统的各个设备之间自动进行数据交换或通信；对物体的监控和管理实现自动按指令执行。

（5）感知化。在各种物体上都能植入微型感应芯片，这样，任何物体都可以变得有感觉、有知觉。这主要依靠射频识别设备、红外感应器、定位系统、激光扫描器等信息传感设备实现。

（6）智能化。通过装置在各类物体上的电子标签、传感器和二维码等经接口与网络相连，配以人工智能软件，可实现人与物体、物体与物体的沟通和对话。

> **知识链接**
>
> **物联网的主要应用**
>
> 物联网的应用主要包括智能家居、智能穿戴、智能交通、智能医疗和智慧城市等。今天的物联网，已经每时每刻充斥在我们的生活中。国内比较成功的物联网在个人生活中的应用主要有列车车厢管理、第二代身份证、大部分高校的学生证、市政交通一卡通、高速公路 ETC（电子不停车收费系统）等。2018 年 3 月 29 日，中国证券网发布了《阿里巴巴将全面进军物联网领域 产业发展有望提速》一文：5 年内连接 100 亿台设备。以此为目标，阿里巴巴将全面进军物联网领域，这也是阿里巴巴集团继电商、金融、物流、云计算后新的主赛道。

2. 云计算

云计算（cloud computing）是通过网络提供可伸缩的、廉价的分布式计算能力的一种技术。用户只需要在具备网络接入条件的地方，就可以随时随地获得所需的虚拟化资源，如网络、服务器、存储、应用软件、服务等。云计算包括基础设施即服务（IaaS，Infrastructure-as-a-Service）、平台即服务（PaaS，Platform-as-a-Service）和软件即服务（SaaS，Software-as-a-Service）三个层次的服务。它们分别在基础设施层、软件开放运行平台层和应用软件层实现。

基础设施即服务是把数据中心、基础设施等硬件资源通过 Web 分配给用户的商业模式；平台即服务可以让软件开发人员在不购买服务器等设备环境的情况下开发新的应用程序；软件即服务是一种通过互联网提供软件的模式，用户可向提供商租用基于 Web 的软件，来管理企业的经营活动，无须购买软件。

云计算包括公有云、私有云和混合云三种模式。

（1）公有云面向所有用户提供服务，用户一般可通过互联网使用，如阿里云、腾讯云、金山云和百度云等。它能够使客户访问和共享基本的计算机基础设施，包括硬件、存储和带宽等资源。

（2）私有云是为某一个客户单独使用而构建的，因而可提供对数据、安全性和服务质量的最有效控制。私有云可以被部署在企业数据中心的防火墙内，也可以被部署在一个安全的主机托管场所。私有云能保障客户的数据安全，目前有些企业已经开始构建自己的私有云。

（3）混合云是公有云和私有云两种服务方式的结合。企业在选择公有云服务的同时，出于安全和控制原因，会将部分企业信息放置在私有云上，所以，大部分企业使用的是混合云模式。

随着云计算技术产品、解决方案的不断成熟，云计算理念迅速得以推广和普及，云计算在许多领域被大规模应用，如云教育、云医疗、云社交和云政务等。云教育从信息技术的应用方面打破了传统教育的垄断和固有边界。

云计算能够在校园系统、远程教育、公开课 MOOC、数据归档、协同教学等多种教育场景中得到应用，从而降低教育成本，实现教育资源的共享和及时更新。医药企业与医疗单位一直是国内信息化水平较高的行业用户，在"新医改"政策的推动下，医药企业与医疗单位将对自身信息化体系进行优化升级，以适应医改业务调整要求，在此影响下，以"云信息平台"为核心的信息化集中应用模式将应运而生，进而提高医药企业的内部信息共享能力与医疗信息公共平台的整体服务能力。

云社交是一种虚拟社交应用，它以资源分享为主要目标，将物联网、云计算和移动互联网相结合，通过其交互作用创造新型社交方式。云社交把社会资源进行测试、分类和集成，并向有需求的用户提供相应的服务。用户流量越大，资源集成越多，云社交的价值就越大。云计算应用于政府部门中，能够为政府部门降低成本、提高效率。

由于云计算具有集约、共享、高效的特点，所以在电子商务延伸至电子政务的背景下，各国政府部门都在着力进行电子政务改革，研究云计算普遍应用的可能性。伴随着我国政府信息化的推进，政府部门也开始从自建平台转变为购买服务，这将促进云计算的进一步发展，并为信息服务提供商带来商机。

课程思政

高新技术企业优惠政策

（1）经认定的高新技术企业按15%的税率征收所得税。增值税地方分成部分全部返还企业。出口额占其销售总额70%以上的，仍按15%的税率征收所得税，其中5个百分点由同级财政列收列支返还企业。

（2）高新技术企业，研究开发新产品的企业，研究开发新产品、新技术、新工艺所需的各项费用。上述企业投入研究开发新产品、新技术、新工艺的费用应逐年增长，年增幅10%以上的，可按实际发生额的50%抵扣应税所得额。

3. 大数据

大数据（big data）是指无法在一定时间范围内用常规软件工具进行捕捉、管理和处理的数据集合，是需要新处理模式才能具有更强的决策力、洞察发现力和流程优化能力的海量、高增长率和多样化的信息资产。

大数据技术，就是从各种类型的数据中快速获得有价值信息的技术。大数据处理方法有很多，一般来说，大数据处理流程包括大数据采集及预处理、大数据存储及管理、大数据分析及挖掘和大数据展现四个步骤。

（1）大数据采集及预处理。在互联网时代，数据来源广泛，包括商业数据、互联网数据、传感器数据等，数据类型复杂多样，有结构化、半结构化及非结构化等多种类型。大数据采集，就是从大量数据中采集出有用的信息，为大数据分析打下基础，是整个大数据分析中非常重要的环节。大数据采集需要庞大的数据库作为支撑，有时也会利用多个数据库同时进行大数据采集。采集端有很多数据库，工作人员需要将这些分散的数据库中的海量数据全部导入一个集中的大数据库中，在导入的过程中依据数据特征对其进行一些简单的清洗、筛选，这就是大数据的导入和预处理。

（2）大数据存储及管理。大数据存储及管理要用存储器把采集到的数据存储起来，建立相应的数据库，并进行管理和调用，主要解决大数据的可存储、可表示、可处理、可靠性及有效传输等几个关键问题。

（3）大数据分析及挖掘。大数据分析是对已经导入的海量数据依据其本身特征进行分析并对其进行分类汇总，以满足大多数常见的分析需求。在分析过程中需要用到大数据分析工具。大数据挖掘则是从大量的、不完全的、有噪声的、模糊的、随机的实际应用数据中，提取隐含在其中的、人们事先不知道的、但又是潜在有用的信息和知识的过程。大数据挖掘涉及的技术方法有很多，只有运用相对准确合适的方法，才能从大数据中得到有价值的结果。

（4）大数据展现。大数据技术能够将隐藏于海量数据中的信息和知识挖掘出来，为人们的社会经济活动提供依据，从而提高各个领域的运行效率。大数据展现方式包括图形化展示（散点图、折线图、柱状图、地图、饼图、雷达图、K线图、箱线图、热力图、关系图、直方图、树图、平行坐标、桑基图、漏斗图、仪表盘）和文字展示等。

大数据已被广泛应用于各个行业，包括金融、汽车、餐饮、电信、物流等在内的社会各行各业都已经与大数据密切融合，如表 1.3 所示。大数据的应用往往是与云计算、人工智能及物联网紧密结合的。

表 1.3 大数据的应用

行 业	应 用
制造业	利用工业大数据提升制造业水平，包括产品故障诊断与预测、工艺流程分析、生产工艺改进、生产过程能耗优化、工业供应链分析与优化、生产计划与排程等
金融业	对高额交易、社交情绪和信贷风险进行分析
汽车行业	无人驾驶汽车
互联网行业	分析用户行为，进行商品推荐和精准广告投放，为用户提供更加周到的个性化服务
餐饮行业	实现餐饮精准营销，改变传统餐饮经营方式
电信行业	实现客户离网分析，及时掌握客户离网倾向，出台客户挽留措施
物流行业	优化物流网络，提高物流效率，降低物流成本
城市管理	实现智能交通、环保预测、城市规划和智能安防
生物医学	实行流行病预测、智慧医疗、健康管理，研究DNA，攻克医学难题

视野拓展

2018年12月18日，第十六届中国互联网经济论坛在北京举行，创略科技解决方案副总裁何乔恩在现场发表主题演讲。她认为互联网是一个数字生态圈，在这个时代，从不缺数据，缺的是"智慧的数据"。"智慧的数据"指的是将大数据和人工智能进行结合，人工智能的预测能使海量的数据变成有用的预测性信息，未来这种预测性信息会被越来越多的企业应用到不同的营销场景中。

4. 人工智能

人工智能（artificial intelligence，AI）是计算机科学的一个分支，它可以对人的意识、思维的信息过程进行模拟。该领域的研究包括机器人、语音识别、图像识别、自然语言处理和专家系统等。

如今，人工智能已经发展为一个庞大的技术体系，它涵盖了机器学习、深度学习、人机交互、自然语言处理、机器视觉等多个领域的技术。

（1）机器学习是一门多领域交叉学科，涉及统计学、系统辨识、逼近理论、神经网络、优化理论、计算机科学、脑科学等诸多领域。机器学习主要研究计算机怎样模拟或实现人类的学习行为，以获取新的知识或技能，重新组织已有的知识结构，使之不断改善自身的性能。

（2）深度学习是机器学习研究中的一个新领域，其动机在于建立、模拟人脑进行分析学习的神经网络，它模仿人脑的机制来解释图像、声音和文本等数据。

（3）人机交互主要研究的是人和计算机之间的信息交换，它是人工智能领域重要的外围技术。人机交互与认知心理学、人机工程学、多媒体技术、虚拟现实技术等密切相关。人机交互技术除了传统的基本交互和图形交互，还包括语音交互、情感交互、体感交互及脑机交互等技术。

（4）自然语言处理泛指各类通过处理自然语言并将其转化为电脑可以"理解"的数据技术。自然语言处理主要研究的是能实现人与计算机之间用自然语言进行有效通信的各种理论和方法，它涉及的领域较多，主要包括机器翻译、机器阅读理解和问答系统等。

（5）机器视觉就是用机器代替人眼来做测量和判断，让计算机拥有类似人类提取、处理、理解和分析图像和图像序列的能力。机器视觉系统是通过机器视觉设备（即图像摄取装置）将被摄取目标转换成图像信号，传送给专用的图像处理系统，得到被摄取目标的形态信息，根据像素分布和亮度、颜色等信息，将其转变成数字信号，图像系统再对这些信号进行各种分析并抽取目标的特征，根据判别的结果来控制现场的设备动作。

> **知识链接**
>
> ### 人工智能具有广阔的应用前景
>
> （1）智能家居。智能家居主要是指基于物联网技术，通过智能硬件、软件系统和云计算平台构成一套完整的家居生态圈。用户可以对设备进行远程控制，设备间可以互联互通，并进行自我学习等。智能家居系统能整体优化家居环境的安全性、节能性、便捷性等。
>
> （2）智能零售。人工智能在零售领域的应用已经十分广泛，无人便利店、重力感应无人售货机、自助结算、情绪识别系统、人脸识别技术及生物识别支付技术已经逐步应用于新零售中。智能零售正在一点一滴地改变着人们的生活。
>
> （3）智能交通。智能交通系统是人工智能、物联网、云计算及大数据在交通系统中集成应用的产物。目前，我国主要通过对交通中的车辆流量、行车速度进行采集和分析，对交通实施监控和调度，有效提高通行能力，简化交通管理，降低环境污染等。
>
> （4）智能医疗。医疗方面是人工智能应用的一大领域。智能医疗在辅助诊疗、疾病预测、医疗影像辅助诊断、药物开发等方面发挥着重要作用。目前，比较流行的可穿戴设备，如智能手环、智能手表等，具有心血管监测、血压监测、睡眠监测、运动计步、行走里程计数、卡路里消耗统计等多种功能，对于个人的疾病预防和医疗保健具有辅助作用。
>
> （5）智能教育。智能教育通过图像识别，可以进行机器批改试卷、识题答题等；通过语音识别可以纠正、改进用户发音；而人机交互可以用来进行在线答疑解惑等。人工智能和教育的结合可以从工具层面给学生提供更有效率的学习方式。
>
> （6）智能物流。物流行业利用智能搜索、计算机视觉以及智能机器人等技术在运输、仓储、配送、装卸等流程上已经进行了自动化改造，基本能够实现无人操作。目前物流行业大部分人力分布在"最后一公里"的配送环节，京东、苏宁、菜鸟等公司争先研发无人车、无人机、无人仓等，都是在力求抢占市场先机。
>
> （7）智能安防。近年来，中国安防监控行业发展迅速，视频监控数量飞速增长，实现了对公共区域的监控。在部分一线城市，视频监控已经实现了公共场合全覆盖。人工智能监控设备已成为打击犯罪的一大利器。

1.3.2 电子商务的应用

1. 电子政务

电子政务是指国家机关在政务活动中，全面应用现代信息技术、网络技术以及办公自动化技术等进行办公、管理和为社会提供公共服务的一种全新的管理模式。广义的电子政务应包括所有国家机构在内；而狭义的电子政务主要包括直接承担管理国家公共事务、社会事务的各级行政机关。

全国政协委员、苏宁云商董事长张近东提议，要在大数据时代发展电子政务，建立全国统一的电子政务平台，以更好地提升行政效率，进一步降低行政成本，更好地发挥社会管理职能。这一提议引起了强烈反响。

电子政务是国家实施政府职能转变，提高政府管理、公共服务和应急能力的重要举措，有利于带动整个国民经济和社会信息化的发展。

电子政务是在现代计算机、网络通信等技术支撑下，政府机构日常办公、信息收集与发布、公共管理等事务在数字化、网络化的环境下进行的国家行政管理形式。它包含很多方面的内容，如政府办公自动化、政府部门间的信息共建共享、政府实时信息发布、各级政府间的远程视频会议、公民网上查询政府信息、电子化民意调查和社会经济统计等。

在政府内部，各级领导可以在网上及时了解、指导和监督各部门的工作，并向各部门做出各项指示。同时，各部门之间可以通过网络实现信息资源的共建共享联系，这样既能提高办事的效率、质量和标准，又能节省政府开支，还能起到反腐倡廉的作用。

政府作为国家管理部门，其上网开展电子政务，有助于政府管理的现代化，实现政府办公电子化、自动化、网络化。通过互联网这种快捷、廉价的通信手段，政府可以让公众迅速了解政府机构的组成、职能和办事章程，以及各项政策法规，增加办事执法的透明度，并自觉接受公众的监督。

在电子政务中，政府机关的各种数据、文件、档案、社会经济数据都以数字形式存储于网络服务器中，可通过计算机检索机制快速查询、即用即调。

2．移动商务

移动商务（mobile business，MB）是指通过无线通信来进行网上商务活动。移动商务可高效地与用户接触，允许他们即时访问关键的商业信息和进行各种形式的通信。参考市场主流的移动商务软件如协达软件、用友、金蝶等，移动商务的主要功能包括移动电商营销、移动商务管理等。

移动商务（M-business 或 mobile business）是电子商务的一个分支，移动商务是指通过移动通信网络进行数据传输，并且利用移动信息终端参与各种商业经营活动的一种新电子商务模式，它是新技术条件与新市场环境下的新电子商务形态。移动商务也称移动办公，是一种利用手机实现企业办公信息化的全新方式。

移动商务是移动通信、PC 电脑与互联网三者融合的最新信息化成果。以商务管理应用软件产品竞争力第一的协达软件为例，其移动商务是指通过移动通信网络进行数据传输并且利用移动终端开展各种商业经营活动的一种新电子商务模式。移动商务是商务活动参与主体可以在任何时间、任何地点实时获取和采集商业信息的一类电子商务模式，移动商务活动以应用移动通信技术和使用移动终端进行信息交互为特性。由于移动通信的实时性，移动商务的用户可以通过移动通信在第一时间准确地与对象进行沟通，与商务信息数据中心进行交互，使用户摆脱固定的设备和网络环境的束缚，最大限度地驰骋于自由的商务空间。

与传统的商务活动相比，移动商务具有如下几个特点。

（1）更具开放性、包容性。移动商务因为接入方式无线化，使得任何人都更容易进入网络世界,从而使网络范围延伸更广阔、更开放;同时,使网络虚拟功能更带有现实性,因而更具有包容性。

(2) 具有无处不在、随时随地的特点。移动商务的最大特点是"自由"和"个性化"。传统商务已经使人们感受到了网络所带来的便利和快乐,但它的局限在于必须有线接入,而移动电子商务则可以弥补传统电子商务的这种缺憾,可以让人们随时随地结账、订票或者购物,感受独特的商务体验。

(3) 潜在用户规模大。中国的移动电话用户已超过 16 亿,是全球之最。显然,从电脑和移动电话的普及程度来看,移动电话远远超过了电脑。而从消费用户群体来看,手机用户中基本包含了消费能力强的中高端用户,而传统的上网用户以缺乏支付能力的年轻人为主。由此不难看出,以移动电话为载体的移动电子商务无论在用户规模上,还是在用户消费能力上,都优于传统的电子商务。

(4) 能较好确认用户身份。对传统的电子商务而言,用户的消费信用问题一直是影响其发展的一大问题,而移动电子商务在这方面显然拥有一定的优势。这是因为手机号码具有唯一性,手机 SIM 卡片上存储的用户信息可以确定一个用户的身份,而随着未来手机实名制的推行,这种身份确认将越来越容易。对于移动商务而言,这就有了信用认证的基础。

(5) 定制化服务。由于移动电话具有比 PC 机更高的可连通性与可定位性,因此移动商务的生产者可以更好地发挥主动性,为不同顾客提供定制化的服务。例如,开展依赖于包含大量活跃客户和潜在客户信息的数据库的个性化短信息服务活动,以及利用无线服务提供商提供的人口统计信息和基于移动用户位置的信息,商家可以通过具有个性化的短信息服务活动进行更有针对性的广告宣传,从而满足客户的需求。

(6) 易于推广使用。移动通信所具有的灵活、便捷的特点,决定了移动商务更适合大众化的个人消费领域,比如:自动支付系统,包括自动售货机、停车场计时器等;半自动支付系统,包括商店的收银柜机、出租车计费器等;日常费用收缴系统,包括水、电、煤气等费用的收缴等;移动互联网接入支付系统,包括登录商家的 WAP 站点购物等。

(7) 易于技术创新。移动商务领域因涉及 IT、无线通信、无线接入、软件等技术,并且商务方式更具多元化、复杂化,因而在此领域内很容易产生新的技术。随着中国 5G 网络的兴起与应用,这些新兴技术将转化成更好的产品或服务。所以移动商务领域将是下一个技术创新的高产地。

思考与练习

一、填空题

1. 与传统商务相比,电子商务交易的特点是_____、_____、_____。
2. 小米原本只是线上销售的产品,把产品需求环节转到线下,就成了_____。
3. 电影《阿凡达》中,纳威人的辫子像 USB 接口一般,在任何地方都能即插即用,而潘多拉星球上那些摇曳的灵树种子,犹如人身体里的神经末梢,但是又仿佛每一个都拥有自己的灵性,彼此间可以传递情感——或愤怒或温馨或友善。这正契合了_____的诉求:连接一切可链接的物体。

4．商务或商务活动可理解为两方及两方以上参与的有价物品或服务的协商交换过程，它包括_____。

5．电子商务实行_____，可减少文件处理费用。

二、简答题

1．简述电子商务的概念。
2．简述电子商务的分类。
3．简述电子商务的基本框架。
4．简述电子商务的产生和发展，及其对社会经济和企业的影响。
5．描述电子商务在某一行业中的应用情况。

第 2 章

电子商务模式

 知识目标

1. 熟悉 B2B、B2C、C2C、O2O 电子商务模式及特点。
2. 掌握 B2B、B2C、C2C、O2O 网上业务流程。
3. 熟悉 B2B、B2C、C2C、O2O 商业模式和平台运营,并能够举例分析不同 B2B、B2C、C2C、O2O 网站的经营模式。
4. 熟悉 B2B、B2C、C2C、O2O 的盈利模式。

 引例

全球性多渠道电子商务批发平台——环球资源

环球资源是一家扎根香港、面向全球的专业展览主办机构,其旗下直属的环球资源网站是全球性的多渠道 B2B 平台,更是中国商务部主办的《国际商报》多次发文点名认可的全球高端买家的首选采购平台、主流平台,其核心业务是通过一系列英文媒体,包括环球资源网站、电子杂志、采购资讯报告、"买家专场采购会"、贸易展览会等,促进亚洲各国的出口贸易。2021 年环球资源迎来 50 周年庆典,如今,已拥有超过 1000 万来自全球各地的注册买家和用家。环球资源发展到如今的规模,与其战略目标、目标客户和盈利模式息息相关。

1. 战略目标

环球资源的使命是"以适当资讯,在适当时机,通过适当渠道,连接全球买家和供应商"。环球资源拥有一系列英文贸易杂志、网站、展览会等多渠道出口平台,能为各大企业提供专业的整合出口服务,通过结合贸易展览会(线下)和采购网站(线上),促进亚洲各国与全球各国的贸易往来,为全球买家提供详尽的采购资讯。环球资源聚焦大型企业高端会员,看重中、高端供应商市场,始终推行"高端"与"高阶"策略。

2. 目标客户

环球资源的业务范围覆盖亚洲、欧洲及北美洲地区。近年来,环球资源加速布局亚太以及非洲市场,以在海外建立紧密的业务网络,为买卖双方搭建国际化的理想商贸平台。

环球资源为客户提供了多个品类产品,其中,电子产品、礼品家居、时尚产品及五金产品是环球资源的优势品类。

3. 盈利模式

环球资源的主要收入来源为会员费。环球资源将会员分为1~6星,1星会员每年收费40 888元,其他星级会员每年收费5万~40万元不等。对国际买家来说,环球资源可以提供供应商和产品信息,帮助他们高效完成询盘、采购;对供应商来说,环球资源提供的出口推广服务,能提升企业形象,获得更多国家或地区的买家订单。环球资源主要提供了贸易媒体及整合出口推广服务,如网站、专业杂志、展览会和网上直销服务,以及广告创作、教育项目和网上内容管理等服务。

近年来,环球资源近60%的业绩来源为展览会业务,超30%为网站业务及杂志业务,4%左右为其他业务。在企业日趋国际化、国际经济日趋全球化之际,环球资源开始联合线上线下整合推广:线上主要是环球资源网站,线下则为环球资源展览会。每年4月和10月,环球资源会在亚洲国际博览馆举办多场专业采购展览会,包括环球资源消费电子展、移动电子展、智能家居及家电展、家居及餐厨用品展、品质生活展以及时尚产品展,为买卖双方创造面对面接触的机会。

近年来国际地缘政治日趋微妙,此次新冠肺炎疫情更加剧了世界经济和全球化所面临的挑战。值此多事之秋,环球资源将给中国消费者全力打造一个向世界展示中国科技进步的舞台,并已于2021年6月9日至11日期间于上海新国际博览中心举行了首届"消费者科技及创新峰会",为世界消费类电子领军企业进入中国市场提供了机会。

(资料来源于网络并经作者加工整理)

▶ 辩证思考:

讨论并思考环球资源的运营模式。

2.1 B2B电子商务

微课:B2B电子商务的概念

2.1.1 B2B电子商务的概念和特点

B2B电子商务是一种伴随着互联网技术发展起来的新型商务模式,它兴起于美国,不但改变着华尔街,也改变着整个世界经济的运作方式。随着B2B电子商务的迅速发展,其在全球经济中所起的作用日益显著。

1. B2B电子商务的概念

B2B(business to business)电子商务也称企业对企业的电子商务或商家对商家的电子商务,是指企业与企业之间通过互联网或私有网络等现代信息技术手段,以电子化方式开展的商务活动。

B2B电子商务的内涵是企业通过内部信息系统平台和外部网站将上游供应商的采购业务和下游代理商的销售业务有机地联系在一起,从而降低彼此之间的交易成本,提高满意度。实际上,面向企业间交易的B2B,无论在交易额上还是在交易领域的覆盖上,其规模都比 B2C 更为可观，对于电子商务发展的意义也更为深远。

> **知识链接**
>
> 慧聪网作为国内 B2B 电子商务服务提供商，依托其核心互联网产品买卖通及强大的传统营销渠道——慧聪商情广告与中国资讯大全、研究院行业分析报告，为客户提供线上、线下全方位服务，为中小企业搭建诚信的供需平台，提供全方位的电子商务服务。

2. B2B 电子商务的特点

B2B 在电子商务领域的应用十分广泛，是企业十分重视的电子商务模式。这种电子商务模式能够为企业提供在互联网上找到最佳合作伙伴的机会，能够支持企业完成从订购到结算的全部交易行为。B2B 模式有交易金额大、交易对象广泛、交易操作规范和交易过程复杂等特点。

（1）交易金额大。相对于 B2C 模式，B2B 模式的交易次数相对较少，但由于企业采购数量大，B2B 模式的单次交易金额往往会大于 B2C 模式。

（2）交易对象广泛。B2B 模式的交易对象可以是任何一种商品，即除了成品，交易对象还可以是原材料或半成品。

（3）交易操作规范。相较于传统的企业间的交易，B2B 模式的交易操作更规范化、标准化及流程化。在 B2B 模式的交易方式下，买卖双方能在网上完成整个业务流程，包括从最初接触沟通，到货比三家，再到讨价还价、签单和交货，最后到售后服务，这大大节省了企业的经营成本，节约了时间，提高了工作效率。

（4）交易过程复杂。相对于 B2C 和 C2C 模式，B2B 模式的交易金额一般较大，交易还会涉及交易谈判、合同签订和售后服务及赔付等环节，因此交易过程相对复杂。

2.1.2 B2B 电子商务的主要商业模式

随着 B2B 电子商务的发展及人们对商业模式认识角度的不同，关于 B2B 商业模式的类型也有不同的说法。以往，习惯性地把 B2B 电子商务分为四类，即综合 B2B 模式、垂直 B2B 模式、自建 B2B 模式以及关联行业 B2B 模式。

1. 综合 B2B 模式

综合 B2B 模式也称水平 B2B 模式，这种模式在网站上聚集了分布于各个行业中的大量客户群，供求信息来源广泛，通过这种模式，供求信息可以得到较高的匹配。但综合 B2B 模式缺乏对各行业的深入理解和对各行业资源的深层次整合，导致供求信息的精准度不够，进而影响买卖双方供求关系的长期确立。综合 B2B 模式的典型代表有阿里巴巴网站、慧聪网等。

2. 垂直 B2B 模式

垂直 B2B 电商平台也称行业性 B2B 电商网站，垂直 B2B 模式着力整合、细分行业资源，以专业化的平台打造符合各行业特点的 e 化服务，提高供求信息的精准度。垂直 B2B

电商平台的发展趋势是深入产业链上下游,做好产业电商、供应链生态,逐渐形成电子商务生态圈。垂直 B2B 模式明确了供求关系,但供求信息的广泛性不足。网盛科技、中国化工网、全球纺织网和全球五金网等是这种模式的典型代表。

> **知识链接**
>
> 　　在垂直 B2B 领域中存在一种特殊的模式——自建类 B2B。自建类 B2B 一般为大型企业基于自身的信息化建设程度,搭建以自身商品供应链为核心的行业化电子商务平台。企业通过自身的电子商务平台,串联起行业整条产业链,产业链上下游企业通过该平台实现信息分享、沟通交流和支付交易。自建类 B2B 的典型运营代表有海尔、戴尔、联想等企业。

3. 自建 B2B 模式

自建 B2B 模式是大型行业龙头企业基于自身的信息化建设程度,搭建以自身产品供应链为核心的行业化电子商务平台。行业龙头企业通过自身的电子商务平台,串联起行业整条产业链,供应链上下游企业通过该平台实现资讯、沟通和交易。但此类电子商务平台过于封闭,缺少产业链的深度整合。中国石油、中国石化就是这种模式。

4. 关联行业 B2B 模式

关联行业 B2B 模式是相关行业为了提升目前电子商务交易平台信息的广泛程度和准确性,整合综合 B2B 模式和垂直 B2B 模式而建立起来的跨行业电子商务平台。

2.1.3 B2B 电子商务的业务流程

从客户方的角度讲,B2B 电子商务的业务流程大致可分为四个阶段,如图 2.1 所示。

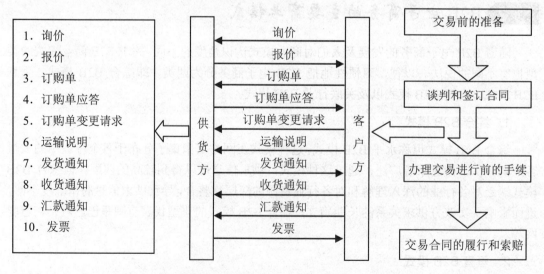

图 2.1　B2B 电子商务的业务流程

1. 交易前的准备

B2B 电子商务交易是企业和企业之间的交易行为。若一家企业需要开展 B2B，则寻找对家是第一件事情。企业可以根据自己交易的情况选择合适的合作商家。企业无论是买还是卖，往往存在一个主动方和一个被动方，主动方企业会在交易前制订交易计划，然后根据计划进行网络信息的搜集，进行市场分析，以确定合适的合作企业。

2. 谈判和签订合同

谈判和签订合同即交易谈判和确定合作关系。企业通过交易谈判确定本次交易的内容，并以文件的形式保存下来。谈判使双方的意愿得以妥协，最终签订交易合同。然而，B2B 电子商务注重的是网际的长期合作，而非一次性的买卖关系，所以，通过初次交易的检验，看看能不能相互信任，并最终确定长期的合作关系。与传统确定合作关系不同，B2B 电子商务确定合作关系后，接下来应立即建立网络互联系统，以使合作双方能够通过网络互联的系统实现信息共享和信息沟通。

3. 办理交易进行前的手续

这一阶段是指签订合同后到合同开始履行之前办理各种手续的过程，实际上是在扫除合同履行的障碍。这些障碍是指要理顺各种参与交易方的关系，使得合同履行顺畅。交易中会涉及银行、海关、商检、保险、税务、运输以及中介等部门或机构，要办理相关手续，合同方能得以履行。

4. 交易合同的履行和索赔

这一阶段的任务主要有以下两个方面。

1）履行交易合同

在各种交易手续办妥之后，买方银行转账，卖方物流运送。买方接收所要货物并验收，卖方接到银行回执，并互发回执后，合同履行完成。

2）索赔

此阶段主要是指售后服务以及赔付等。有些商品需要售后的技术支持，还要求买卖双方在售后期间建立联系。如果在合同履行过程中出现违约等问题，需要进行相关处理等。

> **小思考**
> 结合本节内容，谈谈 B2B 平台的交易流程。

2.1.4 B2B 电子商务平台的盈利模式

B2B 电子商务平台的盈利模式主要有以下几种。

1. 会员费

企业通过第三方电子商务平台参与电子商务交易，必须注册为 B2B 电子商务平台的会员，每年要缴纳一定的会员费，才能享受网站提供的各种服务。目前会员费已成为我国 B2B 电子商务平台最主要的收入来源。如图 2.2 所示，阿里巴巴诚信通会员收费标准目前为 6688 元/年。

图2.2 阿里巴巴诚信通会员收费

2. 广告费

网络广告是门户网站的主要盈利来源,同时也是B2B电子商务平台的主要收入来源。阿里巴巴网站的广告根据其在首页位置及广告类型来收费。慧聪网有弹出广告、漂浮广告、横幅广告、文字广告等多种表现形式可供用户选择。慧聪网首页的商业广告如图2.3所示。

图2.3 慧聪网首页的商业广告

3. 竞价排名

企业为了促进产品的销售,都希望在B2B电子商务平台的信息搜索中自己的排名靠前,而网站在确保信息准确的基础上,会根据会员交费的多少对排名顺序做相应调整。阿里巴巴的竞价排名是诚信通会员专享的搜索排名服务,当买家在阿里巴巴搜索供应信息时,竞价企业的信息排在搜索结果的前三位,能被买家第一时间找到。

4. 增值服务

B2B网站通常除了为企业提供贸易供求信息,还会提供一些独特的增值服务,包括企业认证、独立域名、行业数据分析报告、搜索引擎优化等。

课程思政

B2B 的发展带动了我国经济的发展，促进了我国支付方式的转变，在我国取得了巨大的成功。现如今，B2B 已经成为我国电子商务市场的主流，在我国电子商务行业中占据重要位置。

2.2 B2C 电子商务

2.2.1 B2C 电子商务的概念和特点

随着计算机和互联网在全世界的普及，电子商务得到了飞速的发展，B2C 网站是网络深入人们生活的必然趋势。B2C 模式被学术界誉为最适合电子商务的模式。随着 B2C 电子商务的进一步发展，网上可选购的商品将越来越丰富，网上支付方式将越来越灵活，网络物流配送体系也将越来越完善。

1. B2C 电子商务的概念

B2C（business to consumer）电子商务是以互联网为主要手段，由商家或企业（以下统称企业）通过网站向消费者提供商品和服务的一种商务模式。B2C 电子商务具体是指通过信息网络，以电子数据流通的方式实现企业与消费者之间的各种商务活动、交易活动、金融活动和综合服务活动，是消费者利用互联网直接参与经济活动的形式。该模式一般以网络零售业为主，企业通过互联网为消费者提供购物环境——网上商店，如卓越亚马逊、京东商城、当当网等，消费者通过网络进行购物、支付。

> **知识链接**
>
> 在我国电子商务的发展过程中，逐渐涌现出了许多优秀的电子商务企业。随着《中华人民共和国电子商务法》的施行，我国的电子商务发展也获得了根本性的制度保障。电子商务企业在发展过程中应遵循该法律的有关规定，以保证我国电子商务的健康、长远发展。

2. B2C 电子商务的特点

我国经济的不断发展，带动了 B2C 电子商务的发展。现阶段，我国的 B2C 电子商务有以下特点。

（1）消费群体庞大。随着智能手机的普及和互联网的发展，越来越多的消费者学会并习惯了网上购物，这使得 B2C 电子商务有了庞大的消费群体。

（2）种类多样。B2C 电子商务为消费者提供了多种多样的商品和服务，包括衣物、鞋帽、护肤品、美妆品等实体商品，以及叫醒服务、充值服务、谈心服务等。

（3）体系完善。目前，我国 B2C 电子商务模式已形成完善的体系，包括物流体系、支付体系等。其中，物流体系以与第三方合作为主，部分大型 B2C 电子商务平台还自建了物流，以加快商品配送速度；支付体系则以第三方支付平台与银行合作为主，保障了消费者的支付安全。

（4）快捷高效。依托完善的物流、支付体系，消费者在 B2C 电子商务平台的消费也变得更加快捷、高效。完善的电子商务体系还最大限度地保证了消费者的合法权益。

（5）服务健全。发展至今，B2C 电子商务行业已有较为完备的服务体系，该体系包揽了解答消费者疑惑、处理消费者投诉、解决消费者难题等一系列的事务。

2.2.2 B2C 电子商务的主要商业模式

B2C 电子商务企业的商业模式主要分为两种：经营无形产品和劳务的电子商务模式以及经营实物商品的电子商务模式。

1. 经营无形产品和劳务的电子商务模式

经营无形产品和劳务的电子商务模式可以分为以下四种。

（1）网上订阅模式。网上订阅模式是指企业通过网站向消费者提供在网上直接浏览信息和订阅的电子商务模式。在线出版、在线服务、在线娱乐是这种模式的主要形式。网上订阅模式主要被商业在线机构用来销售报纸杂志、有线电视节目等。

（2）付费浏览模式。付费浏览模式是指企业通过网站向消费者提供计次收费的信息浏览和信息下载的电子商务模式。付费浏览模式让消费者根据自己的需要，在网站上有选择地购买一篇文章、书的一章内容或者参考书的一页。在数据库里查询的内容也可付费获取。另外，一次性付费参与游戏娱乐是很流行的付费浏览方式之一。例如，统计报告、电子书、电子杂志、收费下载服务等都是付费浏览的实例。

（3）广告支持模式。在线服务商免费向消费者提供在线信息服务，其营业收入完全靠网站上的广告。这种模式是目前极成功的电子商务模式之一。由于广告支持模式需要上网企业的广告收入来维持，因此该企业的网页能否吸引大量的广告就成为该模式能否成功的关键。能否吸引网上广告主要靠网站的知名度，而知名度又取决于该网站被访问的次数。广告网站必须对广告效果提供客观的评价和测度方法，以便公平地确定广告费用的计费方法和计费额。

（4）网上赠与模式。网上赠与模式是指一些软件公司将测试版软件通过互联网向用户免费发送，用户自行下载试用，如果满意，则有可能购买正式版本的软件。采用这种模式，软件公司不仅可以降低成本，还可以扩大测试群体，改善测试效果，提高市场占有率。企业通过让消费者使用该产品，让消费者下载一款新版本的软件或购买另一款相关的软件。例如，卡巴斯基、360 安全卫士等杀毒软件服务提供商经常提供网上赠与模式，从而提高企业的品牌形象，开发客户潜在价值。

2. 经营实物商品的电子商务模式

实物商品指的是传统的有形商品和劳务，这种商品和劳务的交付不是以计算机作为信息载体，而是通过传统的方式来实现的。有形商品和服务的查询、订购、付款等活动将在网上进行，这种电子商务模式也叫在线销售。目前，企业实现在线销售主要有两种方式：一种是在网上开设独立的虚拟商店；另一种是参与并成为网上购物中心的一部分。网上实物商品销售的主要特点是在扩大市场的同时减少交易中的摩擦，提高交易效率。

> **知识链接**
>
> **直销模式**
>
> B2C 网络商品直销是指消费者和生产者（或者供应方）直接利用网络形式所开展的买卖活动。这种交易的最大特点是供需直接见面，环节少，速度快，费用低。网络直销的诱人之处在于：一方面，它能够有效地减少交易环节，大幅度地降低交易成本，从而降低网络消费者所得到商品的最终价格；另一方面，网络商品直销能够有效减少售后服务的技术支持费用。

2.2.3 B2C 电子商务的业务流程

微课：B2C 电子商务的业务流程

B2C 电子商务由四个基本部分组成：网上商城、物流配送体系、支付结算系统及安全认证。B2C 电子商务的大致业务流程如图 2.4 所示。

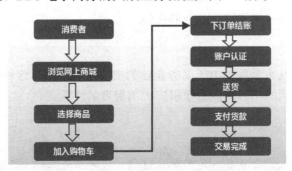

图 2.4　B2C 电子商务的业务流程

（1）消费者通过互联网网址、广告、产品目录和搜索引擎检索等方式在网上商城浏览信息，查询并选择自己所需要的产品或服务。

（2）顾客通过网站提供的供货单填入需要购买的商品或服务的内容，包括购买什么、购买多少、送货方式和付款方式等信息，加入购物车。

（3）顾客选择付款方式，如信用卡以及电子现金等，下订单结账。

（4）商家或企业的电子商务服务器自动检查支付方服务器，确认汇款额是否被认可，进行账户认证。

（5）商家或企业的电子服务器确认顾客汇款后，通知销售部门或物流公司送货上门。

（6）顾客所在的开户银行将支付款项转到顾客的信用卡公司，信用卡公司负责给消费者发收费清单。

（7）为了保证交易过程的安全性，流程中还需要一个认证中心对网上交易的双方进行认证，以确认交易各方的真实身份。

2.2.4 B2C 电子商务平台的盈利模式

B2C 电子商务的经营模式决定了 B2C 电子商务企业的盈利模式。一般来说，B2C 电子商务企业主要通过以下几个方面盈利。

1. 收取服务费

网上购物的消费者除了要按商品价格付费，还要向网上商店付一定的服务费，如天猫技术服务费。

> **小思考**
> 腾讯、淘宝等网站提供课程学习频道，试分析其让浏览者报名参加课程学习的意图。

2. 收取会费

网络交易服务公司一般采用会员制，按不同的方式、服务的范围向会员收取会费。

3. 降低价格扩大销售量

网上销售商提供低价格的商品或服务，目的是提高销售量，提升企业形象，即人们常说的"低价靠走量"的盈利方式，如当当网。

4. 发布信息

发布供求信息、企业咨询等，如亚商在线。

5. 广告

目前，广告收益几乎是所有电子商务企业的主要盈利来源。这种模式成功与否的关键是其网页能否吸引大量的广告，能否吸引广大消费者的注意。

■ 课程思政

> 电子商务从业人员应具备一定的职业道德，只有立足本职、精通业务、按章办事、文明礼貌、诚实守信，才能更好地维护电子商务环境，给广大消费者提供更好的服务，促进社会的健康、稳定发展。

2.3 C2C 电子商务

2.3.1 C2C 电子商务的概念和特点

随着网络消费观念的普及，加上支持网上购物的各种条件日益成熟，网购这一新型消费观念正逐渐被消费者所接受。近年来，C2C 电子商务模式高速发展，国内 C2C 市场的份额和交易量也在快速提高。作为个体消费者最容易介入的一种电子商务模式，C2C 已经越来越多地融入并影响着人们的生活。

1. C2C 电子商务的概念

C2C（consumer to consumer）是消费者与消费者之间的电子商务，通过为买卖双方提供一个在线交易平台，使卖方可以主动提供商品在网上拍卖，而买方可以自行选择商品进行购买和竞价。简单地讲，C2C 网站是为个人商品交易提供平台的网站。

第 2 章 电子商务模式

C2C 电子商务模式的产生以 1998 年易趣网的成立为标志，目前采用 C2C 电子商务模式的网站主要有易趣网、淘宝网、拍拍网等。C2C 交易是电子商务中最活跃的交易行为，几乎每秒钟都有人在 C2C 网站上达成交易。

> **小思考**
> 登录淘宝网和易趣网，比较这两个网站的商务模式有何不同。

2. C2C 电子商务的特点

与其他电子商务模式相比，C2C 电子商务有如下特点。
（1）用户数量大、分散，往往身兼多种角色，既可以是买方，也可以是卖方。
（2）C2C 电商平台为买卖双方提供交易场所、技术支持及相关服务。
（3）没有自己的物流体系，依赖第三方物流体系。
（4）商品多，质量参差不齐。既有有形商品，也有无形商品；既有全新商品，也有二手商品；既有大工厂统一生产的商品，也有小作坊个人制作的商品。
（5）交易次数多，单笔交易额小，低价值商品加上物流费可能会造成商品价格偏高。

2.3.2 C2C 电子商务的主要商业模式

1. 拍卖平台运作模式

网络拍卖是指网络服务商利用互联网通信传输技术，向商品所有者或某些权益所有人提供有偿或无偿使用的互联网技术平台，让商品所有者或某些权益所有人在其平台上独立开展以竞价、议价方式为主的在线交易模式。网络拍卖的实质是借助网络平台完成拍卖的活动。这种销售方式在虚拟的大市场让每一个人都站在同一个起点上，全球的人都可以同时竞价，从而克服了传统商店的种种限制。与传统拍卖相比，网络拍卖具有两大优势：价廉物美与即买即得。选购的物品多集中在手机、计算机和女性用品（服装、化妆品）。目前，网络拍卖参与者主要是消费者。

2. 店铺平台运作模式

店铺平台是电子商务企业提供的平台，方便个人在此平台开设店铺，以会员制的方式收费（或免费），或通过广告或提供其他服务收取费用。这种平台被称为网上商城，比如淘宝网、易趣网、拍拍网就是典型的 C2C 网站。不同的网上商城在功能、服务、操作方式和管理水平方面相差较大，理想的网上商城应具有以下基本特征。
（1）良好的品牌形象、简单方便的申请手续、稳定的后台技术、快速周到的顾客服务、完善的支付体系、必要的配送服务，以及售后服务保证等。
（2）有尽可能高的访问量，具备完善的网站维护和管理、订单管理等基本功能，并且可以提供一些高级服务，如对网店的推广、网店访问量分析等。
（3）收费模式和费用水平也是重要的影响因素。

> **小思考**
> 电子商务模式的先入优势非常明显，把握住消费者的需求能够为企业带来发展先机。如果现阶段创立 C2C 电子商务企业，还需要在哪些方面进行改进和完善？

2.3.3 C2C 电子商务的业务流程

C2C 电子商务的业务流程如图 2.5 所示。竞拍方的主要工作是浏览搜索商品、参与商品竞拍、联系成交、付款收货。拍卖方的主要工作是上传拍卖用品、修改确认拍卖品、联系成交、发货收款。

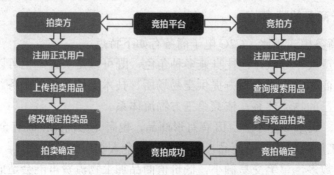

图 2.5　C2C 电子商务的业务流程

（1）卖方进入拍卖网站，上传拍卖物品，确定起拍价、竞价阶梯、截止日期等信息。

（2）系统认证所填拍卖信息的正确性和用户的合法性，如果一切正确，则显示上传成功。

（3）竞拍方选择所要拍卖的物品，进入竞拍页面参与竞拍。

（4）填写竞拍的必需信息和可选信息。

（5）系统认证所填竞拍信息的正确性和用户的合法性，如果一切正确，则显示竞拍成功。

（6）买卖双方成交，买方付款，卖方交货，交易完成。

2.3.4 C2C 电子商务平台的盈利模式

C2C 电子商务平台的盈利模式主要有以下几种。

1. 会员费

会员费也就是会员制服务收费，是指 C2C 网站为会员提供网上店铺出租、公司认证、产品信息推荐等多种服务组合而收取的费用。由于这种模式提供的是多种服务的有效组合，比较能适应会员的需求，所以收费比较稳定。

2. 交易提成

交易提成无论在什么时候都是 C2C 网站的主要利润来源。因为 C2C 网站是一个交易平台，它为交易双方提供机会，其作用就相当于现实生活中的交易所、大卖场，从交易中收取提成是其市场本性的体现。

3. 广告费

企业将网站上有价值的位置用于放置各类广告，根据网站流量和网站人群精度标定广告位价格，然后通过各种形式向客户出售。如果 C2C 网站具有充足的访问量和用户黏度，那么广告业务量就会非常大。

4. 搜索排名竞价

用户可以为某关键字自行提出合适的价格,最终由出价最高者竞得,在有效时间内该用户的商品可获得竞得的排位。卖家只有认识到竞价为他们带来的潜在收益,才愿意花钱使用。

5. 支付环节收费

买家可以先通过网上银行把预付款打到支付公司的个人专用账户,待收到卖家发出的货物后,再通知支付公司把货款打入卖家账户,这样买家不用担心自己收不到货还要付款,卖家也不用担心自己发了货而收不到款,而支付公司就按成交额的一定比例收取手续费。

2.4 O2O 电子商务

2.4.1 O2O 电子商务的概念和特点

伴随着电子商务的飞速发展,不仅仅是互联网公司,传统行业与直销企业也试图瓜分电子商务这块"大蛋糕"。正当 C2C 与 B2C 模式市场逐渐饱和时,移动互联网的发展带动了一种新的电子商务模式——O2O 模式。O2O 模式以独特的方式实现了实体经济和电子商务的有效结合,加快了我国移动电子商务的发展。

1. O2O 电子商务的概念

O2O(online to offline)电子商务是一种将线上电子商务模式与线下实体经济相融合,通过互联网将线上商务模式延伸到线下实体经济,或者将线下资源推送给线上用户,使互联网成为线下交易的前台的一种商业模式。可以简单地理解为,这一模式的核心是把线上的消费者带到现实的商店中去——在线支付购买线下商品和服务,再到线下去享受服务。这样线下服务就可以线上揽客,消费者可以在线筛选需求、预订、结算,甚至可以灵活地进行线上预订、线下交易和消费。O2O 电子商务充分诠释了"同城购"的本地区域化电子商务的理念。

> **知识链接**
>
> **O2O 电子商务模式适合的企业类型**
>
> 适合开展 O2O 电子商务的企业可概括为连锁加盟企业和本地生活服务企业这两类。
>
> (1)连锁加盟企业。连锁加盟企业,如教育、家居、饰品、母婴、家政等行业企业都在积极开拓和布局 O2O 业务。这类企业线下门店分布广泛,在线下能够快速便捷地为消费者提供优质的服务体验。借助 O2O 电子商务模式,连锁加盟企业可以进一步提高加盟商的数量,并增加门店的销量。
>
> (2)本地生活服务企业。本地生活服务企业囊括了生活服务、休闲娱乐等众多领域的企业,如餐饮、电影院、会所等行业企业,它们都有自己的实体"店铺",因为商品无法快递,只能在线下出售,所以可以通过线上预订、下单,线下体验服务的方式吸引更多的消费。

2. O2O 电子商务的特点

O2O 电子商务具有以下几个特点。

（1）本地化服务。传统电子商务消费者在线上购买了产品后，不能享受线下服务；而 O2O 电子商务下的网上消费，同时可以享受本地一对一的个性化服务，这是消费者权益的一种体现。对于消费者来说，这种模式是非常人性化的。

（2）社会化、大众化。O2O 电子商务具有非常社会化、大众化的特点。这种模式运用在直销企业中，可以让每一个消费者在消费的同时给自己做一份投资，在消费者和商家之间建立一种最和谐的买卖关系，而且是长期的合作关系。

（3）更注重服务品质。电子商务是在互联网上进行的一种交易活动，因为受区域限制，消费者一般只能享受到购物的过程，而很难得到线下的服务。O2O 电子商务可以有效地解决这个问题。

2.4.2 O2O 电子商务的主要商业模式

目前，我国的 O2O 电子商务的商业模式主要包括团购网站模式、二维码模式、线上线下同步模式和营销推广模式。

1. 团购网站模式

目前，O2O 电子商务的商业模式中最受瞩目的是团购网站模式。团购网站大多采用"电子市场+到店消费"模式，即消费者在网上下单并完成支付，获得极为优惠的订单消费凭证，然后到实体店消费。可以说，O2O 电子商务的商业模式的火爆要归功于团购网站的兴起，但并不是因为团购火了，O2O 电子商务的商业模式才出现。在线旅游的代表——携程、艺龙、青芒果等都是早期 O2O 电子商务的商业模式的实践者。它们唯一的区别是：携程、艺龙酒店预订均采用到付模式；而青芒果采用预付模式，线上部分只完成信息流转移，而不产生现金流或者物流。

2. 二维码模式

扫描二维码成为 O2O 电子商务商业模式的另一种形式，它把线下引入线上，与团购网站模式在方向上正好相反。目前，我国的商业模式对二维码的应用主要是二维码的主读业务，即用手机识别二维码，实现从线下到线上的最快捷接入，省去了在手机上输入网址的不便。这种 O2O 电子商务的二维码模式，现在被广泛用于淘宝商家和实体商家，成为实体商家拓展互联网业务的重要渠道。

3. 线上线下同步模式

线上线下同步模式是 O2O 电子商务的另一种商业模式，是指互联网电子商务模式的企业和商家将商品和服务形式扩展到实体经济中，通过开设实体店等形式，实现线上、线下同步发展的模式。由于电子商务对传统实体经济造成了巨大冲击，特别是在品牌服装行业，很多服装品牌的专卖店沦为网店的试衣间，因此，实体商家开始思考"后电商时代"的发展模式。早在 2013 年 6 月，苏宁电器宣布实行线上、线下同价。线上、线下同价能够真正实现零售业日常促销的常态化，促进零售运营从价格导向的促销向顾客经营导向的服务转变，引导消费者关注商品的综合价值而非价格和促销，消费者则会在购买前省去比价带来的不便。

> **知识链接**
>
> 在O2O布局上，腾讯已经构建起腾讯系大平台，并搭建起O2O生态链条：以微信平台为大入口，后端有腾讯地图、微信支付等做支撑，中间整合本地生活服务，比如餐饮由美团外卖承接，打车由滴滴出行承接，电影票由猫眼电影承接等，这样就构成了线上线下互动的闭环。

4. 营销推广模式

营销推广模式是指利用移动互联网，对传统线下实体经济形式进行网络营销和推广，以实现线上、线下互动，促进线下销售的形式。一度在O2O领域炒得最火热的O2O电子商务商业模式是"黄太吉煎饼"。"黄太吉煎饼"利用移动互联网，将实体店的产品和服务信息发布到微博、微信和相关的美食点评网站上，利用移动互联网平台实现消费者与商家的及时互动和信息反馈，从而对产品和服务进行改进。

2.4.3 O2O电子商务的业务流程

O2O电子商务业务模式与传统的消费者在商家直接消费的模式不同，在O2O电子商务平台商业模式中，整个消费O2O过程由线上和线下两部分构成。线上平台为消费者提供消费指南、优惠信息、便利服务（预订、在线支付、地图等）和分享平台，而线下商户则专注于提供服务，如图2.6所示。在O2O电子商务模式中，业务流程可以分解为五个阶段。

图2.6 O2O电子商务业务模式

第一阶段：引流。线上平台作为线下消费决策的入口，可以汇聚大量有消费需求的消费者，或者引发消费者的线下消费需求。常见的O2O平台引流入口包括：消费点评类网站，如大众点评、美团；电子地图，如百度地图、高德地图；社交类网站或应用，如微信、微博、陌陌。

第二阶段：转化。线上平台向消费者提供商铺的详细信息、优惠（如团购、优惠券）、便利服务，方便消费者搜索、对比商铺，并最终帮助消费者选择线下商户，完成消费决策。

第三阶段：消费。消费者利用线上获得的信息到线下商户接受服务，完成消费。

第四阶段：反馈。消费者将自己的消费体验反馈到线上平台，有助于其他消费者做出消费决策。线上平台通过梳理和分析消费者的反馈，形成更加完整的本地商铺信息库，可以吸引更多的消费者使用在线平台。

第五阶段：存留。线上平台为消费者和本地商户建立沟通渠道，可以帮助本地商户维护消费者关系，使消费者重复消费，成为商家的回头客。

> **知识链接**
>
> **七匹狼的O2O电子商务模式**
>
> 作为国内品牌商网络模式的领军企业，七匹狼已经打造出一套"门店+B2C+O2O"的崭新模式。七匹狼首先将线上代理商和线下代理商一视同仁，集中管理，同时建立一套商品交易与发布平台，线下商户可以将自己的库存产品通过打折的形式发布到网络媒体，而七匹狼官方只需对该平台的价格体系进行监控。这种模式不但为线上渠道增加了优质货源，同时不会扰乱正常的价格体系，而线下商户对线上销售的积极性也得到了提高。最后七匹狼完全打通了线上、线下用户数据库，用户可以做到线上付款、线下提货。而对于不同渠道产生的差价，七匹狼会用品牌积分的形式对用户进行补偿。

2.4.4 O2O电子商务平台的盈利模式

O2O电子商务平台的盈利模式主要有以下几种。

1. 减少中间环节的损耗

对提供的商品而言，通过O2O电子商务平台，减少了中间交易环节，降低了管理成本，提升了利润。对提供的服务产品而言，O2O电子商务平台向消费者提供线下服务，提升了客户体验。

2. 发挥O2O电子商务平台模式的引流作用

O2O电子商务平台模式的特点之一就是对碎片化资源的整合，用户利用碎片化的时间进行选择，一方面，从线上引流到线下，另一方面，可以从线下引流到线上，做到双向引流。平台还可以利用碎片化的时间完成线下的实际交易，这对于用户、商家和线下实体店而言都是提高效率的行为。

3. 广告营销收入

O2O电子商务平台做大规模后，既可以利用在业界的知名度和影响力，为其他商业机构提供广告服务，还可以为国内外相同行业企业提供广告投放，从中获取收益。

4. 其他价值链环节服务

这种模式可通过价值链的其他环节实现盈利，比如为业内厂商提供咨询服务，向消费者提供数据分析等增值服务，并收取一定的服务费。

5. 定制服务

平台可为一些有特别要求的机构或消费者提供定制服务。服务内容与普通的大众化套餐有所不同，即先由消费者提出，再由 O2O 服务商提供定制的专门服务。

课程思政

> 我国职业院校每年培养约 1000 万技能人才，现代制造业、战略性新兴产业和现代服务业等领域的从业人员大多来自职业院校，这说明我国对高素质技术技能人才的需求非常大，每一位大学生都应该努力提升自身的综合能力，为国家的发展贡献力量。

思考与练习

一、填空题

1. 企业通过第三方电子商务平台参与电子商务交易，必须_____。
2. _____指企业通过网站向消费者提供计次收费的信息浏览和信息下载的电子商务模式。
3. 店铺平台是电子商务企业提供的平台，方便个人在此平台开设店铺，以会员制的方式收费（或免费），或通过广告或提供其他服务收取费用，这种平台称为_____。
4. 在 O2O 电子商务平台商业模式中，整个消费 O2O 过程由_____和_____两部分构成。
5. 依托完善的物流、_____体系，消费者在 B2C 电子商务平台的消费变得更加快捷、高效。

二、简答题

1. 简述 B2B 电子商务的主要商业模式。
2. 请写出 O2O 电子商务的特点。
3. 试比较水平 B2B 电商平台和垂直 B2B 电商平台的异同点。
4. 请简述 B2C 电子商务的业务流程。

第 3 章

网络营销与推广

知识目标

1. 了解网络营销的概念、特点和职能。
2. 掌握网络市场调研的方法与步骤。
3. 熟悉网络营销的产品、价格、渠道和促销四大策略。
4. 掌握网络广告的相关知识。
5. 掌握主要的营销方法。

引例

老乡鸡开了一场"200元"土味发布会,这场刷屏营销做对了什么?

2020年3月18日,老乡鸡董事长束从轩带来了一大波好消息:宣布进军全国市场,获得银行10亿元授信贷款和战略投资,计划新增招聘5000人。令人意外的是,发布会的形式简直是"土味十足",并且十分简陋,有用复古砖头搭建的舞台、村口大喇叭、二八自行车和红色大桌子,所有物件年代感十足,与传统的在大酒店、城市中心广场举办的官方发布会落差巨大(见图3.1)。网友调侃这次老乡鸡的发布会预算只有200元,但是发布会视频在社交媒体一上线,就得到众多网友的关注(见图3.2)。

图3.1 200元预算的土味发布会

图3.2 网友的评论

在老乡鸡公众号发布的 10 分钟视频中，束从轩谈到疫情逐步得到控制，全国都在组织复工复产，老乡鸡复工人数超过九成，营业额恢复六成。

外界很多人对于老乡鸡的品牌并不了解，在 2020 年疫情最严重的时候，很多企业出于企业成本考虑，开始采用降薪的方法，老乡鸡的员工也集体写了申请降薪的联名信，束从轩在视频中用手撕了这份联名信，称即使自己卖房卖车也要确保 16 328 名员工薪资的正常发放。

2012 年，束从轩决定将"肥西老母鸡"更名为"老乡鸡"，随后开始在南京、武汉等地拓展店面，企业营收更是节节攀升。2018 年 1 月初，老乡鸡宣布获得投资机构加华伟业资本的 2 亿元首轮融资，原来的 400 多家门店也在两年内发展到 800 多家，仅仅一年，年收入就超过了 30 亿元。

如今疫情已经逐渐被控制，企业生产也逐渐恢复，很多企业也开始意识到需要转变品牌营销策略，快速获取用户的关注度，以实现突围，或许老乡鸡的品牌营销动作值得大家思考。

（资料来源于网络并经作者加工整理）

↘ 辩证思考：
为什么说"老乡鸡"的营销是一场成功的营销？

3.1 网络营销概述

网络营销是企业整体营销战略的一个组成部分，是为实现企业总体经营目标所进行的，以互联网为基本手段，营造网上经营环境并利用数字化的信息和网络媒体的交互性来辅助营销目标实现的一种新型的市场营销方式。

▍课程思政

> 网络营销是一种方式，更是一种手段，但是不管采用何种营销方式，都必须秉承诚信的原则，充分发掘自身的优点，用这些优点来吸引客户。这就需要作为电子商务行业从业人员的我们，集思广益，胆大心细，且要有正确的三观。

3.1.1 网络营销的概念

网络营销是建立在互联网基础上，借助互联网特性来实现一定营销目的的一种营销活动。通常来说，网络营销可分为广义上的网络营销和狭义上的网络营销两种。

1. 广义上的网络营销

从广义上来说，网络营销就是以互联网为主要手段开展的营销活动。网络营销的同义词包括网上营销、互联网营销、在线营销、网路行销等，这些词汇说的都是同一个意思。

> **知识链接**
>
> 网 路 行 销
>
> 网路行销是企业整体营销战略的一个组成部分，是为实现企业总体经营目标所进行的、以互联网为基本手段营造网上经营环境的各种活动。

2. 狭义上的网络营销

狭义的网络营销是指组织或个人基于开放便捷的互联网，对产品、服务所做的一系列经营活动，从而达到满足组织或个人需求的全过程。网络营销是一种新型的商业营销模式。

3.1.2 网络营销的特点

通常来说，网络营销具有以下特点。

（1）跨时空。营销的最终目的是占有市场份额。互联网具有超越时间约束和空间限制进行信息交换的特点，这使得脱离时空限制达成交易成为可能，企业能有更多的时间和更大的空间进行营销，可每周 7 天，每天 24 小时随时随地提供全球性营销服务。

（2）多媒体。互联网被设计成可以传输文字、声音、图像等信息的工具，使得为达成交易进行的信息交换可以以多种形式进行，可以充分发挥营销人员的创造性和能动性。

（3）交互式。互联网可以展示商品目录，连接资料库，提供有关商品信息的查询，可以和顾客进行互动双向沟通，可以搜集市场情报，可以进行产品测试与消费者满意度调查等，是产品设计、商品信息提供以及服务的最佳工具。

（4）个性化。互联网上的促销是一对一的、理性的、消费者主导的、非强迫性的、循序渐进式的，而且是一种低成本与人性化的促销，避免了推销员强势推销，并通过信息提供和交互式交谈，可与消费者建立长期良好的关系。

（5）成长性。互联网使用者数量快速增长并遍及全球，使用者多半是年轻人，具有高教育水准，由于这部分群体购买力强且具有很强的市场影响力，因此是一个极具开发潜力的市场。

（6）整合性。互联网上的营销由发布商品信息至收款、售后服务等一系列工作组成，因此是一种全程的营销渠道。另外，企业可以借助互联网将不同的营销活动进行统一规划和协调实施，以统一的资讯向消费者传达，以避免不同传播渠道的不一致性产生的消极影响。

（7）发展性。互联网是一种功能强大的营销工具，它兼具渠道、促销、电子交易、互动顾客服务以及市场信息分析与提供等多种功能。它所具备的一对一营销能力，恰好符合定制营销与直复营销的发展趋势。

（8）高效性。互联网可储存大量的信息供消费者查询，并能顺应市场需求，及时更新产品或调整价格，因此能及时有效地了解并满足顾客的需求。

（9）经济性。通过互联网进行信息交换，代替以前的实物交换，一方面可以减少印刷与邮递成本，做到无店面销售，免交租金，节约水电与人工成本；另一方面可以减少由迂回多次交换带来的损耗。

（10）技术性。网络营销是建立在高技术支撑的互联网的基础上的，企业实施网络营销必须有一定的技术投入和技术支持。

3.1.3 网络营销的职能

对网络营销职能的认识有助于全面理解网络营销的价值和网络营销的内容体系。网络营销的职能具体表现为八个方面：网站推广、网络品牌、信息发布、在线调研、顾客关系、顾客服务、销售渠道、销售促进。

（1）网站推广。这是网络营销最基本的职能之一，在几年前，人们甚至认为网络营销就是网站推广。相对于其他职能来说，网站推广显得更为迫切和重要，网站所有功能的发挥都要求以一定的访问量为基础，所以，网站推广是网络营销的核心工作。

（2）网络品牌。网络营销的重要任务之一就是在互联网上建立并推广企业的品牌。知名企业的线下品牌可以在网上得以延伸，一般企业则可以通过互联网快速树立品牌形象，并提升企业整体形象。网络品牌建设是以企业网站建设为基础，通过一系列的推广措施，使顾客和公众对企业有所认知和认可。从一定程度上说，网络品牌的价值甚至高于通过网络获得的直接收益。

> **小思考**
> 仔细思考一下，网络营销与传统营销在职能上有什么异同。

（3）信息发布。网站是一种信息载体，通过网站发布信息是网络营销的主要方法之一。同时，信息发布也是网络营销的基本职能。无论哪种网络营销方式，结果都是将一定的信息传递给目标人群，包括顾客、潜在顾客、媒体、合作伙伴、竞争者等。

（4）在线调研。通过在线调查表或者电子邮件等方式，即可完成网上市场调研。相对传统市场调研，网上调研具有高效率、低成本的特点，因此，网上调研成为网络营销的主要职能之一。网络营销的意义就在于充分发挥网络的各种职能，让网上经营的整体效益最大化，因此，仅仅由于某些方面效果欠佳就否认网络营销的作用是不合适的。网络营销的职能是通过各种网络营销方法实现的，网络营销的各个职能之间并非相互独立的，同一个职能可能需要多种网络营销方法的共同作用，而同一种网络营销方法也可能适用于多个网络营销职能。

（5）顾客关系。良好的顾客关系是网络营销取得成效的必要条件，通过网站的交互性、顾客参与等方式，在开展顾客服务的同时，也增进了顾客关系。

（6）顾客服务。互联网提供了更加方便的在线顾客服务手段，从形式最简单的常见问题解答（FAQ），到邮件列表，以及 QQ、微信、旺旺等各种即时信息服务，顾客服务质量对于网络营销效果具有重要影响。

> **小思考**
> 请解释一下什么是 FAQ。

（7）销售渠道。一个具备网上交易功能的企业网站本身就是一个网上交易场所，网上销售是企业销售渠道在网上的延伸，网上销售渠道建设也不限于网站本身，还包括建立在综合电子商务平台上的网上商店及与其他电子商务网站不同形式的合作等。

（8）销售促进。营销的基本目的是为增加销售提供帮助，网络营销也不例外，大部分网络营销方法都与直接或间接促进销售有关，但促进销售并不限于促进网上销售，事实上，网络营销在很多情况下对于促进线下销售同样十分有价值。

3.2　网络市场调研

网络市场调研与传统的市场调研相比有着无可比拟的优势，如调研费用低、效率高、调查数据处理方便、不受时间地点的限制。因此，网络市场调研是网络时代企业进行市场调研的主要手段。

▎课程思政

> 商业调研要真实、可靠，这就要求调研人员认真执行、落实调研要求，不能弄虚作假、胡编乱造。诚信也是一个人为人处世的最基本原则，人无信而不立。

3.2.1　网络市场调研的概念与优势

1. 网络市场调研的概念

网络市场调研又称网上市场调研或联机市场调研，它指的是通过网络进行的系统的收集、调查、记录、整理、分析与产品、劳务有关的市场信息，客观地测定及评价现在市场和潜在市场，用以解决市场营销的有关问题，其调整结果可作为各项营销决策的依据。

从市场调研的程序上来说，网络调研与传统的市场调研没有本质区别，每个完整的市场调研过程都是从明确调研问题及目标开始的，接着进行市场调研的设计，收集市场信息资料，整理分析资料，最后撰写市场调研报告。但是，网络市场调研所采用的信息收集方式有所不同，因而对市场调研设计中的部分内容（如在线调查问卷的设计、发放和回收等）也提出了不同的要求。

> **小思考**
> 你知道的网络市场调研方式有哪些？

2. 网络市场调研的优势

微课：网络市场调研的优势

相对于传统的市场调研，网络市场调研在组织实施、信息采集、信息处理、调查效果等方面具有以下几个明显的优势。

（1）网络调研的跨时空性。互联网是没有时空、地域限制的，网上市场调查可以在全球 24 小时全天候进行，这与受时间和地域制约的传统调研方式有很大不同。例如，在传统方式下某公司要搞一项全国性的调研，需要各个区域代理的配合。而网上市场调研来完成此项工作，省时省力，效率高。

(2)网络调研的及时性。由于网上信息的传输速度非常快,能够及时快速地传送到连接上网的用户中,这就保证了企业调研信息的准确性与及时性。而且,网上投票信息经过统计分析软件的初步处理后,可以马上看到阶段性的调研结果。将调研信息传送到被调查的对象那里,也可以使企业及时地获得调研的结果。

(3)网络调研的便捷性和经济性。网络调研在信息采集过程中不需要派出调查人员,不受天气和距离的限制,不需要印刷调查问卷,调查过程中最繁重、最关键的信息采集和录入工作分散到众多网上用户的终端上去完成。调研者在企业网站上发出电子调查问卷,提供相关信息,或者及时修改、充实相关信息,然后利用计算机对访问者反馈回来的信息进行整理和分析,这不仅十分快捷,而且可以大大节省企业在人力、财力上的耗费。

(4)网络调研的互动性。传统的市场营销强调 4P(产品、价格、渠道和促销)组合,现代市场营销则追求 4C(顾客、成本、便利和沟通)。在网络环境下,即使是中小企业也可以通过电子公告栏、网上讨论区和电子邮件等方式,以极低的成本在营销的全过程中对消费者进行及时的信息收集,消费者也有机会对产品从设计到定价和服务等一系列问题发表意见。这种双向互动的信息沟通方式提高了消费者的参与性和积极性,更重要的是能使企业的营销决策有的放矢,从根本上提高消费者的满意程度。

(5)网络调研的高效性。网络调研具有较高的效率,通过网络进行市场调研的信息交互,节省了传统方式下的邮寄、面谈等耗费的大量时间。完成相同数量的信息收集,在网络条件下比在传统条件下要花更少的时间。网络市场调研又具有覆盖面广的特点,在相同的时间内,网络市场调研可以收集更多的信息。

(6)网络调研的客观性。网上调研的结果比较客观,因为浏览企业网站的访问者或那些愿意在网上填写调研反馈表的人,一般都对企业的产品有一定的兴趣,这种基于顾客和潜在顾客的市场调研结果比较真实,也比较客观,能够反映消费者的消费心理和市场发展的趋势。

3.2.2 网络市场调研的方法与步骤

1. 网络市场调研的方法

网络市场调研方法可以分为两大类:网上直接调查法和网上间接调查法。

1)网上直接调查法

网上直接调查是指为当前特定的目的在互联网上收集一手资料或原始信息的过程。直接调查的方法有四种:网上观察法、专题讨论法、在线问卷法和网上实验法。其中,较常用的方法是专题讨论法和在线问卷法,但是实际采用哪种方法,还要具体问题具体分析,根据实际目标和需要确定。

(1)专题讨论法,可以通过新闻组(Newsgroup)、电子公告牌(BBS)或邮件列表讨论组获得资料和信息。

(2)在线问卷法,即请求浏览其网站的每个人参与企业的各种调查。在线问卷法可以委托专业公司进行,一般有两种途径:在线调查表和 E-mail 调查。

> **知识链接**
>
> **邮 件 列 表**
>
> 邮件列表（mailing list）的起源可以追溯到 1975 年，是互联网上最早的社区形式之一，也是互联网上的一种重要沟通工具，用于各群体之间的信息交流和信息发布。
>
> 早期的邮件列表是一个小组成员通过电子邮件讨论某一个特定话题，一般称为讨论组。由于早期联网的计算机数量很少，故讨论组的参与者也很少，如今的互联网上有数以万计的讨论组。讨论组很快就发展演变出另一种形式，即有管理者管制的讨论组，也就是通常所说的邮件列表，或者叫狭义的邮件列表。

在线调查表是将问卷放置在万维网的站点上，等待访问者浏览时填写问卷，这种方式的优点是填写者一般是自愿的，缺点是无法核实问卷填写者的真实情况以及填写过程的客观性和可靠性。E-mail 调查是将设计好的调查表发送到调查对象的邮箱中，或者在邮件的正文中给出一个网址链接到在线调查的页面。该方式的优点是可有选择地控制被调查者，缺点是容易引起被调查者的反感，降低问卷的回收率，因此采用该方式时要注意使用一些辅助措施，如事先征得被调查者的同意，或有奖填写或赠送小礼物，以改善调查的质量和效率。

2）网上间接调查法

网上间接调查法是指利用互联网收集二手资料的方法。网上有海量的二手资料，但要找到对自己有价值的信息，首先必须熟悉搜索引擎的使用方法，其次要掌握专题型网络信息资源的分布。

2. 网络市场调研的步骤

网络市场调研应遵循一定的程序，一般而言，应经过以下五个步骤。

（1）确定目标。网络市场调研的每一步都很重要，调研问题的界定和调研目标的确定更是重要。只有清楚地定义了网络市场调研的问题，确立了调研目标，方能正确地设计和实施调研。在确定调研目标的同时还要确定调研对象，网络调研对象主要包括企业产品的消费者、企业的竞争者、上网公众、企业所在行业的管理者和行业研究机构。

（2）设计调研方案。具体内容包括确定资料来源、调查方法、调查手段和接触方式。

（3）收集信息。在确定调查方案后，市场调研人员即可将其写进电子邮件，再发送到互联网上的个人主页、新闻组或邮箱清单进行相关问询，进入收集信息阶段。与传统的调研方法相比，网络调研收集和录入信息更方便、快捷。

（4）信息整理和分析。收集得来的信息本身并没有太大意义，只有进行整理和分析后信息才变得有用。整理和分析信息这一步非常关键，需要使用一些数据分析技术，如交叉列表分析技术、概况技术、综合指标分析和动态分析等。目前国际上较为通用的分析软件有 SPSS、SAS、BMDP、MINITAB 和电子表格软件。

（5）撰写调研报告。这是整个调研活动的最后一个重要阶段。报告不能是数据和资料的简单堆积，调研人员不能把大量的数字和复杂的统计技术扔到管理人员面前。正确的做法是把与市场营销决策有关的主要调查结果报告出来，并遵循所有有关组织结构、格式和文笔流畅的写作原则。

3.3 网络营销策略

网络营销策略是指企业根据自身特点进行的一些网络营销组合，它与基本的营销手段有一些差异，良好的网络营销策略会给企业或网站带来巨大的回报。

课程思政

> 企业运营的第一目标便是利益，作为一家有担当的企业，应当在满足自身利益的同时，兼顾社会责任。在制定营销策略时，既要兼顾自身利益，也要考虑社会责任，树立良好的企业形象。

3.3.1 产品策略

1．网络营销产品的概念

产品是市场营销组合中最重要的因素。任何企业的营销活动总是首先从确定向目标市场提供什么产品开始的，然后才会涉及定价、促销、分销等方面的决策。所以产品策略是营销组合策略的基础。

在网络营销中，产品的整体概念可分为五个层次。

（1）核心利益层次。核心利益层次是指产品能够提供给消费者的基本效用或益处，是消费者真正想要购买的基本效用或益处。

（2）有形产品层次。有形产品层次是产品在市场上出现时的具体物质形态，主要表现在品质、特征、式样、包装等方面，是核心利益或服务的物质载体。

（3）期望产品层次。期望产品层次是在网络营销中，顾客处于主导地位，消费呈现出个性化的特征，不同的消费者可能对产品的要求不一样，因此产品的设计和开发必须满足顾客这种个性化的消费需求。这种顾客在购买产品前对所购产品的质量、使用方便程度、特点等方面的期望值，就是期望产品。为满足这种需求，对于物资类产品、生产和供应等环节必须实行柔性化的生产和管理。

（4）延伸产品层次。延伸产品层次是指由产品的生产者或经营者提供的满足购买者延伸需求的产品层次，主要是帮助用户更好地使用核心利益的服务。在网络营销中，延伸产品层次要注意提供满意的售后服务、送货服务、质量保证等，这是因为网络营销产品市场具有全球性，如果不能很好地解决这些问题，势必影响网络营销的市场广度。

（5）潜在产品层次。潜在产品层次延伸到产品层次之外，它是由企业提供的能满足顾客潜在需求的产品层次，主要是产品的一种增值服务。它与延伸产品的主要区别在于：顾客没有潜在产品层次，仍然可以很好地使用顾客需要的产品的核心利益或服务。

2．网络营销产品的要点

一般而言，网络营销产品须注意以下要点。

（1）产品性质。初期的网上用户对技术有一定的要求，因此网上销售的产品最好与高技术或计算机、网络有关，这些产品容易引起网上用户的认同和关注。

（2）产品质量。网络的虚拟性使顾客可以突破时间和空间的限制，实现远程购物和在网上直接订购，这使得网络购买者在购买前无法尝试或只能通过网络来尝试产品。网络购买者无法获得传统环境下亲临现场的购物体验，因此顾客对产品的质量尤为重视。

（3）产品式样。产品在网上销售面对的是全球性市场，因此，通过互联网对全世界国家和地区进行营销的产品要符合该国家或地区的风俗习惯、宗教信仰和教育水平。网上销售产品在注意全球性的同时也要注意产品的本地化。同时，由于网上消费者的个性化需求，网络营销产品的式样还必须满足购买者的个性化需求。

（4）产品品牌。在网络营销中，生产商与经营商的品牌同样重要，要在浩如烟海的网络信息中引起浏览者的注意，就必须拥有明确、醒目的品牌。

（5）产品包装。通过互联网经营针对全球市场的产品时，其包装必须符合网络营销的要求。

（6）目标市场。网上市场是以网络用户为主要目标的市场，在网络上销售的产品要能覆盖广大的地理范围。

（7）产品价格。作为信息传递工具，互联网最初是采用共享和免费策略发展而来的，网上用户比较认同网上产品低廉的特性；另一方面，由于通过互联网进行销售的成本低于其他渠道销售的产品，因此在网上销售产品一般采用低价定位。

3. 网络营销产品策略的概念

产品策略是指企业通过向目标市场提供各种适合消费需求的有形产品和无形产品的方式来实现其营销目标，其中包括对同产品有关的品种、规格、式样、质量、包装、特色、商标、品牌以及各种服务措施等可控因素的组合和运用。

4. 网络营销产品具体策略

1）产品的选择策略

网络营销可以选择任何形式的实物产品与服务。但就目前我国电子商务的发展状况来看，企业在进行网络营销时，可首先选择下列产品。

（1）具有高技术性能或与计算机技术相关的产品。

（2）市场需要覆盖较大地理范围的产品。

（3）不太容易设实体店的特殊产品。

（4）网络营销费用远低于其他销售渠道费用的产品。

（5）消费者可从网上了解较多商品信息，从而做出购买决定的产品。

（6）网络群体目标市场容量较大的产品。

（7）便于配送的产品。

（8）名牌产品。

根据信息经济学对产品的划分，产品从大的方面可划分为两类：一类是消费者在购买时就能确定或评价其质量的产品，称为可鉴别性产品，如书籍、计算机等；另一类是消费者只有在使用后才能确定或评价其质量的产品，称为经验性产品，如化妆品等。一般来说，可鉴别性产品或标准化较高的产品易于在网络营销中获得成功，而经验性产品或个性化产品则难以实现大规模的网络营销。从该方面来考虑，企业在进行网络营销时，可适当地将可鉴别性高的产品或标准化高的产品作为首选的对象和应用的起点。

对于实物产品而言,需要考虑营销区域的问题。这是因为虽然网络消除了地域的概念与束缚,但是在实际的网络营销中,企业还必须考虑到自身产品在营销上的覆盖范围,以取得更好的营销效果。谨防利用网络营销全球性的特点,忽视企业自身营销的区域范围,而使远距离的消费者购买时,出现无法配送而企业的声誉受到影响,或者在进行配送时物流费用过高,这些都可能对企业和消费者造成损害。

2)销售服务策略

在网络营销中,服务是构成产品营销的一个重要组成部分。作为企业在网上提供的服务,按其营销过程来划分,与传统的营销一样,也分为售前服务、售中服务和售后服务。

网络营销的售前服务是指企业在进行产品销售前,通过网络向消费者提供诸如产品性能、外观介绍,使消费者购买产品前能迅速得到产品的相关信息,并及时得到营销者对消费者咨询的答复。

网络营销的售中服务是指向顾客及时提供在购买过程中所需要的各种咨询,帮助消费者购买到最称心如意的商品,并帮助消费者学会使用所购买的商品。

网络营销的售后服务主要是指及时回答并解决用户在购买产品后,在使用过程中所遇到的问题。

为了提高用户满意度和树立良好的企业形象,企业在实施网络营销时,可采取以下几个方面的服务策略。

(1)建立完善的数据库系统。以消费者为中心,充分考虑消费者所需要的服务以及所可能要求的服务,将有关消费者的数据输入数据库中,经常与消费者保持联系,提供个性化服务,这样才可能挖掘消费者新的购买力,吸引到新的消费者。

(2)提供网上的自动服务系统。依据消费者的需要,自动、适时地通过网络提供服务。例如,在消费者购买产品后的一段时间内,提醒消费者应注意的问题。同时,也可根据不同消费者的特点,提供相关服务,如提醒消费者有关家人的生日时间等。

(3)建立网上消费者论坛。通过网络论坛对消费者的意见、建议进行调查,借此收集、掌握消费者对新产品特性、品质、包装及式样的意见和想法,据此对现有产品进行改造,同时研究开发新一代产品。在条件许可的情况下,也可根据一部分消费者对产品的特殊需求,提供相应的产品和服务,实现产品个性化与服务个性化。

> **知识链接**
>
> **虚拟展厅**
>
> 虚拟展厅是富媒体的网络互动平台,能为会议参加者提供一个高度互动的3D虚拟现实环境和一种足不出户便如同亲临展会现场的全新体验。虚拟展厅服务完全基于互联网,参加者不需要安装任何软件甚至插件,仅需要通过点击一个网页链接,便可通过IE加入,畅游虚拟环境,观看实时直播的在线研讨会,参观会展展台,观看产品演示和介绍,并和会议方、演讲嘉宾、参展商在线交谈。

3)信息服务策略

为用户提供完善的信息服务,是进行网络营销中产品策略的一个重要组成部分。为用户提供完善的信息服务,可以确保网络营销产品策略获得成功。

（1）建立虚拟产品展示厅。用立体逼真的图像，辅之以方案、声音等展示自己的产品，使消费者如身临其境一般，感受到产品的存在，对产品的各个方面有一个较为全面的了解，从而激发消费者的购买欲望。为了更好地满足消费者的需求，企业应在展示厅中设立不同新产品的显示器，并建立相应的导航系统，使消费者能迅速、快捷地找到自己所需要的产品信息。

（2）设立虚拟组装厅。在虚拟组装厅中，对于一些需要消费者购买后进行组装的产品，可专门开辟一些空间，使消费者能根据自己的需求，对同一产品或不同产品进行组合，更好地满足消费者的个性化需求。随着网络技术的发展与消费者自身素质的提高，消费者将有更多的机会参与产品的设计与生产。

（3）建立自动信息传递系统。企业通过建立快捷、及时的信息发布系统，使企业的各种信息能及时地传递给消费者，同时通过快捷的实时沟通系统，加强与消费者在文化、情感上的沟通，并随时收集、整理、分析消费者的意见和建议，在改进产品开发、生产及营销的同时，对于企业有帮助及好建议的信息提供者，应给予相应的回报。

3.3.2 价格策略

1. 价格策略的概念

价格策略是指企业以按照市场规律制定价格和变动价格等方式来实现其营销目标。价格的合理与否会直接影响产品或服务的销售，关系到企业营销目标的实现。网络营销价格的形成是极其复杂的，它受到成本、供求关系、竞争等多种因素的影响和制约。企业在进行网络营销决策时必须对各种因素进行综合考虑，从而采用相应的定价策略。很多传统营销的定价策略在网络营销中得到应用，同时也得到了创新。

2. 价格策略的形式

1）低价定价策略

低价定价策略又可以分为直接低价定价策略、折扣定价策略和促销定价策略三种。

（1）直接低价定价策略。直接低价定价策略就是在定价时大多采用成本加一定利润，有的甚至是零利润，因此这种定价在公开价格时就比同类产品要低。它一般是制造业企业在网上进行直销时采用的定价方式。

（2）折扣定价策略。折扣定价策略是在原价基础上进行折扣来定价的。这种定价方式可以让顾客直接了解产品的降价幅度以便促进顾客的购买。

（3）促销定价策略。促销定价策略是指为了达到促销目的，对产品暂定低价，或暂以不同的方式向顾客让利的策略。

> **知识链接**
>
> **定制生产**
>
> 定制生产就是按照顾客的需求进行生产，以满足网络时代顾客的个性化需求。由于消费者的个性化需求差异性大，加上消费者的需求量又少，因此企业实行定制生产必须在管理、供应、生产和配送各个环节上，都适应这种小批量、多式样、多规格和多品种的生产和销售变化。

2）定制化生产定价策略

定制化生产定价策略是在企业能实行定制生产的基础上，利用网络技术和辅助设计软件，帮助消费者选择匹配或者自行设计能满足自己需求的个性化产品，同时承担自己愿意付出的价格成本。

3）使用定价策略

所谓使用定价，就是顾客通过互联网注册后可以直接使用某公司的产品，顾客只需要根据使用次数进行付费，而不需要将产品完全购买。这不仅减少了企业为完全出售产品而进行的不必要的大量的生产和包装浪费，同时还可以吸引过去那些有顾虑的顾客使用产品，扩大市场份额。顾客每次只需根据使用次数付款，既省去了购买产品、安装产品、处置产品的麻烦，还可以节省不必要的开销。

4）拍卖竞价策略

网上拍卖是目前发展比较快的领域，经济学认为市场要想形成最合理价格，拍卖竞价是最合理的方式。网上拍卖由消费者通过互联网轮流公开竞价，在规定时间内价高者得。网上拍卖竞价主要有竞价拍卖和集体议价两种方式。

3．网络营销定价的主要方法

（1）成本导向定价法。成本导向定价法是以产品单位成本为基本依据，再加上预期利润来确定价格的定价方法。

（2）需求价格弹性。需求价格弹性是指商品的需求对于价格的变动的反应。如果价格发生微小变动，需求量几乎不动，那么这种商品的需求无弹性；如果价格的微小变动使需求量变化较大或很大，那么这种商品的需求有弹性。

（3）竞争导向定价法。即企业通过研究竞争对手的生产条件、服务状况、价格水平等因素，依据自身的竞争实力，参考成本和供求状况来确定商品价格的定价方法。

（4）需求导向定价法。即根据市场需求状况和消费者对产品的感觉差异来确定价格的方法，也叫市场导向定价法、顾客导向定价法。

（5）渗透定价。新产品初上市时，定以较低价格，以获得最高销售量和最大市场占有率为目标，称为"渗透定价"。

（6）价格折扣和折让。为鼓励顾客及早付清货款，大量购买或淡季购买，企业酌情调整其基本价格，这种价格调整称为价格折扣和价格折让。

（7）认知价值定价法。即主要依据消费者在观念上对该产品所理解的价值来定价的方法。

4．影响网络营销定价的因素

（1）成本因素。成本是网络营销定价的最低界限，对企业网络营销价格有很大的影响。产品成本是由产品在生产过程和流通过程中耗费的物质资料和支付的劳动报酬所形成的，一般由固定成本和变动成本两部分组成。固定成本是指在一定限度内不随产量或销量变化而变化的成本部分，变动成本是指随着产量或效率增减而增减的成本，二者之和即为产品的总成本。产品的最低定价应能收回产品的总成本。

（2）顾客因素。网络营销活动中，消费者具有较高的选择性和主动性，客户的议价能力和客户价格谈判对企业交易价格的形成有很大的影响。

(3)供求关系。商品的价格除了受本身价值影响,还要受供求关系的影响。供求关系是影响企业网络营销定价的基本因素之一。一般而言,当产品供小于求时,企业产品的营销价格可能会高一些,反之则可能低一些;在供求基本一致时,企业的销售价格将采用买卖双方都能接受的"均衡价格"。此外,在供求关系中,企业产品营销价格还受到供求弹性的影响。一般来说,需求价格弹性较大的商品,可采取薄利多销策略;而需求价格弹性较小的商品,可采取适当的高价策略。

(4)竞争因素。竞争因素对价格的影响主要考虑商品的供求关系及变化趋势、竞争对手的商品定价目标和定价策略以及变化趋势。竞争是影响企业产品定价的重要因素之一。在实际营销过程中,以竞争对手为主的定价方法主要有三种:低于竞争对手的价格、与竞争对手同价和高于竞争对手的价格。

3.3.3 渠道策略

1. 渠道策略的概念

渠道策略是指企业以合理地选择分销渠道和组织商品实体流通的方式来实现其营销目标,其中包括对和分销有关的渠道覆盖面、商品流转环节、中间商、网点设置以及储存运输等可控因素的组合和运用。在网络营销活动中,也有一个怎么样实现商品由推销方向购买方转移的问题,企业必须通过一定的分销策略来实现网络营销目标。

2. 渠道的功能

与传统营销渠道一样,以互联网作为支撑的网络营销渠道也应具备传统营销渠道的功能。营销渠道是指与提供产品或服务以供使用或消费这一过程有关的一整套相互依存的机构,它涉及信息沟通、资金转移和事物转移等。一个完善的网上销售渠道应有三大系统:订货系统、结算系统和配送系统。

(1)订货系统。它为消费者提供产品信息,同时方便厂家获取消费者的需求信息,以求达到供求平衡。一个完善的订货系统,可以最大限度降低库存,减少销售费用。

(2)结算系统。消费者在购买产品后,可以有多种方式方便地进行付款,因此厂家(商家)应有多种结算方式。目前国外流行的几种方式有信用卡、电子货币、网上划款等,而国内付款结算方式主要有邮局汇款、货到付款、信用卡等。

(3)配送系统。一般来说,产品分为有形产品和无形产品。对于无形产品,如服务、软件、音乐等,可以直接通过网络发货;对于有形产品的配送,要涉及运输和仓储问题。

知识链接

电子货币

电子货币(electronic money),是指以金融电子化网络为基础,以商用电子化工具和各类交易卡为媒介,以电子计算机技术和通信技术为手段,以电子数据(二进制数据)形式储存在银行的计算机系统中,并通过计算机网络系统以电子信息传递形式实现流通和支付功能的货币。

3. 渠道的分类

相对于传统的营销渠道，网络营销渠道也可分为直接分销渠道和间接分销渠道，但其结构要简单得多。

1）直接渠道

在网络营销的直接渠道中，生产商直接和消费者进行交易，不存在任何中间环节，这里的消费者可以指个人消费者，也可以指进行生产性消费或者集团性消费的企业和商家（见图 3.3）。

图 3.3　网络营销直接渠道示意图

生产厂家通过网络直接分销渠道直接销售产品，没有任何形式的网络中介商介入其中的销售方式为网络直销。网络直销有许多优点，如：企业可以直接从市场上收集到真实的第一手资料，合理地安排生产；企业能够以较低的价格销售自己的产品，消费者也能够买到大大低于现货市场价格的产品；营销人员可以利用网络工具，如电子邮件、公告牌等，随时根据用户的愿望和需要开展各种形式的促销活动，迅速扩大产品的市场占有率；企业能够通过网络及时了解到用户对产品的意见和建议，并针对这些意见和建议提供技术服务，解决疑难问题，提高产品质量，改善经营管理。

但是，不可否认，网络直销也存在缺点，具体是：过多过滥的企业网站，使用户处于无所适从的尴尬境地。面对大量分散的企业域名，网络访问者很难有耐心一个个去访问企业主页，特别是对于一些不知名的中小企业，大部分网络漫游者不愿意为此浪费时间。据了解，在我国目前建立的数万个企业网站中，除了个别行业和部分特殊企业，大部分网站访问者寥寥，营销收效不大。

网络直销对生产性企业的要求是很高的。

（1）企业的实力比较雄厚。因为网络直销需要有一个功能完善的电子商务站点来支撑，而建设一个功能完善的电子商务站点的费用高达 100 多万美元，而且维护费用也非常高，这是一般的小型企业难以承担的，所以网络直销模式适合大型的生产性企业。

（2）改变企业的业务流程，实现顾客导向的柔性化生产。企业提供的网络直销服务，一般可以分为三个发展阶段：第一阶段是企业将已经设计生产出来的产品在网上进行展示，允许顾客随时随量进行订购，这只要求企业生产系统的生产能力比较充足即可；第二阶段是企业不但展示已经设计生产出来的产品，还允许顾客对产品某些配置和某些功能进行调整，以满足顾客对产品的个性化需求，这就要求企业的生产系统必须是标准化的和柔性化的；第三阶段就是允许顾客在企业设计系统引导下，自己设计出满足自己需求的产品，这要求企业的生产系统必须高度柔性化和智能化。目前，最常见的网络直销方式是第一阶段的模式，少数企业如 Dell 公司实现了网络直销的第二阶段。企业若要达到网络直销的第三阶段还有很大的困难，因为它需要很多智能化技术的配合，同时企业的后勤系统必须紧密配合柔性化生产过程中的原料需求和人员配备需求，此外，售后服务也要整合到网上去，否则难以完全满足客户的全部需求。

（3）改变企业的组织结构，实现扁平化的组织管理。企业采取网络直销模式，意味着企业对市场的反应是极度灵敏的，它要求信息能以最快的速度在企业的各个管理层次和各个部门间传递和交流，以保证企业内部各项业务工作流程的有机集成和整合。为此，企业必须改变传统的金字塔型的组织管理结构，代之以团队协作为主要特征的扁平化的组织管理模式。

2）有中介商介入的间接渠道

为了克服网络直销的缺点，网络中介机构应运而生。这类机构的基本功能是连接网络上推销商品或服务的卖方和在网络上寻找商品和服务的买方，成为连接买卖双方的枢纽，使得网络间接销售具有可能性。

根据中介商的不同，网络营销的间接渠道分为两种：一种是以商品或服务经销商为中介的网络营销间接渠道，中介商起着将产品由生产领域向消费领域转移的作用（见图3.4）；另一种是以网络信息中介商为中介的网络营销间接渠道，中介商本身不经营任何商品和服务，仅仅凭借其掌握的大量相关信息沟通买方和卖方之间的交易，而最终交易的完成和商品的实体流转还是供应方和需求方之间的事（见图3.5）。

图3.4　以商品或服务经销商为中介的网络营销间接渠道示意图

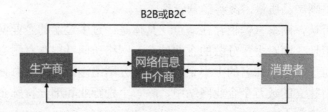

图3.5　以网络信息中介商为中介的网络营销间接渠道示意图

网络中介机构的存在简化了市场交易过程。利用网络中介商的目的就在于他们能够更加有效地推动商品广泛地进入目标市场。从整个社会的角度来看，网络中介机构凭借自己的经验、专业知识、活动规模以及掌握的大量信息，在把商品由生产者推向消费者方面将比生产企业自己推销关系更简便，也更加经济。

图3.6显示了在网络虚拟市场中只有三个生产者和三个消费者，没有网络中介服务商的交易情形。

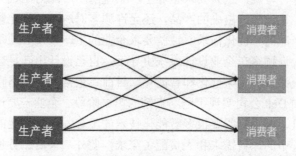

图3.6　没有网络中介商的交易关系示意图

每个生产者都利用网络直销分别接触三个消费者，一个生产企业要想销售自己的产品，需要面对三个消费者;一个消费者要想买到自己需要的商品,也要面对三个生产者。这个系统要求 9 次交易联系。

图 3.7 显示了三个生产者通过同一个网络中介商和三个消费者发生联系的交易情形。网络中介商在这里发挥了商品交易机构集中、平衡和扩散三大作用,每个生产者只需通过一个途径(商品交易中介商)与消费者发生关系;每一个消费者也只需通过同一途径与生产者发生关系。在网络直销中必须发生的 9 次交易关系由此减少到 6 次。计算表明,当存在 5 个生产者和 10 个消费者时,这种交易关系可由 50 次减少到 15 次。由此可见,网络中介商的存在,大大简化了市场交易过程,减少了必须进行的工作量,加速了商品由生产领域向消费领域的转化,从而大大节省了交易费用。

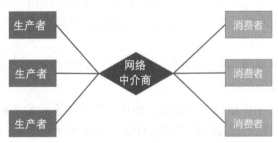

图 3.7 有网络中介商的交易关系示意图

利用网络间接销售渠道销售商品和服务,必须谨慎地选择网络中介商,这是事关网络营销效果大局的关键一环。

3)直接渠道与间接渠道相结合

企业在进行网络分销决策时,既可以使用网络直接分销渠道,也可以使用网络间接分销渠道,还可以同时使用网络直接分销渠道和网络间接分销渠道。

企业在互联网上建立网站,一方面为自己打开了一个对外开放的窗口,另一方面建立了自己的网络直销渠道。只要企业能够坚持不懈地对网站进行必要的投入,把网站建设维护好,随着时间的推移,企业的老客户会逐渐认识并利用它,新客户也会不断加盟。而且,一旦企业的网页与信息服务商链接,其宣传作用便不可估量,这种优势是任何传统的广告宣传都不能比拟的。

对于中小企业来讲,网上建站更具有优势。因为,一方面,在网络上所有企业都是平等的,只要网页制作精美,信息经常更换,一定会有越来越多的顾客光顾;另一方面,自己建立网站推销商品的过程非常简单。最简单的网上销售形式是在企业网络的产品页面上附有订单,浏览者对产品比较满意,可直接在页面上下订单,然后付款、交货,完成整个销售过程。

企业在自己建立网站推销商品和服务的同时,也可以积极利用网络间接渠道销售自己的产品和服务。通过网络中介商的信息服务、广告服务和撮合服务优势,扩大企业的影响,开拓企业产品的销售领域,降低销售成本。因此,对于从事网络营销活动的企业来说,必须研究和熟悉国内外电子商务交易中介商的类型、业务性质、功能、特点及其他有关情况,以便能够正确地选择中介商,顺利地完成商品从生产到消费的转移过程。

3.3.4 促销策略

1. 促销策略的概念

促销策略是指企业为扩大商品销售而采取的手段和谋略,其中包括对促销有关的广告、公共关系等可控因素的组合和运用。企业在虚拟的网络市场上从事营销活动时,可以通过一定的促销活动来刺激消费者的购买欲望,促进产品的销售,实现网络营销目标。

2. 促销的功能

(1) 告知功能。网络经济属于注意力经济,公众的注意力能够带来相应的经济回报。网上促销就是把企业的产品、服务、价格等信息传递给目标公众,引起他们的注意,从而激发起购买或使用的欲望。

(2) 说服功能。网络促销的目的在于通过各种有效的方式,解除目标公众对产品或者服务的疑虑,说服目标公众坚定购买决心。

(3) 反馈功能。网上促销能够通过电子邮件及时地收集和汇总顾客的需求和意见,迅速反馈给企业管理层,对企业的经营决策具有较大的参考价值。

(4) 创造需求功能。运作良好的网上促销活动,不仅可以诱导需求,而且可以创造需求,发掘潜在的顾客,扩大销售量。

(5) 稳定销售功能。企业通过恰当的网上促销活动,树立良好的产品形象和企业形象,使更多用户形成对本企业产品的偏爱,达到稳定销售的目的。

3. 常见的网络促销策略

(1) 推策略。这是一种通过网络销售渠道向消费者推出产品的策略,即生产企业采取积极措施把产品信息通过网上促销的方法传递给消费者,从而让消费者产生购买需求、进行购买,如新产品上市、价格信息的传递等。

(2) 拉策略。这是一种生产企业通过各种促销手段直接引发消费者的需求欲望,使消费者产生购买欲求、进行购买的策略,如打折促销、赠品促销、抽奖促销、积分促销、优惠券促销等。

(3) 品牌策略。品牌是一种信誉,由产品品质、商标、企业标志、广告口号、公共关系等混合交织形成。品牌策略是一系列能够产生品牌积累效应的企业管理与市场营销方法。网络品牌作为品牌在互联网上存在的形式,目前已经普遍被消费者接受,网络品牌成了企业网上促销的"金字招牌"。

4. 网络促销的形式

网络促销一般有四种形式,即网络广告、站点推广、销售促进和关系营销。

(1) 网络广告主要是借助网上知名站点,或者提供免费电子邮件服务,或者在一些免费公开的交互站点发布企业的产品或服务信息,对企业及企业产品或服务进行宣传推广。网络广告已形成了一个很有影响力的产业市场,因此,企业考虑的首选促销形式应是网络广告。

(2) 站点推广是利用网络营销策略扩大站点的知名度,吸引访问网站的流量,起到宣传和推广企业、产品或服务的效果。

（3）销售促进就是企业利用可以直接销售的网络营销站点，采用一些销售促进方法，如价格折扣、有奖销售、拍卖销售等方式，宣传和推广产品。

（4）关系营销是借助互联网的交互功能吸引用户与企业保持密切关系，培养顾客忠诚度，提高顾客的收益率。

5．网络促销的实施

（1）确定网络促销对象。网络促销对象是针对可能在网络市场上产生购买行为的消费群体提出来的，主要包括以下三类人员。

一是产品的使用者。产品的使用者是指实际使用或消费产品的人。实际的需求是这些人实施消费的直接动因。抓住这部分消费者，网上销售就有了稳定的市场。

二是产品购买的决策者。产品购买的决策者是指实际购买产品的人。网上促销也应当把产品决策者放在重要的位置上。

三是产品购买的影响者。产品购买影响者是指可以对最终购买决策产生一定影响的人。通常在高档耐用消费品的购买决策上，他们的影响力可能会起决定性的作用。这是因为对于高档耐用品，购买者往往比较谨慎，一般会在广泛征求他人意见的基础上再做决定。

（2）设计网络促销内容。网络促销的最终目标是希望引起购买。这个最终目标是要通过设计具体的信息内容来实现的。消费者的购买过程是一个复杂的、多阶段的过程，促销内容应当根据购买者目前所处的购买决策过程的具体阶段和产品所处的生命周期中的具体阶段来决定。

（3）决定网络促销组合方式。网络促销活动主要通过网络广告促销和网络站点促销两种促销方法展开。由于企业的产品种类不同、销售对象不同，所以促销方法与产品种类和销售对象之间就会产生多种网络促销的组合方式。企业应当根据网络广告促销、网络站点促销这两种方法各自的特点和优势，根据自己的市场情况和顾客情况，扬长避短，合理组合，以达到最佳的促销效果。

（4）制订网络促销方预算方案。在网络营销实施过程中，企业首先必须明确网上促销的方法；其次，需要确定网络促销的目标；最后，需要明确希望影响的是哪个群体、哪个阶层，是国外还是国内的。

（5）衡量网络促销效果。到了网络促销这一阶段，企业必须对已经执行的促销内容进行评价，衡量一下促销的实际效果是否达到了预期的促销目标。

（6）加强网络促销过程的综合管理。网络促销涉及各个阶段的促销活动，及时进行事中控制和监管，加强综合管理，形成整体促销合力，可以充分发挥网络促销的优势。

3.4 网络广告营销

网络广告营销是配合企业整体营销战略，发挥网络互动性、及时性、多媒体、跨时空等特征优势，策划吸引客户参与的网络广告形式。

> **课程思政**
>
> 网络监管不力就会导致网络上出现很多不良、违法的广告。当我们发现这样的广告行为时，我们应当如何做？作为遵纪守法的公民，我们应该利用法律手段，净化网络空间，驱除不良、违法的行为。

3.4.1 网络广告基础知识

1. 网络广告的概念

所谓网络广告，就是在网络平台上投放的广告。网络广告通常会利用网站上的广告横幅、文本链接、多媒体等方式，将信息传递给互联网用户。广告界甚至认为网络广告将超越户外广告，成为传统四大媒体之后的第五大媒体。

2. 网络广告的特点

与传统的媒体广告相比，网络广告有着得天独厚的先天优势，是实施现代营销媒体战略的重要一部分。

（1）覆盖面广。网络广告的传播范围广泛，可以通过国际互联网把广告信息全天候、24小时不间断地传播到世界各地，不受地域和时间的限制。

（2）自主性强。众所周知，传统的户外广告等都具有强迫性，都是千方百计吸引目标受众的注意力。而网络广告则属于按需广告，具有报纸分类广告的性质却不需要受众彻底浏览，它可让受众自由查询，大大节省了受众的时间，避免无效的被动的注意力集中。

（3）统计准确性高。利用传统媒体做广告，需要准确地知道有多少人接受到广告信息。而网络广告则不同，无论是广告在用户眼前曝光的次数，还是用户产生兴趣后进一步单击广告以及这些用户查阅的时间分布和地域分布，都可以进行准确的统计，从而有助于客商正确评估广告效果，审定广告投放策略。

（4）实时性强。在传统媒体上做广告，一旦发版就很难更改，即使可以改动，也必须付出一定的资金，浪费不少的时间。而在网络上投放广告，能按照需要及时变更广告内容，因而，经营策略可以及时调整和实施。

（5）交互性和感官性强。网络广告的载体基本上是多媒体、超文本格式文件，只要受众对某样产品感兴趣，仅需轻按鼠标就能进一步了解更多、更详细、更生动的信息，从而使消费者亲身"体验"产品、服务与品牌。例如，将虚拟现实等新技术应用到网络广告中，让顾客如身临其境般感受商品或服务，并在网上完成预订、交易与结算，将大大增强网络广告的实效。

3. 网络广告常见的形式

（1）横幅广告。横幅广告是一种新型广告形式，通过在网上放置一定尺寸的广告条幅来告诉网友相关信息，进一步通过吸引网友点击广告进入商家指定的网页，从而达到全面介绍信息、展示产品和及时获得网友反馈等目的。

（2）通栏广告。通栏广告是指占据主要页面宽度的图片广告，具有分割和点缀的作用，可产生极强的视觉冲击效果。

（3）弹出窗口广告。弹出窗口广告是指当网友打开或关闭一个网页时，会自动弹出的一个窗口（页面），它可以是图片，也可以是图文介绍。

（4）按钮式广告。按钮式广告是指放置在网页中的尺寸较小且表现手法简单的广告信息。

（5）对联广告。对联广告是指用于浏览页面中特别设置的广告版位，以夹带的方式呈现广告的信息，在浏览页面完整呈现的同时，在页面两侧空白位置显示对联形式的广告。

对联广告页面具有充分抻展、不干涉使用者浏览及注目焦点集中等特点，可以提高网友点击率，并有效地传播广告的相关信息。

（6）全屏广告。全屏广告，顾名思义，就是广告面积几乎占据整个画面的广告形式。它首先利用整个屏幕的空间来播放广告，等到广告播放完毕后向上收缩成为一个小通栏。全屏广告是一种带有强制性的广告，展示效果好，但是对用户不友好。

（7）摩天楼广告。摩天楼广告是指放置在网页页面两侧的竖排的广告幅面，与通栏广告的位置恰好相反。

（8）文字链接广告。文字链接广告是一种对浏览者干扰最少，却最有效果的网络广告形式。整个网络广告界都在寻找新的宽带广告形式，而有的时候，用最小的带宽、最简单的广告形式，反而会收到最好的效果。

除了以上八种常见的网络广告形式，还有邮件列表式广告、电子邮件式广告、赞助式广告、推广广告、画中画广告和游戏式广告等多种形式。

> **知识链接**
>
> **赞助式广告**
>
> 广告主可对自己感兴趣的网站内容或节目进行赞助，或在特别时期（如春节、世界杯）赞助网站的推广活动。

3.4.2 网络广告策划

1. 网络广告策划的主要内容

网络媒体的特点决定了网络广告策划的特殊性。例如，网络的高度互动性使网络广告不再只是单纯的创意表现与信息发布，广告主对广告回应度的要求会更高。网络的时效性也非常重要，网络广告的制作时间短、上线时间快，受众的回应也是立即的，广告效果的评估与广告策略的调整也都必须是即时的。因此，网络广告的策划过程与传统广告会有很大的不同，这对现行的广告运作模式是一个很大的冲击。网络广告策划主要包括以下内容。

（1）确定网络广告目标。网络广告策划的第一步便是确定网络广告的目标。策划方可以根据企业所在的不同阶段设置不同的广告目标，如确定广告目标是提供信息、说服购买，还是提醒使用等。此外，网络广告在市场开发的不同阶段也可将其目标分为市场渗透、市场扩展和市场保持。

（2）确定网络广告的目标群体。网络广告的目标群体也就是网络广告的受众。为了使网络广告的创意、制作、发布更具有针对性，有必要对其目标群体进行定位。不同年龄阶段、不同社会阶层、不同地域环境的人对于广告的形式、投放时间、所要表达内容的接受能力和理解能力都是不同的。

（3）进行网络广告创意及策略选择。网络广告的创意是否到位、策略选择是否正确是决定网络广告能否成功的关键因素。网络广告首先要有一个明确有力的标题；所表达的信息要简洁、准确；在向受众传达自己创意的同时，也要注意保持一定的互动性；最后还要控制好网络广告发布的时间、方式以及制作网络广告的整体费用。

（4）选择网络广告的发布渠道和方式。网络广告的发布渠道和方式多种多样，各有优劣，企业应根据自身情况及网络广告的目标来选择具体的发布渠道和方式。例如，企业可以根据自身需求确定是自建网站，还是选择市场上的网络内容服务商，抑或选择专业的销售中介方进行网络推广。

2. 网络广告策划的运作过程

网络广告策划在本质上仍旧属于广告策划的一种，因此，在实施过程中的环节与传统广告有很多相同的做法。网络广告策划的实施过程可分为预备时期、制作时期、检测时期、实施时期。

（1）预备时期。预备时期的紧要工作是将前一期的调查信息加以分析综合，形成正式的研究报告。前一期调查的信息是网络广告策划的基础，是广告实施中的依据，在相当程度上决定着网络广告策划及实施的成效和成败。广告信息的调查包括从产品、顾客到市场，甚至媒介的方方面面，如企业状况、消费偏好、顾客收入、宗教文化等。在预备时期，要充分利用已有信息对下一时期的实施提供一个成型的打算。

（2）制作时期。制作时期是网络广告策划的实质性时期，在这一时期首先要对成型的资料通过汇总、综合、分析、整合，从而得出初步结果，那个结果对下一时期的实施具有指导意义。这一时期的首要工作仍旧是整合资料，其中关键的环节是对人员及分析工具的选取，因为这是一个制造性的分析过程，在不同人手中，在不同的分析工具下，有可能得出不同的结论，甚至有些会是互相矛盾的。那么，对人员及分析工具的选取就显得很关键，同样，有多年广告体会，熟悉网络和电脑知识，对企业情形，包括产品、企业文化等有较多了解的人会更有优势。同时，制作主体应该专门熟悉网络广告信息，并有一定的分析综合、去伪存真能力。在分析工具上更多的是使用计算机技术和互联网。然而，计算机绝不可能进行制造性摸索，只在信息加工上有一定的作用，因此，这一时期的工作更多的是依靠人脑来完成。

（3）检测时期。检测时期是对最后出台的网络广告实施打算的审定和测评，这一时期将上一时期拟定的稿件送给广告主。呈送过程中要把策划方案和具体详细的实施打算向广告主进行讲明。讲明者应该是这项打算自始至终的参与者和制定者，因为他才能从实质和核心上把握这则广告。讲明者应该以公平、坦诚的心态与广告主进行沟通，以便与其真正达成共识。

（4）实施时期。网络广告操作的最后一个时期是实施时期。确定好的策划方案呈送到广告主手中，广告主再与 ICP 或 ISP 网站沟通，进入实施时期。这几方的权益义务关系在实施时期也需要在书面上以合同的形式加以确认，合同一经签订，整个网络广告的策划工作就奠定了实施的基础。签约方要按照合同中的权益义务具体行事。只要在上述过程中不出现大的问题，网络广告的实施就只需按部就班，并不复杂。

知识链接

ICP

网络内容服务商，英文为 Internet content provider，缩写为 ICP，即向广大用户综合提供互联网信息业务和增值业务的电信运营商，其必须具备的证书为 ICP 证。ICP 证是指各地通信管理部门核发的《中华人民共和国电信与信息服务业务经营许可证》。

3.4.3 网络广告的投放

1. 网络广告的计费模式

一个网络媒体（网站）包含有数十个甚至成千上万个页面，网络广告所投放的位置和价格牵涉到特定的页面及浏览人数的多寡。这好比"平面媒体（如报纸）的版位""发行量"，或者"电波媒体（如电视）的时段""收视率"的概念。

（1）CPM（cost per thousand impressions，千人印象成本）。网上广告收费最科学的办法是按照有多少人看到你的广告来收费。按访问人次收费已经成为网络广告的惯例。CPM 指在广告投放过程中平均每一千人分别听到或者看到某广告一次一共需要多少广告成本。传统媒介多采用这种计价方式。在网上广告，CPM 取决于"印象"尺度，通常理解为一个人的眼睛在一段固定的时间内注视一个广告的次数。比如说一个广告横幅的单价是 1 元/CPM 的话，意味着每一千人次看到这个广告横幅的话就收 1 元，如此类推，10 000 人次访问的主页就是 10 元。

至于每 CPM 的收费究竟是多少，要以主页的热门程度（即浏览人数）划分价格等级，采取固定费率。国际惯例是每 CPM 收费从 5 美元至 200 美元不等。

（2）CPC（cost per click；cost per thousand click-through，每点击成本）。以每点击一次计费。这种方法加上点击率限制可以加强作弊的难度，而且是宣传网站站点的最优方式。但是，对此类方法也有不少经营广告的网站觉得不公平，比如，虽然浏览者没有点击，但是他已经看到了广告，对于这些看到广告却没有点击的流量来说，网站成了白忙活。有很多网站不愿意做这样的广告，据说，是因为传统媒体从来都没有这样干过。

（3）CPA（cost per action，每行动成本）。CPA 计价方式是指按广告投放实际效果，即按回应的有效问卷或定单来计费，而不限广告投放量。CPA 的计价方式对网站而言有一定的风险，但若广告投放成功，其收益也比 CPM 的计价方式可观得多。广告主为规避广告费用风险，只有当网络用户点击旗帜广告、链接广告主网页后，才按点击次数付给广告站点费用。

（4）CPR（cost per response，每回应成本）。浏览者的每一个回应计费。这种广告计费充分体现了网络广告"及时反应、直接互动、准确记录"的特点，但是，这个显然是属于辅助销售的广告模式，对于那些实际只要亮出名字就已经有一半满足的品牌广告要求，大概所有的网站都会给予拒绝，因为得到广告费的机会比 CPC 还要渺茫。

（5）CPP（cost per purchase，每购买成本）。广告主为规避广告费用风险，只有在网络用户点击旗帜广告并进行在线交易后，才按销售笔数付给广告站点费用。

无论是 CPA 还是 CPP，广告主都要求发生目标消费者的点击，甚至进一步形成购买，才予付费；CPM 则只要求发生"目击"（或称"展露""印象"），就产生广告付费。

（6）竞价广告收费。竞价广告，是一种网络定向广告，它通过上下文分析技术让广告出现在最合适的页面上，有效地将产品和服务推荐给目标客户。

关于收费标准，以百度为例，竞价广告服务采用实时计算、实时划账的计费方式。这就需要客户的账户拥有一定数额的储备资金，当账户资金用完时，应及时补充账户储备金，否则系统会在一个月内自动删除账户。预付金用完可续费，最低续费金额为1000元，无上限要求。竞价广告按点击计费，广告收费=有效点击次数×广告投放价格。

广告投放竞价标准：每次点击的收费起价为 0.5 元，如果多家网站同时竞买一个关键字，则搜索结果按照每次点击竞价的高低来排序。每个用户所能提交的关键字数目没有限制，无论提交多少个关键字，均按网站的实际被点击量计费。

（7）包月方式。很多国内的网站是按照"一个月多少钱"这种固定收费模式来收费的，这对客户和网站都不公平，无法保障广告客户的利益。虽然国际上一般通用的网络广告收费模式是 CPM 和 CPC，但在我国，一个时期以来的网络广告收费模式始终含糊不清，网络广告商们各自为政：有的使用 CPM 和 CPC 计费；有的干脆采用包月的形式，不管效果好坏，不管访问量有多少，一律一个价。尽管现在很多大的站点已采用 CPM 和 CPC 计费，但很多中小站点依然使用包月制。

（8）其他计价方式。某些广告主在进行特殊营销专案时，会提出以下方法个别议价。

① CPL（cost per leads）：以搜集潜在客户名单多少来收费。

② CPS（cost per sales）：以实际销售产品数量来换算广告刊登金额。

③ PFP（pay-for-performance）：按业绩付费。

相比较而言，CPM 和包月方式对网站有利，而 CPC、CPA、CPR、CPP 或 PFP 则对广告主有利。目前比较流行的计价方式是 CPM 和 CPC，最为流行的是 CPM。

2．网络广告投放效果评价方法

（1）对比分析法。无论何种网络广告，都涉及点击率或者回应率以外的效果，因此，除了可以准确跟踪统计的技术指标，利用比较传统的对比分析法仍然具有现实意义。当然，不同的网络广告形式，对比的内容和方法也不一样。

对于标准标志广告或者按钮广告，除了增加直接点击，调查表明，广告的效果通常表现在品牌形象方面，这也就是许多广告主不顾点击率低的现实而仍然选择标志广告的主要原因。当然，品牌形象的提升很难随时获得可以量化的指标，不过同样可以利用传统的对比分析法，对网络广告投放前后的品牌形象进行调查对比。

（2）加权计算法。所谓加权计算法，就是在投放网络广告后的一定时间内，对网络广告产生效果的不同层面赋予权重，以判别不同广告所产生效果之间的差异。这种方法实际上是对不同广告形式、不同投放媒体或者不同投放周期等情况下的广告效果进行比较，而不仅仅反映某次广告投放所产生的效果。加权计算法要建立在对广告效果有基本监测统计手段的基础之上。

下面以一个例子来说明。

第一种情况，假定在 A 网站投放的横幅广告在一个月内获得的可测量效果为：产品销售 100 件（次），点击数量 5000 次。

第二种情况，假定在 B 网站投放的横幅广告在一个月内获得的效果为：产品销售 120

件（次），点击数量 3000 次。

如何判断这两次广告投放效果的区别呢？可以为产品销售和获得的点击分别赋予权重，根据一般的统计数字，每 100 次点击可形成两次实际购买，那么可以将实际购买的权重设为 1.00，每次点击的权重为 0.02，由此可以计算上述两种情况下，广告主可以获得的总价值。

第一种情况总价值为：100×1.00+5000×0.02=200。

第二种情况总价值为：120×1.00+3000×0.02=180。

可见，虽然第二种情况获得的直接销售比第一种情况要多，但从长远来看，第一种情况更有价值。这个例子说明，网络广告的效果除了反映直接购买，对品牌形象或者用户的认知同样重要。

> **知识链接**
>
> 横 幅 广 告
>
> 横幅广告是网络广告最早采用的形式，也是目前最常见的形式。横幅广告又称旗帜广告，它是横跨于网页上的矩形公告牌，当用户点击这些横幅时，通常可以链接到广告主的网页。

（3）点击率与转化率。点击率是网络广告最基本的评价指标，也是反映网络广告最直接、最有说服力的量化指标。不过，随着人们对网络广告了解的深入，点击它的人反而越来越少，除非特别有创意或者有吸引力的广告。造成这种状况的原因是多方面的，比如网页上广告的数量太多而无暇顾及，浏览者浏览广告之后已经形成一定的印象无须点击广告或者仅仅记下链接的网址以备将来访问该网站等。

与点击率相关的另一个指标——转化率，被用来反映那些观看广告而没有点击广告所产生的效果。

3．网络广告投放的注意事项

随着网络广告投放的效果逐渐被各类商家所认可，商家们对网络广告的投放比重也在逐步增加。那么在投放网络广告时应该注意什么呢？

（1）确定网络广告投放的目的。网络媒体广告的投放推广不同于传统媒体广告投放，它在与用户群体的互动性、创意的表现力、受众群体的定位、效果的反馈及评估方面都具有相当的灵活度，因此确定网络广告投放的目的对制订一个优秀的推广策略显得尤为重要。

（2）媒体资源的选择。网络媒体广告资源的选择也不同于传统媒体，不能单单从受众人群的到达率来进行选择，应该结合目标受众、内容配合、创意表现、技术力量、营销策划服务等方面来进行综合分析。

（3）测试时间的预留。网络媒体广告投放的影响因素太多，因此为保证在广告投放的过程中不发生错误，保证相关环节正常运转，应该在广告投放之前预留一段时间进行测试，如播放是否正常、链接是否正确、监测系统是否正常等。

（4）更换广告创意。无论是谁，对同一个广告看久了都会产生审美疲劳，所以，最好的解决方法就是每隔一段时间更换一次广告创意，一般建议 2 周更换一次。

（5）网络广告投放的效果监测与评估。这是最后一步也是最重要的一步，因为无论广告投放是成功还是失败，有了这一份数据我们就可以在后期对它进行分析、改进。广告主可以通过第三方的广告监测系统来收集此次广告投放的详细用户信息，再通过这些信息配合广告投放的费用就能够计算出这次广告投放的 CPM、CPC、CPA。

3.5　主要营销方法

常见的网络营销方法有微博营销、微信营销、直播营销、搜索引擎营销、短视频营销等。

■ 课程思政

> 现阶段，各种新鲜事物层出不穷，从微博到微信，再到短视频，再到直播，这些无时无刻不在刷新着人们的认知。这些新事物出现的同时，也带来了一些负面的影响：不良信息充斥网络，虚假宣传、监管缺失导致一些不良商家欺骗消费者的行为频频发生。遇到这样的事情时，我们应当秉持正确的三观，对违法行为说"不"。

3.5.1　微博营销

1. 微博和微博营销的概念

（1）微博的概念。微博（microblog），又称微博客，是一种基于用户之间关系的信息分享、传播和获取平台。它允许用户及时更新简短文本（通常少于 140 字），任何人可以阅读或者只能由用户选择的群组阅读。微博内容由简单的语言组成，对用户的技术要求很低，而且在语言编织上没有博客的要求高，不需要长篇大论，更新方便。目前主流平台为新浪微博。

（2）微博营销的概念。微博营销是指通过微博平台为商家、个人等创造价值而执行的一种营销方式，也是指商家或个人通过微博平台发现并满足用户的各类需求的商业行为方式。微博营销以微博作为营销平台，每一个粉丝都是潜在的营销对象，企业通过更新自己的微博向网友传播企业信息、产品信息，树立良好的企业形象和产品形象。每天更新内容就可以跟大家交流互动，或者发布大家感兴趣的话题，这样来达到营销的目的。该营销方式注重价值的传递、内容的互动、系统的布局、准确的定位，微博的火热发展也使得其营销效果尤为显著。微博营销涉及的范围包括认证、有效粉丝、朋友、话题、名博、开放平台、整体运营等。

2. 微博营销的分类

微博营销一般可分为个人微博营销和企业微博营销，两者难度和有效性区别较大。

很多个人的微博营销是依靠个人本身的知名度来得到别人的关注和了解的，以明星、成功商人或者是社会中其他比较成功的人士为例，他们往往是通过微博这样一个媒介来让自己的粉丝更进一步地了解自己和喜欢自己，微博通常用于平时抒发感情，功利性并不是很明显，一般是由粉丝们跟踪转帖来达到营销效果的。

企业一般是以盈利为目的，它们运用微博往往是想通过微博来增加自己的知名度，最后将自己的产品卖出去。企业微博营销往往难度较大，因为知名度有限，微博上的只言片语不能让消费者直观地理解商品。企业进行微博营销时，应当建立起自己固定的消费群体，与粉丝多交流，多互动，多做宣传工作。

3．微博营销的优点和缺点

1）微博营销的优点

（1）操作简单，信息发布便捷。一条微博，最多140个字，只需要简单的构思，就可以完成一条信息的发布。这一点就要比博客方便得多，毕竟构思一篇好博文，需要花费很多的时间与精力。

（2）互动性强，能与粉丝即时沟通，及时获得用户反馈。

（3）低成本。做微博营销的成本比做博客营销或做论坛营销的成本低得多。

2）微博营销的缺点

（1）需要有足够的粉丝才能达到传播的效果，人气是微博营销的基础。可以说，在没有任何知名度和人气的情况下去通过微博营销很难。

（2）由于微博里新内容产生的速度太快，所以如果发布的信息粉丝没有及时关注到，那就很可能被埋没在海量的信息中。

（3）传播力有限。由于一条微博文章只有几十个字，所以其信息仅限于在信息所在平台传播，很难像博客文章那样，被大量转载。同时由于微博缺乏足够的趣味性和娱乐性，所以一条信息也很难像开心网中的转帖那样，被大量转帖（除非是极具影响力的名人或机构）。

3.5.2 微信营销

1．微信和微信营销的概念

（1）微信的概念。微信（WeChat）是腾讯公司推出的一个为智能终端提供即时通讯服务的免费应用程序。微信支持跨通信运营商、跨操作系统平台、通过网络快速发送免费（需消耗少量网络流量）语音短信、视频、图片和文字，同时，也可以使用通过共享流媒体内容的资料和基于位置的社交插件"摇一摇""朋友圈""公众号"等服务。

（2）微信营销的概念。微信营销是伴随着微信的火热而兴起的一种网络营销方式，用户注册微信后，可与周围同样注册的"朋友"形成一种联系，订阅自己所需的信息。商家通过提供用户需要的信息，推广自己的产品，从而实现点对点的营销。

2．微信营销的分类

（1）集赞有奖。集赞有奖是指"让用户分享海报、文章至朋友圈，集齐 n 个赞就能获取奖品"的活动。这是微信公众号最常用也最简单的一种玩法，利用一张海报、一篇推文就能操作。图 3.8 所示为集赞活动示例。

（2）邀请关注。邀请关注是指"通过奖品吸引用户参与活动，用户邀请 n 个好友关注后可获得奖品"的活动。目前是公众号为了涨粉用得最多的一种方法，可借助第三方工具或者自主开发功能。因为任务规定必须拉够固定人数，所以活动成本可控。图 3.9 所示为该方法的操作流程图。

图 3.8　集赞活动

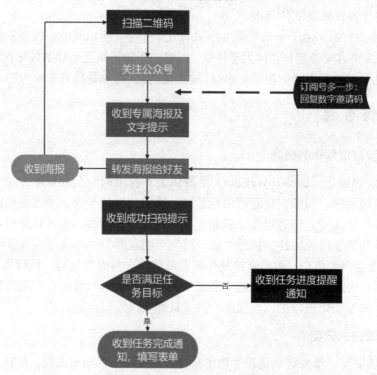

图 3.9　邀请关注操作流程图

（3）分销活动。分销活动是指"课程支持用户生成专属的链接，好友通过自己的链接购买产品，用户可获得佣金"的活动，这个在知识付费类产品中最为常见，如图 3.10 所示。

（4）测试/报告类活动。测试/报告类活动是指"用户输入自己的姓名，可以生成 1 份自己的测试报告，可以分享炫耀"的活动（见图 3.11）。

图 3.10　知识付费的分销活动　　　图 3.11　测试/报告类活动

（5）打卡类活动。打卡类活动是指"用户每天完成指定任务，生成海报或链接，然后分享到朋友圈完成打卡"的活动（见图 3.12）。

（6）DIY 类活动。DIY 类活动是指"用户可以根据自由发挥完成一项好玩的任务"的活动（见图 3.13）。

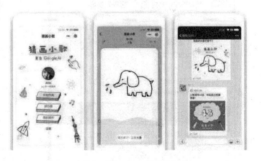

图 3.12　打卡类活动　　　　　　图 3.13　DIY 类活动

（7）集卡类活动。集卡类活动是指"用户完成某项任务即可获得一张卡片，集齐所有卡片即可参与抽奖"的活动（见图 3.14）。

（8）投票活动。投票活动是指"让用户参与活动，拉好友为自己投票，赢取奖品"的活动（见图 3.15）。

图 3.14 集卡类活动

图 3.15 投票活动

（9）砍价活动。砍价活动是指"让用户拉用户给自己砍价，最终免费获取商品"的活动（见图 3.16）。

（10）拼团活动。拼团活动是指"让用户邀请好友与自己拼团，最终以低价购买商品"的活动（见图 3.17）。

图 3.16 砍价活动

图 3.17 拼团活动

3. 微信营销的优点和缺点

1) 优点

（1）拥有庞大的用户群。目前网上能查到的数据显示，微信在全球范围内的用户量已经超过了 6 亿，现在几乎每个人的手机上都会安装微信，在大街上经常能看到通过微信发送语音聊天的人，在未来，随着手机的发展，微信的用户群将会进一步增大，因此，微信营销存在着巨大的商机。

（2）营销成本低。微信本身是免费的，使用微信发布各种消息也不需要任何费用，个人和企业都可以开通自己的微信公众号，并且使用方便，操作简单，即使不开通公众号也可以直接在朋友圈发布广告。

（3）营销方式多样化。传统的营销手法要么通过广告，要么通过图片，微信营销可以很好地将这些结合起来，可以通过文字、图片、视频甚至语音跟用户交流，拉近了与用户间的距离，使营销活动变得更生动、更有趣。

（4）更精准地定位客户群。通过将用户分类，可以实现精准的消息推送。

（5）营销信息到达率高。发布的每条消息都能保证精准到达用户那里，到达率100%。

（6）容易培养忠实客户群。由于是在朋友圈传播，口口相传起了很大的作用，信任度会很高，对日化用品有很大的好处，一旦试过觉得不错，基本上会固定下来。

（7）定位功能。在微信"查看附近的人"功能中，用户可以查找本人地理方位临近的微信用户，商家可以用这个免费的广告位为本人做宣传。

2) 缺点

（1）频繁的消息推送会使用户厌烦。许多人不顾营销信息的内容一通乱发，有时一天连发十几条，翻来覆去每天都是同样的内容，用户难免会产生厌烦。

（2）隐私安全问题。微信作为一个社交平台，在使用过程中，有可能稍有不慎就泄漏了个人信息，再加上定位功能，会为用户的个人隐私带来困扰。由于微信用户不需要实名认证，因此利用微信进行"钓鱼"的大有人在，用户很容易落入圈套。

（3）不能与用户及时沟通。微信不能像 QQ 那样显示用户是否在线，这对企业没有影响，主要是个人用户，不能与自己的客户即时沟通。

（4）较难实现品牌推广。微信上的企业公众号需要用户自行搜索，企业发布一条消息，只有关注的用户能看到，互动性和扩散性差。

3.5.3 直播营销

1. 直播和直播营销的概念

（1）直播的概念。广播电视词典将"直播"界定为"广播电视节目的后期合成、播出同时进行的播出方式"。随着互联网络技术的发展，直播的概念有了新的拓展，现在更多的人关注网络直播，网络直播是一种新兴的网络社交方式，可以同一时间通过网络系统在不同的交流平台观看影片，网络直播平台也成为一种崭新的社交媒体。直播的概念比较复杂，针对目前新兴的网络直播而言，它是一种即时性、直观性、互动性较强的媒体平台，充分展示了网络媒体的优势。

（2）直播营销的概念。所谓直播营销，是指在现场随着事件的发生、发展进程同时制作和播出节目的营销方式，该营销活动以直播平台为载体，达到企业获得品牌的提升或是销量增长的目的。直播本身就带有强烈的社交性质，因此社交也会成为直播营销的重点。

2. 直播营销的特点

（1）准确捕捉好奇心。面对一些行业性质较为高端的企业，如 B2B 与医疗业时，消费者对其运作流程都会抱有一定的好奇心。这时候，文字描述虽然可以答疑解惑，但难免显得有点冰冷，图片虽美观，却也只是一个定格的瞬间，视频虽然形象不少，与直播相比还是少了身临其境感。若想激发和满足用户对产品的好奇心，大可试试直播营销，运用展示互动实时信息同步/全方位详细展示的特性，实现和用户时间、空间、信息的同步，为用户带来更为真实详尽的体验。

（2）消融品牌与用户间的距离感。运用展视互动直播营销，全方位实时向用户进行最为直观的品牌制造、部分生产流程、企业文化的塑造和交流等，让用户对品牌的理念和细节也会更为了解，能直观地感受到产品和背后的文化，自然而然地让企业拉近与潜在购买者的距离，消融之前存在的距离感。

（3）身临其境，制造沉浸感。营销宣传环节的用户契合问题一直是实体企业家们最感到头疼的问题。直播营销恰恰能解决这个问题，只要用其特有的信息实时共享性，具体直播服务流程，如产品、景观特色、实地硬件设置（比如酒店房间配备、景区实景观测等），让用户感受到具体的细节，为用户提供身临其境的场景化体验，从而制造用户沉浸感，让用户共享这场感官盛宴，实现辐射范围的最大化。

（4）发出转型信号。企业大可运用直播营销创造新颖、美观时尚的直播界面和丰富有趣的打赏方式，以及企业本身塑造的别出心裁的直播内容，消除用户心目中的刻板印象，向时代发出营销传播转型的信号。

3. 直播营销的方式

（1）直播+电商。网店通过直播的方式介绍店内的产品，或者教授知识、分享经验等来吸引用户的关注，进而增加网店的浏览量。

（2）直播+发布会。这种方法多用于品牌产品的新品发布会，通过对新品发布会的直播吸引用户的注意力，进而通过电商平台转化为购买力。

（3）直播+深互动。通过直播平台招募感兴趣的用户参与进来进行互动，不仅可以满足用户的好奇心，而且极大地推广了产品，让用户更加了解产品。

（4）直播+内容营销。直播内容是直播吸引关注度的重要因素，好的内容是关键。

（5）直播+广告植入。在直播场景下，在观看者的直观感受下自然而然地进行产品或品牌的推荐，促进销售。

（6）直播+个人 IP。直播平台被称为网红经济的有力出口，以个人为单位的网红利用自己本身积累的粉丝在直播平台吸引更多的粉丝。

（7）直播+品牌+明星。品牌产品联合其代言人在特定时刻进行直播，吸引粉丝观看，联合电商平台进行推广销售。

> **知识链接**
>
> 网 红 经 济
>
> 网红经济是以时尚达人为形象代表,以红人的品位和眼光为主导,进行选款和视觉推广,在社交媒体上聚集人气,依托庞大的粉丝群体进行定向营销,从而将粉丝转化为购买力的一种新经济模式。

3.5.4 搜索引擎营销

1. 搜索引擎和搜索引擎营销的概念

(1)搜索引擎的概念。搜索引擎是指根据一定的策略,运用特定的计算机程序搜集互联网上的信息,在对信息进行组织和处理后,将信息显示给用户,是为用户提供检索服务的系统。从使用者的角度看,搜索引擎提供一个包含搜索框的页面,在搜索框输入词语,通过浏览器提交给搜索引擎后,搜索引擎就会返回跟用户输入的内容相关的信息列表。

(2)搜索引擎营销的概念。搜索引擎营销(search engine marketing,SEM)就是根据用户使用搜索引擎的方式,利用用户检索信息的机会尽可能地将营销信息传递给目标用户。搜索引擎营销的方法包括搜索引擎优化、登录分类目录及关键词竞价排名等。

2. 搜索引擎营销的特点

与其他网络营销方法相比,搜索引擎营销具有自身的一些特点,充分了解这些特点是有效地应用搜索引擎开展网络营销的基础。归纳起来,搜索引擎营销有以下六个特点。

(1)搜索引擎营销方法与企业网站密不可分。

(2)搜索引擎营销传递的信息只发挥向导作用。

(3)搜索引擎营销是用户主导的网络营销方式。相较于报刊、广播、电视等大众媒体广告及户外、直邮、POP等小众媒体广告,搜索引擎广告的接受没有强迫性,消费者有更多的自主选择权力,可以根据个人的兴趣和喜好选择是否接受以及接受哪些广告信息。

(4)搜索引擎营销可以实现较高程度的定位。与传统媒体的单向线性传播方式不同,搜索引擎营销交互性高、反馈及时,因此可以实现信息在受众与媒体间的双向传播,消费者在主动选择接受广告信息后,还可以根据自身的需要及时对广告信息做出回应。

(5)搜索引擎营销的效果表现为网站访问量的增加而不是直接销售。

(6)搜索引擎营销需要适应网络服务环境的发展变化。

3. 搜索引擎营销的常见方式

搜索引擎营销的常见方式有以下几种。

(1)免费登录分类目录。这是最传统的一种网站推广手段,现在传统分类目录网站的影响力已越来越小,逐步退出网络营销舞台。

(2)付费登录分类目录。类似于免费登录,当网站缴纳费用之后才可以获得被收录的资格。目前这种方式也越来越少被使用。

（3）搜索引擎优化。通过对网站栏目结构和网站内容等基本要素的优化设计，提高网站对搜索引擎的友好性，从而通过搜索引擎的自然检索获得尽可能多的潜在用户。

（4）搜索引擎关键词广告。通过为搜索引擎服务商付费的方式，当用户用某个关键词检索时，在搜索结果页面专门设计的广告链接区域显示企业的方向信息。

3.5.5 短视频营销

1. 短视频和短视频营销的概念

（1）短视频的概念。短视频即短片视频，是一种新兴的互联网内容传播方式，它是随着新媒体行业的不断发展应运而生的。短视频与传统的视频不同，它具备生产流程简单、制作门槛低和参与性强等特性，同时，又比直播更具有传播价值，因此深受视频爱好者及新媒体创业者的青睐。

（2）短视频营销的概念。所谓短视频营销，就是将品牌或产品融入视频中，并以情节和片段的形式演绎出来，类似于广告，又不是广告。关键是在这个过程中，可以不自觉地向用户推荐产品，让用户产生共鸣，主动下订单，共享信息，从而达到裂变和引流的目的。

2. 短视频营销的特点

（1）病毒式的传播速度，以及难以复制的原创优势。从当前热门的快手、抖音等短视频平台我们就可以看出，比起传统营销模式，短视频营销病毒式的传播速度，将互联网的优势发挥得淋漓尽致。重要的是，短视频"短"的特点，在快节奏的生活方式下，尤其受到用户青睐。不管是火山、美拍、梨视频、头条、快手还是抖音，只要你的内容足够精彩，就能在很大程度上引起大量用户的转发狂潮，达到大面积传播的效果。

不仅如此，各类短视频平台还积极地和新浪、头条这样具有超大用户基础的自媒体平台进行合作，强强联合，吸引更多的流量，进一步推动了短视频传播，达到高质量的营销效果。除此之外，区别于图片、文章等容易被复制粘贴的缺点，短视频可以添加水印、原创作者联系方式等，能够维护原创内容创作者的利益。

（2）低成本简单营销。较之于传统广告营销大量人力、物力、精力的投入，短视频营销入驻门槛更低，成本也相对减少。这也是短视频营销的优势之一。

短视频内容创作者，可以是企业，也可以是个人，其内容制作、用户自发传播及粉丝维护的成本相对较低。但是，制作短视频，一定要具备良好的内容创意，坚持输出原创的决心，才能打造出优质短视频，吸引用户关注。

（3）数据效果可视化。短视频营销较之传统营销的一个明显特点，就是可以对视频的传播范围及效果进行数据分析，包括有多少人关注，视频有多少人浏览，转载多少次，评论多少条，多少人互动等。不管是哪一类短视频，我们都能直观地看到播放量、评论量等数据。

我们可以通过数据分析，及对标账号、行业竞争对手等数据观察，掌握行业风向，调整并及时优化短视频内容，从而达到更好的营销效果。

（4）"可持续发展"性的传播时限。经常玩短视频的朋友可能知道，我们当天看到的视频可能是很早之前发布的。这是因为，该视频持续受到用户关注和喜欢，系统会持续不断地将视频推送给更多的人。该短视频一直"存活"在用户的视线里，它不受外力投入（如电视广告持续展现需要的资金投入）多少的影响，只要用户喜欢，就有可能一直传播。

除此之外，有数据显示，大部分视频网站和应用的搜索权重比较高，发布的短视频会快速被搜索引擎收录，其排名相对来说比图文内容好且快。

（5）高互动性提升短视频传播速度和范围。网络营销的一个重大特点是——高互动性，而短视频营销则很好地利用了这一点，几乎所有的短视频都可以进行单向、双向甚至多向的互动交流，这种优势在于可以迅速获得用户反馈并有针对性地进行调整。

（6）指向明确，用户精准。做短视频运营前，我们都有一个共同的动作——账号定位，根据账号的垂直定位制作相关视频，针对垂直领域的目标用户制作视频，指向性极其明确。

3. 短视频营销的类型

短视频营销所花费的成本和预算相对低廉，尤其适合资源有限的中小企业。作为视觉营销的一种形式，短视频营销更契合人类作为视觉动物的信息接受习惯。除此之外，这种形式更适用于移动端、有利于搜索引擎优化、分享便捷、反馈即时等优势。常见的短视频营销有如下类型。

（1）拍摄产品短片，解答客户疑问。比如说，你可以在一段 15 秒的视频里告诉客户你的产品如何便于安装。像这样拍摄一段安装教程并配上语音指导可以提供给粉丝更有用的信息和帮助。用短视频的方式解答客户疑问能够给你的受众带来更多的附加价值。

（2）将产品制作过程整合成视觉展示。如果说一张图片就可以道尽千言万语的话，那么一段 15 秒的视频可以表达的内容更是远超想象。

将产品的制作过程拍摄成一支短视频展现给潜在客户，是一种利用短视频功能的营销方式。咖啡馆可以借机展示他们的咖啡制作工艺，时尚沙龙可以展示客户的变身过程等。

（3）创意众筹鼓励粉丝产生 UGC（用户原创内容）。目前的营销趋势都劝告品牌主在不同的社交媒体上，创意素材要既不脱离创意主轴，又要发挥长短不一的效果。

（4）假日视频。不管是国内的节日，还是国外的节日，都已经成了品牌商与消费者互动的关键节点。随着短视频的兴起，假日营销也进入了新的纪元，以假日为主题的短视频营销成为品牌商与消费者建立强关系的方式。

（5）增强与粉丝之间的互动，邀请粉丝通过标签上传内容。邀请你的粉丝和客户通过上传带有标签的视频参加有奖活动，或者宣传相关的品牌活动，利用短视频功能拉近和客户的距离。

（6）展现品牌文化。我们经常听到有人说品牌应该更"人性化"，而社会化媒体用实时实地与客户的互动将这条界线变得越来越模糊。短视频营销提供了一个让你充分展示品牌文化和特点的机会，让你在竞争者中脱颖而出。

对于短视频营销来说，品牌需要在很短的时间内抓住他们想要表达的重点，将其表现给他们的粉丝看，与此同时也向粉丝们传递他们的品牌文化。

（7）强调特殊优惠和活动。短视频是个推广优惠活动的绝佳机会。将镜头转向你的产品，并加入个性化的元素，配合相应的促销信息绝对比传统营销方式更能提高转化率。

知识链接

UGC

UGC 是互联网术语，全称为 user generated content，也就是用户生成内容，即用户原创内容。UGC 的概念最早起源于互联网领域，即用户将自己原创的内容通过互联网平台进行展示或者提供给其他用户。UGC 是伴随着以提倡个性化为主要特点的 Web 2.0 概念而兴起的，也可叫作 UCC（user-created content）。它并不是某一种具体的业务，而是一种用户使用互联网的新方式，即由原来的以下载为主变成下载和上传并重。

思考与练习

一、填空题

1. 网络营销是建立在互联网基础上，借助互联网特性来实现一定_____的一种营销活动。
2. 网络市场调研方法可以分为两大类：网上_____调查法和网上_____调查法。
3. _____是指企业以按照市场规律制定价格和变动价格等方式来实现其营销目标。
4. 网络广告策划的第一步便是_____。
5. _____是指根据一定的策略，运用特定的计算机程序搜集互联网上的信息，在对信息进行组织和处理后，将信息显示给用户，是为用户提供检索服务的系统。

二、简答题

1. 简述网络营销的特点。
2. 请写出网络市场调研的方法。
3. 什么是网络营销产品策略？
4. 网络广告有哪些特点？
5. 短视频营销有哪些类型？

第 4 章

电子商务物流管理

知识目标

1. 了解电子商务物流的概念及特征以及电子商务物流仓储与配送。
2. 理解电子商务物流与传统商务物流的异同点。
3. 掌握电子商务与物流的关系。
4. 掌握电子商务物流信息技术。

 引例

海尔物流创新

海尔物流的组织结构创新：海尔将原来的金字塔式组织结构改革为扁平化的组织结构，成立了物流推进本部，将原来分散在23个产品事业部的采购、原材料仓储配送、成品仓储配送的职能统一整合，成立独立运作的专业物流公司。公司下设：采购事业部——负责供应商资源的管理，降低采购成本与战略物资的采购；配送事业部——负责按订单将物资入库并配送至工位；储运事业部——负责将成品配送至最终用户，使采购、生产支持和物资配送实现战略一体化。

海尔物流的模式创新：海尔构建了同步化的物流模式，其基本框架是国际物流中心和"一流三网"管理。

海尔国际物流中心位于海尔开发区工业园内，由国家"863 计划"项目海尔机器人有限公司整合国内外资源建设而成，高22米，拥有18 056个标准托盘位，其中原材料托盘位9768个，成品托盘位8288个，包括原材料和产成品两个自动化物流系统。物流中心采用以世界上最先进的激光导引技术开发的激光导引无人运输车系统、巷道堆垛机、机器人、穿梭车等，全部实现现代物流的自动化和智能化。

"一流三网"中的"一流"是指订单信息流，订单信息流体现了信息化。企业内部所有的信息都必须围绕着订单流动。如果企业内部的信息不是围绕着订单来流动，那么信息化是完全没有意义的。网络化就是利用"三个网"，即全球供应链网络、全球配送网络、计算机管理网络。这"三个网"是物流的基础和支持，如果没有这"三个网"，那么物流的改造也是不可能的。"一流三网"管理旨在实现以下四个目标。

1. 为订单而采购，消灭库存

在海尔，仓库不再是储存物资的水库，而是一条流动的河，河中流动的是按单采购来的生产必需的物资，也就是按订单来进行采购、制造等活动。新的物流体系将呆滞物资数量降低了 73.8%，仓库面积减少了 50%，库存资金减少了 67%。

2. 双赢，赢得全球供应链网络

海尔通过整合内部资源，优化外部资源，使供应商由原来的 2336 家优化至 978 家，国际化供应商的比例却上升了 20%，建立了强大的全球供应链网络，有力地保障了海尔产品的质量和交货期。不仅如此，更有一批国际化大公司以其高科技和新技术参与到海尔产品的前端设计中，目前参与产品开发的供应商比例已高达 32.5%。

3. 实现三个即时，即 IT 采购、IT 配送和 JIT 分拨物流的同步流程

目前通过海尔的 BBP 采购平台，所有的供应商均在网上接受订单，并通过网上查询计划与库存，及时补货，实现 IT 采购；货物入库后，物流部门可根据次日的生产计划利用 ERP 信息系统进行配料，同时根据看板管理 4 小时送料到工位，实现 JIT 配送；生产部门按照 B2B、B2C 订单的需求完成订单以后，满足用户个性化需求的定制产品通过海尔全球配送网络送达用户手中。目前海尔在中心城市实现 8 小时配送到位，区域内 24 小时配送到位，全国 4 天以内配送到位。

4. 计算机网络连接新经济速度

在企业外部，海尔 CRM（客户关系管理）和 BBP 电子商务平台的应用架起了其与全球用户资源网、全球供应链资源网沟通的桥梁，实现了与用户的零距离接触。目前，海尔 100% 的采购订单由网上下达，使采购周期由原来的平均 10 天降低到 3 天；网上支付额已达到总支付额的 20%。在企业内部，计算机自动控制的各种先进物流设备不但降低了人工成本、提高了劳动效率，还直接提高了物流过程的精细化水平，达到质量零缺陷的目的。计算机管理系统搭建了海尔集团内部的信息高速公路，能将电子商务平台上获得的信息迅速转化为企业内部的信息，以信息代替库存，达到零营运资本的目的。

（资料来源于网络并经作者加工整理）

▶ 辩证思考：

1. 海尔物流组织结构创新的价值体现在哪里？
2. 海尔国际物流中心在海尔物流系统中起到什么作用？
3. 海尔物流管理"一流三网"的核心是什么？为什么？

4.1 电子商务物流概述

电子商务物流主要研究物流在电子商务和现代科学技术条件下的运作和管理。电子商务物流的目标是在电子商务条件下，通过现代科学技术的应用，实现物流的高效化和低成本化，促进物流产业的升级以及电子商务和国民经济的发展。电子商务物流的本质是实现物流的信息化和现代化。

随着电子商务行业竞争的白热化，物流已经成为电子商务的瓶颈环节，被电商巨头们视为新的核心竞争力，甚至有人提出"得物流者得天下"的观点。

4.1.1 电子商务物流的概念及特征

1. 物流与电子商务物流的概念

1）物流的概念

物流（logistics）概念最早形成于美国，1963年这一概念引入日本，20世纪80年代中国引入这一概念。logistics原意为后勤，后来转用于物资流通，形成了沿用至今的现代物流概念。

根据国家标准 GB/T 18354—2006 的规定，物流是指物品从供应地向接收地的实体流动过程，即根据实际需要，将运输、储存、装卸搬运、包装、流通加工、配送、信息处理等基本功能实施有机结合。

> **知识链接**
>
> **国外的物流定义**
>
> 欧洲物流协会（European Logistics Association，ELA）于1994年发表的《物流术语》（*Terminology in Logistics*）中将物流定义为：物流是在一个系统内对人员或商品的运输、安排及与此相关的支持活动的计划、执行与控制，以达到特定的目的。
>
> 美国物流管理协会（The Council of Logistics Management，CLM）对物流的定义是：为满足顾客需要对商品、服务及相关信息从产生地到消费地高效、低成本流动和存储而进行的规划、实施与控制。
>
> 日本后勤系统协会（Japan Institute of Logistics Systems，JILS）将物流改称后勤，并定义为："后勤"是一种对于原材料、半成品和成品的有效率流动进行规划、实施和管理的思路，它同时协调供应、生产和销售各部门的个别利益，最终达到满足客户需求的目的。换言之，"后勤"意味着按要求的数量以最低的成本送达要求的地点，以满足客户的需要作为基本目标。

"物"是指一切物质资料，包括生产资料和生活资料；"流"是一个过程，表现为物质实体的相对停滞和空间转移，以及有关信息的传递。物流活动广泛存在于社会再生产过程的各个环节，基本物流活动包括包装、装卸搬运、储存、运输、流通加工、配送、信息处理等。

（1）包装活动。包装一般分为商业包装和工业包装，工业包装又称运输包装，物流活动中的包装活动指的是工业包装活动，它是为了便于物资的运输、保管，提高装卸效率和物流工具的装载率而进行的。包装与物流的其他活动有着密切的关系，对于推动物流合理化有着重要作用。

（2）装卸搬运活动。装卸搬运活动是为改变物资的空间位置而对其进行的垂直装卸和水平搬运活动。在全部物流活动中，只有装卸搬运活动贯穿于物流全过程。

（3）储存活动，也有人称其为"仓储活动"。储存活动要借助各种仓库来完成物资的堆码、保管、保养、维护等工作，保证物资在储存期内质量完好、数量完整，为物资供应或销售打好基础。储存活动为物资创造"时间价值"。

（4）运输活动。运输活动将物资进行空间的移动，创造物资的"空间价值"。运输和储存是物流的两大支柱，在我国，某些时间和场合中，它们是整个物流的代名词。

（5）流通加工活动。流通加工活动是指在物流过程中，根据用户的要求对物资进行适当的加工，一方面弥补生产加工的不足，另一方面提高物流的效率和效益。

（6）配送活动。配送活动是指配送中心或企业按用户的订货要求，在物流据点进行分货、配货等工作，并将配好的物资送交收货人的物流活动。配送对于降低社会物流总费用、提高物流效率和效益具有重要意义。

（7）信息处理活动。物流信息处理活动包括与上述各种活动有关的计划、预测、市场动态等各类信息的收集、处理和传递活动。物流信息处理对上述各种物流活动的相互联系起着协调作用。

> **知识链接**
>
> **物流的历史**
>
> 物流的概念最早是在1915年由阿奇·萧（Arch W. Shaw）提出的。他在《市场分销中的若干问题》（Some Problems in Market Distribution）中首次提出了 Physical Distribution 的概念。有的人把它译成"实体分销"或"物流"，这就是最早的物流概念，其实质是"分销物流"。
>
> 第二次世界大战期间，对军需物品的采购、运输、仓储、分发进行统筹安排、优化调度和全面管理的方法和技术，在战后发展成为"后勤管理"学科。

2）电子商务物流的概念

电子商务物流是指基于电子化、网络化后的信息流、商流、资金流下的物资或服务的配送活动，它包括软体商品（或服务）的网络传送和实体商品（或服务）的物流传送。它包括一系列机械化、自动化工具的应用，准确、及时的物流信息对物流过程的监控，从而加快物流流动速度，提高准确率，有效减少库存，缩短生产周期，最终达到与电子商务中的商流、资金流、信息流相匹配的目的。从根本上来说，物流电子化是电子商务概念的组成部分。

2. 电子商务物流的特征

1）信息化

电子商务时代，物流信息化是电子商务的必然要求。物流信息化表现为物流信息的商品化、物流信息收集的数据库化和代码化、物流信息处理的电子化和计算机化、物流信息传递的标准化和实时化、物流信息存储的数字化等。因此，条码技术（bar code）、数据库技术（database）、电子订货系统（electronic ordering system，EOS）、电子数据交换（electronic datalnterchange，EDI）、快速反应（quick response，QR）及有效客户反应（efficient customer response，ECR）、企业资源计划（enterprise resource planning，ERP）等技术与观念在我国的物流中将会得到普遍的应用。信息化是一切的基础，没有物流的信息化，任何先进的技术设备都不可能应用于物流领域，信息技术及计算机技术在物流中的应用将会彻底改变世界物流的面貌。

什么是快速反应（quick response，QR）

快速反应（QR）是指物流企业面对多品种、小批量的买方市场，不是储备了"产品"，而是准备了各种"要素"，在用户提出要求时，能以最快速度抽取"要素"，及时"组装"，提供所需服务或产品。

2）自动化

自动化的基础是信息化，自动化的核心是机电一体化，自动化的外在表现是无人化，自动化的效果是省力化，另外还可以扩大物流作业能力，提高劳动生产率，减少物流作业的差错等。物流自动化的设施非常多，如条码/语音/射频自动识别系统、自动分拣系统、自动存取系统、自动导向车、货物自动跟踪系统等。这些设施在发达国家已普遍用于物流作业流程中，而在我国由于物流业起步晚、发展水平低，自动化技术的普及还需要相当长的时间。

3）网络化

物流领域网络化的基础也是信息化，这里指的网络化有两层含义：一是物流配送系统的计算机通信网络，包括物流配送中心与供应商或制造商的联系要通过计算机网络，另外与下游顾客之间的联系也要通过计算机网络通信，比如物流配送中心向供应商提出订单这个过程，就可以使用计算机通信方式，借助增值网（value added network，VAN）上的电子订货系统（EOS）和电子数据交换技术（EDI）来自动实现，物流配送中心通过计算机网络收集下游客户的订货过程也可以自动完成；二是组织的网络化，即所谓的企业内部网（intranet）。比如，台湾的电脑业在20世纪90年代创造出了"全球运筹式产销模式"，这种模式的基本点是按照客户的订单组织生产，生产采取分散形式，即将全世界的电脑资源都利用起来，采取外包的形式将一台电脑的所有零部件、元器件、芯片外包给世界各地的制造商去生产，然后通过全球的物流网络将这些零部件、元器件和芯片发往同一个物流配送中心进行组装，由该物流配送中心将组装的电脑迅速发给客户。这一过程需要有高效的物流网络支持，当然物流网络的基础是信息、电脑网络。物流的网络化是物流信息化的必然，是电子商务下物流活动的主要特征之一。当今世界互联网等全球网络资源的可用性及网络技术的普及为物流的网络化提供了良好的外部环境，物流网络化不可阻挡。

4）智能化

智能化是物流自动化、信息化的一种高层次应用，物流作业过程大量的运筹和决策，如库存水平的确定、运输（搬运）路径的选择、自动导向车的运行轨迹和作业控制、自动分拣机的运行、物流配送中心经营管理的决策支持等问题都需要借助大量的知识才能解决。在物流自动化的进程中，物流智能化是不可回避的技术难题，好在专家系统、机器人等相关技术在国际上已经有比较成熟的研究成果。为了提高物流现代化的水平，物流的智能化已成为电子商务下物流发展的一个新趋势。

5）柔性化

柔性化本来是为了实现"以顾客为中心"的理念而在生产领域提出的，但要真正做到柔性化，即真正地能根据消费者需求的变化来灵活调节生产工艺，没有配套的柔性化的物流系统是不可能达成的。20世纪90年代，国际生产领域纷纷推出弹性制造系统（flexible manufacturing system,FMS)、计算机集成制造系统(computer integrated manufacturing system,CIMS)、制造资源系统(manufacturing requirement planning,MRP)、企业资源计划(ERP)以及供应链管理的概念和技术,这些概念和技术的实质是要将生产、流通进行集成,根据需求端的需求组织生产,安排物流活动。因此,柔性化的物流正是适应生产、流通与消费的需求而发展起来的一种新型物流模式。这就要求物流配送中心根据消费需求"多品种、小批量、多批次、短周期"的特点,灵活组织和实施物流作业。

另外,物流设施、商品包装的标准化,物流的社会化、共同化也是电子商务下物流模式的新特点。

> **知识链接**
>
> **移动电子商务**
>
> 移动电子商务(M-Commerce),由电子商务的概念衍生而来。电子商务以PC为主要界面,是"有线的电子商务";而移动电子商务则是通过手机、平板电脑等无线设备进行的电子商务。移动电子商务是电子商务的一个分支,它是通过移动通信网络进行数据传输,并且利用移动信息终端参与各种商业经营活动的一种新型电子商务模式,它是新技术条件与新市场环境下的新型电子商务形态。

4.1.2 电子商务与物流的关系

1. 物流是实施电子商务的根本保证

电子商务的任何一笔完整交易,都包含四种基本的"流",即信息流、商流、资金流和物流。信息流是指商品信息的提供、商业单证的转移、技术支持等内容。商流是指商品交易和商品所有权转移的运动过程。资金流是指付款、转账等资金的转移支付过程。物流则是指物质实体(商品或服务)的流动过程,如商品的储存、保管、运输、配送、信息管理等活动。电子商务的基本流程如图4.1所示。

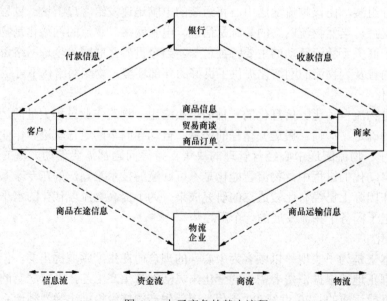

图4.1 电子商务的基本流程

物流虽然只是电子商务若干环节的一部分,但它往往是商品和服务价值的最终体现,如果没有处理好,前端环节的价值就无法体现。在电子商务中,信息流、商流、资金流均可通过计算机和网络通信设备实现,但对于物流,只有诸如电子出版物、信息咨询等少数商品和服务可以直接通过网络传输进行,多数商品和服务仍要经由物理方式进行传输。电子商务生产的顺利进行需要各类物流活动支持,如果缺少了现代化的物流,电子商务给消费者带来的购物便捷就等于零,消费者必然会转向他们认为更为安全的传统购物方式,因此可以说,物流是实施电子商务的根本保证。

2. 电子商务促进物流发展

近几年来,在电子商务的应用与发展过程中,人们发现因为没有一个高效、合理、畅通的物流系统,电子商务所具有的优势难以得到有效的发挥。但随着电子商务环境的改善,电子商务也正在使传统的物流发生变化,甚至会强化物流的作用,促使物流系统进一步完善。电子商务活动对物流的影响主要表现在以下几个方面。

(1)电子商务改变传统物流观念。传统的物流和配送企业需要置备大面积的仓库,而电子商务系统网络化的虚拟企业将散置在各地的、分属不同所有者的仓库通过网络连接起来,使之成为"虚拟仓库",从而进行统一管理和调配,其服务半径和货物集散空间都被放大了。这样的企业在组织资源的速度、规模、效率和资源的合理配置方面都是传统的物流和配送所无法比拟的,相应的物流观念也必须是全新的。

电子商务作为一种新兴的商务活动,为物流创造了虚拟的运动空间,可以通过各种组合方式,寻求物流的合理化,使商品实体在实际的运动过程中,达到效率最高、费用最省、距离最短、时间最少的目标。

(2)电子商务改变物流的运作方式。传统的物流和配送过程是由多个业务流程组成的,受人为因素和时间影响很大。网络的应用可以实现整个过程的实时监控和实时决策,而且这种物流的实时控制是以整体物流来进行的。新型的物流和配送的业务流程都由网络系统连接。当系统的任何一个环节收到一个需求信息时,该系统都可以在极短的时间内做出反应,并拟订详细的配送计划,通知各相关环节开始工作。这一切工作都是由计算机根据人们事先设计好的程序自动完成的。

物流和配送的持续时间在电子商务环境下会大大缩短,这对物流和配送速度提出了更高的要求。传统物流和配送的环节极为烦琐,在网络化的新型物流配送中心可以大大简化这一过程。

(3)电子商务改变物流企业的经营。首先,电子商务将改变物流企业对物流的组织和管理。在传统经济条件下,物流往往是从某一企业的角度来进行组织和管理,为企业自身服务。而电子商务则要求物流从社会的角度来实行系统的组织和管理,以打破传统物流分散的状态。这就要求企业在组织物流的过程中,不仅要考虑本企业的物流组织和管理,更重要的是要考虑全社会的整体系统。其次,电子商务将改变物流企业的竞争状态。在传统经济活动中,物流企业之间存在激烈的竞争,这种竞争往往要求企业通过提供优质服务、降低物流费用等方式来获得胜利。在电子商务时代,这些竞争内容虽然依然存在,但有效性大大降低了,原因在于电子商务需要一个全球性的物流系统来保证商品实体的合理流动。对于一家企业来说,即使它的规模再大,也是难以达到这一要求的。这就要求物流企业联合起来,在竞争中形成一种协同竞争的状态,以实现物流高效化、合理化和系统化。

(4)电子商务促进物流设施改善和物流水平提高。首先,电子商务将促进物流基础设施的改善。电子商务高效率和全球性的特点，要求物流也必须达到这一目标。而物流要达到这一目标，良好的交通运输网络、通信网络等基础设施是最基本的保证。其次，电子商务将促进物流技术的进步。物流技术主要包括物流硬技术和物流软技术。物流硬技术是指在组织物流过程中所需的各种材料、机械、设施等；物流软技术是指组织高效率的物流所需的计划、管理、评价等方面的技术和管理方法。物流技术水平的高低是影响物流效率高低的一个重要因素。最后，电子商务将促进物流管理水平的提高。物流管理水平的高低直接决定和影响着物流效率的高低，也影响着电子商务高效率的优势能否被发挥。只有建立科学、合理的管理制度，将科学的管理手段和方法应用于物流管理当中，才能确保物流的畅通，实现物流的合理化和高效化，促进电子商务的发展。

> **知识链接**
>
> **电子商务物流与传统商务物流的异同点**
>
> 电子商务物流与传统商务物流的相同点如下：① 目的都是将货物送达客户处；② 基本业务是一样的，包括进货、进货验收、存放、养护、盘点、拣选、分拣、组配、装运和配送。
>
> 电子商务物流与传统商务物流的不同点如下：① 电子商务的每个订单均要求送货上门，而传统商务则不需要；② 电子商务的物流成本更高，配送线路的规划、配送日程的调度、配送车辆的合理利用难度更大。

4.1.3 电子商务物流信息技术

1. 物流信息

物流信息是指与物流活动（商品包装、商品运输、商品储存、商品装卸等）有关的一切信息。物流信息是反映物流各种活动内容的知识、资料、图像、数据、文件的总称。物流信息是在物流活动中的各个环节生成的信息，它将随着从生产到消费的物流活动的产生而产生的信息流，与物流过程中的运输、保管、装卸、包装等各种职能有机结合在一起，是整个物流活动顺利进行不可缺少的重要因素。

狭义的物流信息是指与物流活动有关的信息，如订货信息、库存信息、采购指示信息（生产指示信息）、发货信息、物流管理信息。广义的物流信息不仅指与物流活动有关的信息，而且包括与物流活动有关的其他信息，如商品交易信息和市场信息等。

> **知识链接**
>
> **物流活动需要及时准确的信息**
>
> 及时而又准确的信息对有效的物流活动非常关键，原因如下。
>
> （1）顾客了解有关订货状况、产品可得性、交货计划表以及发票等信息是满足顾客需求、为顾客提供服务的必要依据。
>
> （2）为了达到减少整个供应链存货的目的，信息能够有效地减少企业对存货对人力资源的需要。
>
> （3）对有关从战略优势出发考虑的何时、何地及如何利用各种资源的问题，信息可以增加其灵活性。

2. 物流信息技术

1）物流信息技术的概念

物流信息技术是指运用于物流各环节中的信息技术。根据物流的功能以及特点，物流信息技术包括计算机技术、网络技术、信息分类编码技术、条码技术、射频识别（RFID）技术、EPC（电子产品代码）技术、电子数据交换技术、全球定位系统（GPS）、地理信息系统（GIS）、物联网技术等。

物流信息技术是物流现代化的重要标志，也是物流技术中发展最快的领域，从数据采集的条形码系统，到办公自动化系统中的计算机、互联网，各种终端设备等硬件以及计算机软件都在不断地发展。同时，随着物流信息技术的不断发展，产生了一系列新的物流理念和新的物流经营方式，推进了物流的变革。在供应链管理方面，物流信息技术的发展也改变了企业应用供应链管理获得竞争优势的方式，成功的企业通过应用信息技术来支持它的经营战略并选择它的经营业务，通过利用信息技术来提高供应链活动的效率，增强整个供应链的经营决策能力。

2）主要物流信息技术

（1）条码技术。条码技术是在 20 世纪中叶发展起来并被广泛应用的集光学、机械、电子和计算机技术于一体的高新技术。它突破了计算机应用中数据采集的"瓶颈"，实现了信息的快速、准确获取与传输，是信息管理系统和管理自动化的基础。

条码符号具有操作简单、信息采集速度快、信息采集量大、可靠性高、成本低廉等特点。以商品条码为核心的国际物品编码协会（globe standard1，GS1）系统已经成为事实上的服务于全球供应链管理的国际标准。

（2）EDI 技术。EDI（electronic data Interchange）是指通过电子方式，采用标准化的格式，利用计算机网络进行结构化数据的传输和交换。构成 EDI 系统（见图 4.2）的 3 个要素是 EDI 软硬件、通信网络以及标准化数据。

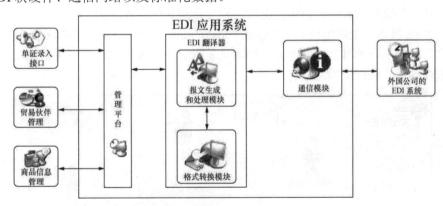

图 4.2　EDI 系统

EDI 工作方式大体如下：用户在计算机上进行原始数据的编辑处理，通过 EDI 转换软件（mapper）将原始数据格式转换为平面文件（flat file），平面文件是用户原始资料格式与 EDI 标准格式之间的对照性文件。接着通过翻译软件（translator）将平面文件变成 EDI 标准格式文件。然后在文件外层加上通信信封（envelope），通过通信软件（EDI 系统交换中心邮箱 Mailbox）发送到增值服务网络（VAN）或直接传送给对方用户，对方用户则进行相反的处理，最后使之成为用户应用系统能够接收的文件格式。

（3）射频识别（RFID）技术。射频识别技术是一种非接触式的自动识别技术，它通过射频信号自动识别目标对象来获取相关数据。识别工作无须人工干预，可工作于各种恶劣环境中。短距离射频产品不怕油渍、灰尘污染等，可以替代条码，如用在工厂的流水线上跟踪物体。长距射频产品多用于交通领域，识别距离可达几十米，如自动收费或识别车辆身份等。

（4）EPC（产品电子代码）技术。EPC 的载体是 RFID 电子标签，EPC 借助互联网来实现信息的传递。EPC 标签是产品电子代码的载体，当我们将 EPC 标签贴在物品上或内嵌在物品中时，即将该物品与 EPC 标签中的唯一代码（产品电子代码）建立起了一对一的对应关系。EPC 系统充分利用了射频识别技术和网络技术的优点，对每一件产品建立全球的、开放的、唯一的标识标准，实现全球范围内对单件产品的跟踪与追溯，从而有效提高供应链管理水平，降低物流成本。EPC 是全球广泛使用的 EAN·UCC 全球统一标识系统的重要组成部分，是对条码应用的拓展和延续。

产品电子标签（EPC 标签）是由一个大小不超过大米粒 1/5 的电子芯片和一个软天线组成的，电子标签像纸一样薄，可以做成邮票大小，或者更小。EPC 标签可以在 10 米内被读写器探测到。

EPC 标签具有全球统一标准、无接触读取、远距离读取、动态读取、多数量和多品种读取、标签无源、海量存储等优势，这些都是条码无法比拟的，因此采用 EPC 标签技术，可以实现数字化库房管理。配合使用 EPC 编码技术，可使得库存货品真正实现网络化管理。

（5）GIS 技术。地理信息系统（geographical infor-mation system，GIS）是多种学科交叉的产物，它以地理空间数据为基础，采用地理模型分析方法，适时地提供多种空间的和动态的地理信息，是一种为地理研究和地理决策服务的计算机技术系统；其基本功能是将表格型数据（无论它来自数据库、电子表格文件还是直接在程序中输入）转换为地理图显示，然后对显示结果进行浏览、操作和分析；其显示范围可以从洲际地图到非常详细的街区地图，显示对象包括人口、销售情况、运输线路和其他内容。

（6）GPS 技术。全球定位系统（global positioning system，GPS）具有在海、陆、空进行全方位实时三维导航与定位的能力，如图 4.3 所示。GPS 在物流领域可以应用于汽车自定位、跟踪调度、铁路运输管理等。

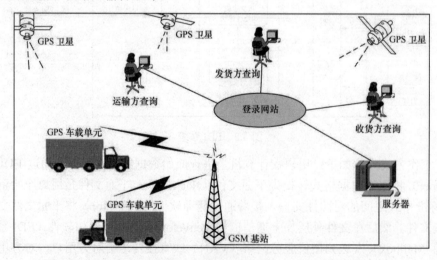

图 4.3　全球定位系统

GPS 系统包括三大部分：空间部分为 GPS 卫星星座，地面控制部分为地面监控系统，用户设备部分为 GPS 信号接收机。

GPS 卫星星座：GPS 卫星星座由 2 万千米高空的 21 颗工作卫星和 3 颗在轨备用卫星组成。在用 GPS 信号导航定位时，为了计算三维坐标必须观测 4 颗 GPS 卫星，即定位星座。这 4 颗卫星在观测过程中的几何位置分布对定位精度有一定的影响。对于某地某时甚至不能精确测量的点位坐标，会产生某个时间段上的"间隙段"。但这种时间间隙段是很短暂的，并不影响全球绝大多数地方的全天候、高精度、连续实时的导航定位测量。

地面监控系统：地面监控系统的一个重要作用是观测卫星上的各种设备是否正常工作，以及卫星是否一直沿着预定轨道运行。地面监控系统的另一重要作用是保持各颗卫星处于同一时间标准——GPS 时间系统上。这需要地面站监测各颗卫星的时间求出钟差，然后由地面注入站将其发给卫星，卫星再用导航电文发给用户设备。GPS 工作卫星的地面监控系统包括 1 个主控站、3 个注入站和 5 个监测站。

GPS 信号接收机：GPS 信号接收机的任务是捕获按一定的卫星截止高度角所选择的待测卫星的信号并跟踪这些卫星的运行，对所接收到的 GPS 信号进行变换、放大和处理，以便测量出 GPS 信号从卫星到接收机天线的传播时间，解译出 GPS 卫星所发送的导航电文，实时地计算出监测站的三维位置，甚至三维速度和时间。

GPS 卫星发送的导航定位信号是一种可供无数用户共享的信息资源。对于陆地、海洋和空中的广大用户来说，只要用户拥有能够接收、跟踪、变换和测量 GPS 信号的接收设备，即 GPS 信号接收机，就可以在任何时候用 GPS 信号进行导航定位测量。根据使用目的的不同，用户要求的 GPS 信号接收机也各有差异。目前世界上已有几十家工厂生产 GPS 接收机，产品也有几百种，这些产品可以按照原理、用途、功能等来分类。

4.2 电子商务物流仓储与配送

4.2.1 电子商务物流仓储概述

1. 仓储的相关概念

1）仓库

仓库是保管、储存物品的建筑物和场所的总称。物流中的仓库功能已经从单纯的物资存储保管，发展到具备物资接收、分类、计量、包装、分拣、配送、存盘等多种功能，如图 4.4 所示。仓库根据产权性质可以分为三种：一是自建仓库，二是租赁仓库，三是公共仓库。

2）库存

库存是指企业在生产经营过程中为销售或者耗用而储备的物品。一般来说，库存是处于储存状态的物品或商品，但广义的库存还包括处于制造加工状态和运输途中的物品。所以企业的原材料、燃料、低值易耗品、在产品、半成品、产成品等都属于库存范畴。库存的含义有两层：其一，物资所储存的位置，不是在生产线上，不是在车间里，也不是在非仓库中的任何位置，如汽车站、火车站等类型的流通结点上，而是在仓库中；其二，物资的储存状态可能由任何原因引起，而不一定是某种特殊的停滞。这些原因包括主动的各种形态的储备、被动的各种形态的超储、完全的积压。

图 4.4　物流仓库

3）储备

储备是有目的的储存物资的行动，也是这种有目的的行动和其对象总体的称谓。物资储备的目的是保证社会再生产连续不断地、有效地进行。因此，物资储备是一种能动的储存形式，或者说，是有目的的、能动的生产领域和流通领域中物资的暂时停滞，尤其是指在生产与再生产、生产与消费之间的暂时停滞。

储备与库存的本质区别在于：第一，库存明确了储存的位置，而储备这种储存所处的地理位置远比库存广泛得多，储备的位置可能在生产及流通中的任何结点上，可能是仓库中的储备，也可能是其他形式的储备；第二，储备是有目的的、能动的、主动的行动，而库存有可能不是有目的的，有可能完全是盲目的。

4）储存

储存是包含库存和储备在内的一种广泛的经济现象，是一切社会形态都存在的经济现象。储存不一定在仓库中，也不一定有储备的要素，而是可在任何位置，也有可能永远进入不了再生产和消费领域。但在一般情况下，储存、储备两个概念是不做区分的。

5）仓储

仓储是指通过仓库对商品进行储存和保管。"仓"也称仓库，为存放物品的建筑物和场地，可以为房屋建筑、大型容器、洞穴或者特定的场地等，具有存放和保护物品的功能；"储"表示收存以备使用，具有收存、保管、交付使用的意思，当适用有形物品时也称储存。"仓储"则为利用仓库存放、储存未及时使用的物品的行为。简而言之，仓储就是在特定的场所储存物品的行为。

> **知识链接**
>
> ## 现代仓储
>
> 现代仓储不是传统意义上的"仓库"。"仓库管理"是在经济全球化与供应链一体化背景下的仓储,是现代物流系统中的仓储,它表示一项活动或一个过程,在英文中对应的词是"warehousing"。它是以满足供应链上下游的需求为目的的,在特定的有形或无形的场所,运用现代技术对物品的进出、库存、分拣、包装、配送及其信息进行有效的计划、执行和控制的物流活动。

6)冷链物流

冷链物流泛指使冷藏冷冻类物品在生产、储藏、运输、销售到消费前的各个环节中始终处于规定的低温环境下,以保证物品质量和性能的一项系统工程,如图 4.5 所示。它是随着科学技术的进步、制冷技术的发展而建立起来的,是以冷冻工艺学为基础、以制冷技术为手段的低温物流过程。

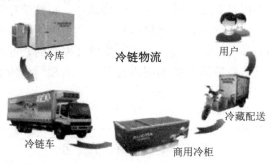

图 4.5 冷链物流

冷链物流应遵循"3T 原则":产品最终质量取决于在冷链的储藏与流通的时间(time)、温度(temperature)和产品耐藏性(tolerance)。"3T 原则"指出了冷藏物品品质保持所允许的时间和产品温度之间存在的关系。由于冷藏物品在流通中因时间、温度的变化而引起的品质降低的累积和不可逆性,因此对不同的产品品种和不同的品质要求都有相应的产品控制和储藏时间的技术经济指标。

2. 储存保管方法

物品保管是指根据仓库的实际条件,对不同的物品进行保护和保存以及对其数量、质量进行管理控制的活动。在经营过程中对物品进行保管的主要目的是通过物品的保管,产生物品的时间效用。物品的保管不仅是技术问题,还是一个综合管理问题,为此要做好人、物、温湿度养护等方面的工作。

1)储存保管的原则与要求

仓库储存保管的原则有两个:一是效率原则,仓储生产管理的核心就是效率管理,实现以最少的劳动量投入,获得最大的产品产出;二是经济效益原则,实现利润最大化则需要做到经营收入最大化和经营成本最小化。

2)仓储管理人员的基本要求

仓储管理人员必须具备以下基本素质:①具有丰富的商品知识储备,懂得商品的物理、化学性质和保管要求，能采取合理措施保管好商品；②掌握现代仓储管理的技术，能熟练应用现代仓储管理信息系统；③熟悉仓储设备，能合理高效地安排使用现有的仓储设备；④办事能力强，能分清轻重缓急，有条有理地处理各项事务；⑤具有一定的财务管理能力，如查阅财务报表，进行经济核算、成本分析，能根据仓储经济信息进行成本管理、价格管理和决策；⑥具有一般的管理素质。

仓储管理人员要做到严格遵守各项操作规程和规章制度，为了保证在仓库储存保管的物品质量完好、数量准确，必须经常、定期和有针对性地对所保管的物品的数量、质量、保管条件、安全等进行检查，特别要注意检查和测试物品的仓储环境、温湿度变化。检查中发现问题，如积水、漏雨、阳光照射、虫鼠害、潮湿发霉、高低温、倒垛等，要及时处理。

3）分区分类作业

（1）商品分区分类储存的概念。仓库商品的分区分类储存是指根据"四一致"原则（性能一致、养护措施一致、作业手段一致、消防方法一致），把仓库划分为若干保管区域，把储存商品划分为若干类别，以便统一规划储存和保管。

在仓库分区时，可以根据货物特性分区、分类储存，将性质相近的物品集中存放，或者根据商品的体积和重量进行分区，将单位体积大、重量大的物品存放在货架底层，并靠近作业通道，或者根据商品的周转率进行分区，将周转率高的物品存放在仓库装卸搬运最方便的位置，或者根据供应商或客户的不同进行分区，将相同供应商或客户的物品集中存放，以便于分拣和配货作业。

> **知识链接**
>
> **分区分类储存商品的作用**
>
> （1）可缩短商品拣选及收、发作业的时间。
> （2）能合理使用仓容，提高仓容利用率。
> （3）有利于仓库管理人员熟悉商品的性能，提高保管养护的技术水平。
> （4）可合理配置和使用机械设施，有效提高机械化、自动化操作程度。
> （5）有利于仓储商品的安全，减少损耗。

（2）商品分区分类储存的原则。仓库分区分类储存商品应遵循以下原则：商品的自然属性和性能应一致；商品的养护措施应一致；商品的作业手段应一致；商品的消防方法应一致。

具体做法可以将相关性高的商品放在同一个分区里，这样可以实现一次性拣货作业，减少装卸搬运的距离，使仓库完成一定任务所发生的装卸搬运量最小，速度最快。

（3）商品分区分类储存的方法。分区分类储存商品能保证商品储存的安全，减少商品耗损，有利于商品的合理堆码，便于仓库管理人员熟悉商品的性能特点，做好商品的养护工作，便于查找，有利于检查、入库和出库。由于仓库的类型、规模、经营范围、用途各不相同，各种仓储商品的性质、养护方法也迥然不同，因而分区分类储存的方法也有多种，需统筹兼顾、科学规划。

①按商品的种类和性质分区分类储存。按照商品的自然属性，把怕热、怕光、怕潮、怕冻、怕风等具有不同自然属性的商品分区分类储存。

②按商品的危险性质分区分类储存。商品的危险性质主要是指易燃、易爆、易氧化、

腐蚀性、毒害性、放射性等。

③按商品的发运地分区分类储存。商品的储存期较短，并且吞吐量较大的中转仓库或待运仓库，可按商品的发往地区、运输方式、货主进行分区分类储存。

3．保管技术

1）仓库温湿度保管

温度与湿度密切相关，在一定湿度下，随着温度的变化，空气中的水分可以变成水蒸气，也可以变成水滴。商品变质与仓库温湿度往往有密切关系，特别是危险品的储存，关系到商品储存的安全，易燃液体储藏室温度一般不许超过28℃，爆炸品储温不许超过30℃。因此，控制仓库的温湿度是十分重要的。

（1）空气温度。库外露天的温度叫作气温，仓库里的温度一般叫作库温，货垛商品的温度叫作垛温。气温对库温有直接影响，对垛温有间接影响，库温除受气温影响外，还受仓库建筑材料和地势及仓库周围环境的影响；垛温除受库温影响，还受商品本身属性和堆码结构的影响。仓库温度的控制既要注意库房内外的温度，也要注意储存商品本身的温度。

（2）空气湿度。库外露天的湿度叫作空气湿度，是指空气中水蒸气含量的多少，通常以绝对湿度、饱和湿度和相对湿度来表示。

绝对湿度是指单位体积空气中实际所含水蒸气的重量，即每立方米的空气中含的水蒸气量，一般用1立方米空气中所含水蒸气克数（g/m^3）表示。而在实际工作中通常用空气中的水气压力（P）表示，即毫米汞柱（mmHg）。气象工作中则统一用毫巴（mb）表示。

饱和湿度指在一定气压、气温条件下，单位体积空气中所能含有的最大水蒸气量，其单位为g/m^3，或mmHg，或mb，常压下的数值可通过饱和水汽压表查询。

相对湿度指空气中实际含有水蒸气量与当时温度下饱和蒸汽量的百分比，即绝对湿度与相对湿度的百分比，它表示在一定温度下，空气中的水蒸气距离该温度时的饱和水蒸气量的程度，通常用干湿球温度计测量，以百分数计算。相对湿度越大，说明空气越潮湿；反之，则越干燥。在仓库温湿度管理中，检查仓库的湿度高低，主要是观测相对湿度的高低。

绝对湿度、饱和湿度和相对湿度的关系：相对湿度=（绝对湿度/饱和湿度）×100%。

> **知识链接**
>
> **干湿球温度计**
>
> 干湿球温度计是把两支同样的温度计平行固定在一块板上，其中一支温度计的球用纱布包裹，纱布的一端浸泡在一个水盆里，利用水分蒸发时吸热的原理，两个温度计显示一定的温度差。在测得两支温度计温度的同时，可以查对"温湿对照表"，获得此时库内或大气的相对湿度值。

2）气温/湿度的变化对商品质量的影响

（1）商品的吸湿性，指商品吸着和放出水分的性质，它与商品养护有着密切关系。商品吸湿性的大小以及吸湿速度的快慢，都直接影响该商品含水量的增减，对商品质量的影响极大。

（2）商品的安全水分，是指吸湿性商品可以安全储存的最高含水量（也叫作临界含水量）。

（3）商品的安全相对湿度与安全温度。吸湿性商品的含水量是随着空气温湿度的变化而变化的。商品在储存中，为了保证其质量的安全，都要求空气温湿度条件与之相适应，使商品的含水量不超过临界含水量。

3）仓库温湿度的调节与控制

（1）仓库的密封。仓库密封就是把整库、整垛或整件商品尽可能地密封起来，减少外界不良气候条件对其的影响，以达到防潮、防锈蚀、防霉、防虫、防热、防冻、防老化等综合效果。密封可用不同的介质在不同的范围内进行。

① 不同介质的密封。由于介质不同，密封可以分为大气密封、干燥空气密封、充氮密封和去氧密封等。

大气密封就是将要封存的商品直接在大气中密封，其间隙中充满大气，密封后基本保持密封时的大气湿度。

干燥空气密封是在密封空间内充入干燥空气或放置吸湿剂，使空气干燥，防止商品受潮。干燥空气的相对湿度应在40%～50%。

充氮密封是在密封空间内充入干燥的氮气，造成缺氧的环境，减少氧气的危害。

去氧密封是在密闭空间内放入还原剂，如亚硝酸钠，吸收空气中的氧气，造成缺氧的环境，为封存商品提供更有利的储存条件。

② 不同范围的密封。根据范围的不同，密封可分为整库密封、小室密封、货垛密封、货架密封、货箱（容器）密封、单件密封等。

整库密封：对储存批量大、保管周期长的仓库（如战备物资仓库、大批量进口物资仓库），可进行整库密封。整库密封主要是用密封材料密封仓库门窗和其他通风孔道。留作检查出入的库门应加装两道门，有条件的可采用密闭门。

小室密封：对于储存数量不大、保管周期长、要求特定保管条件的商品，可采用小室密封，即在库房内单独隔离出一个小的房间，将需要封存的商品存入小室内，然后将小室密封起来。

货垛密封：对于数量较少、品种单一、形状规则、需长期储存的商品，可按货垛进行密封。货垛密封所用的密封材料除应具有良好的防潮、保温性能，还应有足够的韧性和强度。

货架密封：对于数量少、品种多、不经常收发、要求保管条件高的小件物品，可存入货架，然后将整个货架密封起来。

货箱（容器）密封：对于数量很少、需要在特殊条件下保管且具有硬包装或容器的商品（如精密仪器仪表、化工原料等），可按原包装或容器进行密封。可封严包装箱或容器的缝隙，也可以将商品放入塑料袋，然后用热合或黏合的方法将塑料袋封口放入包装箱内。

单件密封：对于数量少、无包装或包装损坏、形状复杂、要求严格的精加工商品，可按单件密封。最简便且经济的方法是用塑料袋套封，也可用蜡纸、防潮纸或硬纸盒封装。

（2）通风。通风就是利用库内外空气温度不同而形成的气压差，使库内外空气形成对流，来达到调节库内温/湿度的目的。通风按目的的不同，可分为通风降温和通风降湿两种。

① 通风降温。对于库存商品怕热而对大气湿度要求不严的仓库，可利用库内外的温差，选择适宜的时机进行通风，只要库外的温度低于库内，就可以通风。对于怕热又怕潮的商品，在通风降温时，除了要满足库外温度低于库内温度的条件，还必须同时考虑库内外湿度的情况，只有库外的绝对湿度低于库内时，才能进行通风。由于一日内日出前库外气温最低，绝对湿度也最低，所以日出前是通风降温的有利时机。

②通风降湿。仓库通风的目的在多数情况下是指降低库内湿度。降湿的通风时机不易掌握，必须对库内外的绝对湿度、相对湿度和温度等进行综合分析。最后通风的结果应使库内的相对湿度降低，但相对湿度是绝对湿度和温度的函数，只要绝对湿度和温度有一个因素发生变化，相对湿度就随之发生变化。如果绝对湿度和温度同时变化，情况就比较复杂了。在温度一定的情况下，绝对湿度上升，相对湿度也随着上升，若温度也同时上升，则饱和湿度上升，相对湿度又会下降，这时上升和下降的趋势有可能互相抵消。如果因温度关系引起相对温度的变化，大于因绝对湿度关系而引起的相对湿度的变化，其最终结果是相对湿度将随温度的变化而变化。

（3）吸潮。吸潮是与密封配合，用以降低库内空气湿度的一种有效方法。在梅雨季节或阴雨天，当库内湿度过高，又无适当通风时机的情况下，在密封库里常采用吸潮的办法降低库内的湿度。常采用的吸潮方法是利用吸湿剂或去湿机吸潮。

4.2.2 电子商务物流配送概述

1. 配送的基本概念

日本 1991 年版《物流手册》中有关配送的表述是：生产厂到配送中心之间的物品空间移动叫作"运输"，从配送中心到顾客之间的物品空间移动叫作"配送"。

美国《物流管理——供应链过程的一体化》中有关配送的表述是：实物配送这一领域涉及将制成品交给顾客的运输。实物配送过程可以使顾客服务的时间和空间的需求成为营销的一个整体组成部分。我国出版的《现代物流学》中有关配送的表述是：配送是以现代送货形式实现资源最终配置的经济活动；按用户订货要求，在配送中心或其他物流节点进行货物配备并以最合理的方式送交用户。

据国家标准 GB/T 18354—2006，配送就是在经济合理的区域范围内，根据用户要求，对物品进行拣选、加工、包装、分割、组配等作业，并按时送达指定地点的物流活动。从这个定义中可以看到，配送作为物流过程中的一个环节，具有十分重要的作用，它是实现顾客要求的过程，是实现可得性和达到顾客满意的手段，同时也是零售公司争取最大利润空间的有效途径。配送的含义有四个：第一，配送是从物流据点至用户的一种特殊送货形式；第二，配送是运输与其他活动共同构成的组合体；第三，配送是以供给者送货给用户为特征的服务性供应，是一种"门到门"的服务；第四，配送是"配"和"送"的有机结合。

> **知识链接**
>
> **配送的分类**
>
> （1）按配送商品的种类和数量不同，配送可分为少品种、大批量的配送，多品种、少批量、多批次配送，成套、配套配送。
> （2）按配送时间及数量不同，配送可分为定时配送、定量配送、定时定量配送、定时定量定点配送、即时配送。
> （3）按配送组织的形式不同，配送可分为集中配送、共同配送、分散配送。
> （4）根据地点差异，配送可分为配送中心配送、仓库配送、商业门店配送、厂矿企业配送。

2. 电子商务物流配送模式

在我国电子商务的实践中，从事电子商务的公司为解决物流配送的问题，主要采取了以下几种方式。

（1）自建物流配送模式。这是具有雄厚实力的电子商务公司常采取的物流策略。例如，海尔成立的电子商务有限公司，投资1亿多元，依靠雄厚的财力和以前形成的营销网络，建立了一套相对完善的配送体系，在完成对海尔服务的同时还能为其他企业提供配送服务。选择自营配送模式有两个基础：一是规模基础，即企业自身物流具有一定量的规模，完全可以满足配送中心建设发展的需要；二是价值基础，即企业自营配送是将配送创造的价值提升到企业的战略高度予以确定和发展。

（2）第三方物流配送模式。它是指电商企业委托专业物流配送机构完成商品配送，这是一种社会化、专业化的物流配送模式。这种模式比较适合我国国情，可进一步向独立第三方物流发展，但应解决好目前矛盾比较集中的商品配送价格等问题。

（3）协同配送模式。它是指电商企业与百货商店、连锁店、邮政快递等原有配送网络联合、协作，共同完成物流配送。这种方式将电子商务配送与传统物流配送一体化，有利于集中使用物流资源，优化物流配送网络，应予以提倡和鼓励。此种方式可进一步向供应链管理发展，但应解决传统企业信息化程度低、配送渠道和设施不完善等问题。

（4）自营与外包相结合的配送模式。使用这类配送模式的电子商务公司一般来说拥有一部分物流资源，但是不能满足商务扩展的需要。建立自己的配送体系投资太大而自身资金不足，对市场估计不足而害怕承担太大的风险，配送体系建设周期太长而不能满足自己的盈利期望等是导致电商企业采用此类配送模式的主要原因。

（5）共同配送模式。共同配送是指为使物流合理化，在几个有定期运货需求的需求方的合作下，由一个货车运输业者使用一个运输系统进行的配送。共同配送也就是把过去按不同货主、不同商品分别进行的配送，改为不区分货主和商品集中运货的"货物及配送的集约化"。

（6）落地配模式。"落地配"是指货物在到达城市落地后，由到达城市的物流公司实施配送操作，即物流公司只完成配送的最后一个物流程序。我国落地配发端于从事B2C电子商务的企业做代收货款的配送业务，也叫COD（cash on delivery）配送。电子商务需要突出顾客的体验感，落地配能够为顾客提供个性化的服务，当当、卓越、京东等都已在使用落地配。

■ 课程思政

物流政策主体

物流政策主体是指物流政策的制定者与实施者，即代表社会公共利益的社会公共机构。作为物流政策主体的社会公共机构主要由三部分构成，即立法机构、司法机构与行政机构。

4.3 电子商务物流运输管理

4.3.1 运输的概念和功能

1. 运输的概念

运输是指运输主体（人或者货物）通过运输工具（或交通工具与运输路径）由甲地移动至乙地，完成某个经济目的的行为。因此，运输是一种"衍生的经济行为"，运输多半是为了达到一定的经济目的。

2. 运输的功能

（1）运输是物流的主要功能要素之一。按物流的概念，物流是"物"的物理性运动，这种运动不但改变了物的时间状态，还改变了物的空间状态，而运输承担了改变空间状态的主要任务。运输是改变物的空间状态的主要手段，运输再配以搬运、配送等活动，就能圆满完成改变空间状态的全部任务。

（2）运输可以创造"空间效用"。同种"物"由于空间场所不同，其使用价值的实现程度就不同，其效益的实现也不同。由于改变场所而使得"物"能最大限度地发挥了使用价值，最大限度地提高了投入产出比，这就称为提高了"物"的"空间效用"。通过运输，将"物"运到场所效用最高的地方，就能发挥"物"的潜力，实现资源的优化配置。从这个意义上来讲，运输也提高了物的使用价值。

（3）运输是"第三利润源"的主要源泉。从运输费用看，运输费用是全部物流费用中所占比例最高的，一般综合分析计算社会物流费用时会发现，运输费用在其中所占比重约为50%，有些产品的运输费用甚至高于产品的生产费用，因此，运输费用的节约潜力是最大的。体制改革和合理化运输可大大缩减运输费用，从而为企业创造更多的利润。

> **知识链接**
>
> **运输方式分类**
>
> （1）根据运输通道不同，运输可以分为水上运输、陆上运输、航空运输、管道运输。
> （2）根据运输的作用不同，运输可以分为集货运输和配送运输。
> （3）根据运输的协作程度不同，运输可以分为一般运输和联合运输。
> （4）根据运输中途是否换载，运输可以分为直达运输和中转运输。

4.3.2 运输方式管理

运输管理是指按照运输的规律和规则，对整个运输过程所涉及的各种活动，对人力、运力、财力和运输设备，进行合理组织和平衡调整，监督实施，达到提高效率、降低成本的目的。

1. 铁路运输

铁路运输具有安全程度高、运输速度快、运输距离长、运输能力大、运输成本低等优点，且具有污染小、潜能大、几乎不受天气条件影响的优势，是公路运输、水上运输、航空运输、管道运输所无法比拟的。

铁路是国家的经济大动脉，铁路运输是物流运输方式中最主要的一种。在和其他运输工具的比较中，铁路运输具备以下特点。

（1）铁路运输的准确性高，连续性强。铁路运输几乎不受气候影响，一年四季可以不分昼夜地、定期地、有规律地、准确地进行。

（2）铁路运输速度比较快。铁路运输速度一般可达 100km/h，远远高于海上运输。

（3）运输量比较大。一列货运列车一般能运送 3000 吨～5000 吨货物，远远高于航空运输和汽车运输。图 4.6 所示是我国大秦铁路线上运煤的两万吨重载列车。

图 4.6　大秦铁路线上的重载列车

（4）铁路运输成本较低。铁路运输费用仅为汽车运输费用的几分之一到十几分之一。

（5）铁路运输安全可靠。铁路运输的风险远比海上运输小。

（6）初期投资大。铁路运输需要铺设轨道、建造桥梁和隧道，建路工程艰巨复杂。

2. 公路运输

公路运输是陆上运输的两种基本运输方式之一。所谓公路运输，是指以公路为运输线，利用汽车等陆路运输工具，进行跨地区或跨国的移动，以完成货物位移的运输方式。它是对外贸易运输和国内物流的主要方式之一，既是独立的运输体系，也是车站、港口和机场运行物资集散的重要手段。

1) 公路运输的特点

（1）机动灵活，适应性强。由于公路运输网一般比铁路网、水路网的密度要大很多，分布面也广，因此公路运输车辆可以"无处不到、无时不有"。公路运输在时间方面的机动性也比较高，车辆可随时调度、装运，各环节之间的衔接时间较短。尤其是公路运输对货运量的多少具有很强的适应性，汽车的载重吨位有小（0.25 吨～1 吨）有大（200 吨～300 吨），既可以单个车辆独立运输，也可以由若干车辆组成车队同时运输，这一点对抢险、救灾工作和军事运输具有特别重要的意义。

（2）可实现"门到门"直达运输。由于汽车体积较小，中途一般也不需要换装，除了可沿分布较广的路网运行，还可离开路网深入到工厂企业、农村田间、城市居民住宅等地，即可以把货物从始发地门口直接运送到目的地门口，实现"门到门"直达运输，这是其他运输方式无法与公路运输比拟的特点之一。

（3）在中、短途运输中，运送速度较快。在中、短途运输中，由于公路运输可以实现"门到门"直达运输，中途不需要倒运、转乘就可以直接将货物运达目的地，因此，与其他运输方式相比，货物在途时间较短，运送速度较快。

（4）原始投资少，资金周转快。公路运输与铁路运输、水路运输、航空运输方式相比，所需固定设施简单，车辆购置费用一般也比较低，因此，投资兴办容易，投资回收期短。据有关资料表明，在正常经营情况下，公路运输每年的投资回报率最高可达300%。

（5）掌握车辆驾驶技术较易。相对火车司机或飞机驾驶员的培训要求来说，汽车驾驶技术比较容易掌握，公路运输对驾驶员的各方面素质要求相对也比较低。

（6）运量较小，运输成本较高。目前，世界上最大的汽车是美国通用汽车公司生产的矿用自卸车，长20多米，自重610吨，载重350吨左右，但仍比火车、轮船轻得多。由于汽车载重量小，行驶阻力比火车大9~14倍，所消耗的燃料又是价格较高的液体汽油或柴油，因此，除了航空运输，就数汽车运输成本最高了。

（7）运行持续性较差。据有关统计资料表明，在各种现代运输方式中，公路的平均运距是最短的，运行持续性较差。

（8）安全性较低，污染环境严重。据历史记载，自汽车诞生以来，已经有3000多万人因汽车丧失生命，特别是20世纪90年代，死于大货车交通事故的人数急剧增加。货车所排出的尾气和引起的噪声也是最大的污染源之一。

2）公路运输的种类

公路运输的种类包括整车运输、零担运输、特种车辆运输和集装箱运输。

整车运输：托运人一次托运的货物在3吨（含3吨）以上，或虽不足3吨，但因其性质、体积、形状需要一辆3吨以上汽车运输的，均为整车运输。

零担运输：托运人一次托运货物不足3吨的为零担运输。各类危险、易破损、易污染和鲜活等货物，除另有规定和有条件办理的以外，不办理零担运输。

特种车辆运输：根据货物性质、体积或重量的要求，需要大型汽车或挂车（核定载重吨位为40吨及以上的）以及容罐车、冷藏车、保温车等车辆运输的，即为特种车辆运输。

集装箱运输：即以集装箱为盛装器具，由专用汽车载运的运输方式。

知识链接

公路运输的货物分为普通货物、特种货物和轻泡货物三种。

（1）普通货物是指对运输、装卸、保管没有特殊要求的货物。

（2）特种货物是指对运输、装卸、保管有特殊要求的货物。特种货物包括长/大/笨重货物、危险货物（需要特别防护的货物）、贵重货物（价值昂贵、在运输过程中承运人须承担较大经济责任的货物）、鲜活货物。

（3）轻泡货物是指平均每立方米重量不足333千克的货物。

3. 水路运输

水路运输是利用船舶、排筏或其他浮运工具，在江、河、湖泊、人工水道以及海洋上运送货物的一种运输方式。它是我国综合运输体系中的重要组成部分，并且正日益显现出巨大的作用。

1）水路运输的分类

水路运输按其航行的区域不同，大体上可划分为远洋运输、沿海运输和内河运输三种形式。

远洋运输通常是指除沿海运输以外所有的海上运输。具体来说，远洋运输是指以船舶为工具，从事跨越海洋运送货物的运输。远洋运输主要有集装箱运输（见图4.7）和散货运输。

图 4.7　集装箱运输

沿海运输是指利用船舶在沿海区域各地之间进行的运输。

内河运输是指利用船舶、排筏或其他浮运工具，在江、河、湖泊、水库及人工水道上进行的运输。

2）水路运输的优缺点

水路运输具有下列优点。

（1）水路运输主要利用江、河、湖泊和海洋的"天然航道"来进行。水上航道四通八达，相比陆地，限制较少。

（2）水路运输可以利用天然的有利条件，实现大吨位、长距离的运输。因此，水路运输的主要特点是运量大、成本低，非常适合大宗货物的运输。

（3）水路运输是开展国际贸易的主要方式，是发展经济和友好往来的主要交通方式。

水路运输的缺点如下。

（1）受自然条件的限制与影响大。水路运输受海洋与河流的地理分布及其地质、地貌、水文与气象等条件和因素的制约与影响明显。

（2）对综合运输的依赖性较大。河流与海洋的地理分布有相当大的局限性，水路运输航线无法在广大陆地上任意延伸。

4. 航空运输

航空运输是指利用飞机运送货物的现代化运输方式，如图 4.8 所示。近年来，航空运输日趋普遍，航空货运量越来越大，航空运输的地位日益高涨。由于航空运输成本很高，一般适合运输价值较高的货物和紧急需要的物资。

图 4.8　航空运输

1）航空运输的特点

（1）具有较快的运送速度。当今世界市场竞争十分激烈，行情瞬息多变，时间成本是企业需要考虑的重要因素，航空运输较快的运送速度已成为当前国际市场上商业竞争的有利因素。

（2）适于鲜活、季节性商品。鲜活商品对时间的要求很高，运输延迟会使商品失去原有价值。采取航空运输可以保证商品新鲜成活，有利于开辟远距离的市场。对于季节性商品，航空运输能够保证在销售季节到来前使其应市，避免了由于错过季节导致商品无法销售而产生的费用。

（3）破损率低，安全性高。采用航空运输的货物本身价值较高，航空运输的地面操作流程环节比较严格，管理制度比较完善，这就降低了货物破损率，安全性较高。

（4）加快资金周转，节省包装等费用。航空运输速度快，商品在途时间短，交货速度快，可以减少商品的库存数量，减少仓储费、保险费和利息支出等。产品流通速度加快，也加快了资金周转速度。另外，航空运输保管制度完善，货损货差较少，包装可相应地简化，降低了包装费用和保险费用。

航空运输的不足有投资大、运量小、运费比较高、易受天气的影响等。

2）航空运输的主要形式

航空运输的主要形式包括班机运输、包机运输、集中托运和航空快递四种。

（1）班机运输。班机是指在固定的航线上定期航行的航班，即有固定始发站、目的站和途经站的飞机。班机的航线基本固定，定期开航，收、发货人可以确切地掌握起运和到达时间，保证货物安全迅速地被运达目的地，对运送鲜活、易腐的货物以及贵重货物非常有利；不足之处是舱位有限，不能满足大批量货物及时运出的需要。

（2）包机运输。包机运输可分为整架包机和部分包机。

（3）集中托运。集中托运是指航空货运代理公司把若干批单独发运的、发往同一站点的货物集中起来，组成一票货，向航空公司办理托运，采用一份总运单集中发运到同一站，由航空货运代理公司在目的地指定的代理人收货、报关并分拨给各实际收货人的运输方式。

通过这种托运方式，货主支付的运费较低。集中托运的使用比较普遍，是航空货运代理的主要业务之一。

（4）航空快递。航空快递是指由一家专门经营该项业务的公司和航空公司合作，通常为航空货运代理公司或航空速递公司派专人以最快的速度在货主、机场和用户之间运送和交接货物的快速运输方式。该项业务是两家空运代理公司之间通过航空公司进行的最快捷的一种运输业务。

> **知识链接**
>
> 联邦快递
>
> 联邦快递隶属美国联邦快递集团（FedEx Corp.），是集团航空快递运输业务的中坚力量。联邦快递为遍及全球的顾客和企业提供涵盖运输、电子商务和商业运作等一系列的全面服务。作为一个久负盛名的企业品牌，联邦快递通过相互竞争和协调管理的运营模式，提供了一套综合的商务应用解决方案，使其年收入高达320亿美元。目前联邦快递是全球最具规模的快递运输公司，旗下员工超过26万名，快递服务范围涵盖220个国家及地区，每个工作日递送的包裹约330万件，公司拥有677架飞机。联邦快递设有环球航空及陆运网络，通常只需1～2个工作日就能迅速运送时限紧迫的包裹，而且确保准时送达。

5. 管道运输

管道运输是一种以管道输送流体货物的运输方式，而货物通常是液体和气体，管道运输是统一运输网中干线运输的特殊组成部分。有时候，气动管（pneumatic tube）也可以完成类似工作，它以压缩气体输送固体舱，而内里装着货物。管道运输石油产品比水运费用高，但仍然比铁路运输便宜。管道运输的特点如下。

（1）运输量大。管道运输可省去水运或陆运的中转环节，缩短运输周期，降低运输成本，提高运输效率。当前管道运输的发展趋势是：管道的口径不断增大，运输能力大幅度提高；管道的运距迅速增加；运输物资由石油、天然气、化工产品等流体逐渐扩展到煤炭、矿石等非流体。我国目前已建成大庆至秦皇岛、胜利油田至南京等多条原油管道运输线。

（2）管道运输具有高度的机械化特征。

（3）有利于环境保护，减少环境污染。

（4）管道运输的局限性。管道运输不如其他运输方式（如公路运输）灵活，除了承运的货物比较单一，它也不容随便扩展管线。对一般用户来说，管道运输常常要与铁路运输或公路运输、水路运输配合才能完成全程输送。此外，运输量明显不足时，运输成本会显著增加。

■ 课程思政

构建我国物流政策体系的基本思路

为了促进我国物流事业的健康发展，必须针对我国现行物流政策存在的主要问题，并结合我国物流发展的实际情况与国内外现代物流的发展趋势，在充分借鉴国外经验，对现行物流政策进行清理、调整、完善的基础上，构建我国新的综合物流政策体系。

6. 集装箱运输

集装箱运输是指以集装箱这种大型容器为载体，将货物集合组装成集装单元，以便在现代流通领域内运用大型装卸机械和大型载运车辆进行装卸、搬运作业和完成运输任务，从而更好地实现货物"门到门"运输的一种新型、高效率和高效益的运输方式。集装箱运输是一种现代化的先进运输方式，它是铁路货物运输的三大种类（整车、零担、集装箱）之一。集装箱运输使货物流通过程中各个环节发生了重大改变，所以又被称为20世纪的"运输革命"。集装箱运输可促使运输生产走向机械化、自动化。

集装箱是运输货物的一种大容器，是一种综合性的运输工具。根据国家标准化组织的建议，集装箱应满足下列要求：具有足够的强度，可长期反复使用；适于一种或多种运输方式运送，途中转运时，箱内货物无须换装；使用快速装卸和搬运的装置，特别便于从一种运输方式转移到另一种运输方式；便于货物装满和卸空；具有1立方米及以上的容积。

知识链接

多式联运案例

我国长江以南的外运分公司目前办理陆空联运的具体做法是用火车、卡车将货物运至我国香港，然后利用香港航班多、到欧洲或美国运价较低的条件（普遍货物），把货物从香港运到目的地，或运到中转地，再通过当地代理，用卡车送到目的地。陆空联运货物在香港的收转人为合力空运有限公司。发运前，发货人要事先与他们联系，满足他们对单证的要求，便于提前订舱。各地发货时，可使用合力空运有限公司的航空分运单，也可使用"承运货物收据"。有关单据上要注明是转口货，要加盖"陆空联运"字样的标记，以加速周转和避免香港当局征税。

我国长江以北的公司多用火车或卡车将货物送至北京、上海、天津等航空口岸出运。

4.3.3 电子商务环境下的运输合理化

电子商务的优势是跨时间和跨空间，电商企业可以将货物销往全国各地，这也就意味着电商企业需要将货物运往全国各地。运输合理化是指从物流系统的总体目标出发，选择合理的运输方式和运输路线，运用系统理论和系统工程原理及方法，选择合理的运输工具，优化运输路线，以最短的路径、最少的环节、最快的速度和最少的劳动消耗，组织好运输活动，以获取最大的经济效益。

由于运输是物流中最重要的功能要素之一，物流合理化在很大程度上依赖于运输合理化。运输合理化的作用表现在以下四个方面：①加速社会再生产的过程；②节约运输费用，降低物流运输成本；③缩短运输时间；④节约运力，缓解运力紧张状况。

1. 影响运输合理化的"五要素"

影响物流运输合理化的因素有很多，起决定作用的有五个，被称作合理运输的"五要素"。

（1）运输距离。运输过程中，运输时间、运输运费等若干技术经济指标都与运输距离有一定的关系，运距长短是运输是否合理的一个最基本的因素。

（2）运输环节。每增加一个运输环节，势必增加运输的附属活动，如装卸、包装等，各项技术经济指标也会因此发生变化，因此，减少运输环节对提高物流效率和运输合理化程度有一定的促进作用。

（3）运输工具。各种运输工具都有其优势领域，对运输工具进行优化选择能最大限度地发挥运输工具的作用，它是运输合理化的重要一环。

（4）运输时间。在全部物流时间中，运输时间占绝大部分，尤其是远距离运输。因此，运输时间的缩短对整个流通时间的缩短起决定性的作用。此外，缩短运输时间，还可加速运输工具的周转，充分发挥运力效能，提高运输线路通过能力，改善运输不合理的状况。

（5）运输费用。运费在全部物流费用中占很大的比例，运费的高低在很大程度上决定整个物流系统竞争能力的强弱。实际上，运费的相对高低，无论对货主还是对物流企业都是衡量运输是否合理化的一个重要标准。运费的高低也是各种合理化措施是否行之有效的最终判断依据之一。物流运输合理化的原则有四个：一是要综合考虑全局利益；二是要精心组织运输方式；三是要优化运输线路和运输工具；四是要充分考虑各种可能的条件。

菜鸟联盟的业务包括哪些？

在越来越复杂及个性化的需求下，物流不仅要快速，更需要准时和确定。除了已经上线的当日达、次日达、预约配送等服务，菜鸟联盟产品体系中还包括橙诺达、定日配送、夜间配送、送货入户、开箱验货、上门取退等服务。

2. 运输合理化措施

1）提高运输工具实载率

实载率有两层含义：一是车船实际载重与运距之乘积和标定载重与行驶里程之乘积的比率，在安排单车、单船运输时，它是判断装载合理与否的重要指标；二是车船的统计指标，即一定时期内车船实际完成的货物周转量占车船载重吨位与行驶公里之乘积的百分比。在计算时，车船行驶的公里数不但包括载货行驶时的公里数，还包括空驶时的公里数。提高实载率的意义在于：充分利用运输工具的额定能力，减少车船空驶和不满载行驶的时间，减少浪费，从而求得运输合理化。

2）减少动力投入，提高运输能力

其要点是：少投入，多产出，走高效益之路。运输的投入主要在能耗和基础设施的建设上，在设施建设已定型和完成的情况下，尽量减少能源消耗，这是少投入的核心。做到了这一点就能大大节约运费，降低单位货物的运输成本，达到合理化的目的。国内外在这方面的有效措施有：在机车能力允许的情况下，多加挂车皮；水运拖排和拖带法；内河驳船的顶推法；汽车挂车等。

3）发展社会化的运输体系

运输社会化的含义是发展运输的大生产优势，实行专业分工，打破一家一户自成运输体系的状况。一家一户的运输小生产，车辆自有，自我服务，不能形成规模，且一家一户运量需求有限,难以自我调剂,因而经常容易出现空驶、运力选择不当(因为运输工具有限,选择范围太小)、不能满载等浪费现象,且配套的接、发货设施,装卸搬运设施也很难有效地运行,所以浪费颇多。实行运输社会化,可以统一安排运输工具,避免对流、倒流、空驶、运力不当等多种不合理现象的出现,不但可以实现组织效益,而且可以实现规模效益,所以发展社会化的运输体系是运输合理化的重要措施。

4)开展中短距离铁路公路分流,"以公代铁"的运输

这一措施的要点是在公路运输经济里程范围内,或者经过论证超出通常平均经济里程范围内,也尽量利用公路。这种运输合理化的表现主要有两点:一是用公路分流后,比较紧张的铁路运输局面可以得到一定程度的缓解,从而加大这一区段的运输通过能力;二是充分利用公路"从门到门"和在中途运输中速度快且灵活机动的优势,实现铁路运输服务难以实现的目标。

知识链接

以 公 代 铁

我国"以公代铁"现象目前在杂货、日用百货运输及煤炭运输中应用得较为普遍,"以公代铁"的运营里程一般在200千米以内,有时可达700千米~1000千米。山西煤炭外运经过认真的技术经济论证发现,用公路代替铁路把煤炭等运至河北、天津、北京等地是合理的。

5)尽量发展直达运输

直达运输是追求运输合理化的重要形式,其对合理化的追求要点是通过减少中转、过载、换载,从而提高运输速度,省却装卸费用,降低中转货损。直达运输的优势,尤其是在一次运输批量或用户一次需求量达到了一整车时表现最为突出。此外,在生产资料、生活资料运输中,通过直达运输建立稳定的产销关系和运输系统,也有利于提高运输的计划水平,有助于用最有效的技术来实现这种稳定运输,从而大大提高运输效率。

6)配载运输

配载运输是充分利用运输工具的载重量和容积,合理安排装载的货物及载运方法以求得合理化的一种运输方式。配载运输也是提高运输工具实载率的一种有效形式。配载运输往往是轻重货物的混合配载,在以重质货物运输为主的情况下,同时搭载一些轻泡货物,如在运送海运矿石、黄沙等重质货物时,在仓面捎运木材、毛竹等,在运矿石、钢材等重物时搭运轻泡农副产品等,这种运输方式在基本不增加运力投入、不减少重质货物运输量的情况下,解决了轻泡货物的搭运问题,因而效果显著。

7)"四就"直拨运输

"四就"直拨运输是减少中转运输环节、力求以最少的中转次数完成运输任务的一种形式。一般批量到站或到港的货物,首先要进分配部门或批发部门的仓库,然后按程序分拨或销售给用户。这样一来,往往会出现不合理运输的情况。"四就"直拨运输,首先是由管理机构预先筹划,然后就厂或就站(码头)、就库、就车(船)将货物分送给用户,而无须再入库。

> **知识链接**
>
> **沃尔玛进军中国电子商务市场**
>
> 沃尔玛在我国电子商务市场发展快速，目前沃尔玛山姆会员网上商店已经在深圳、上海、北京、广州、福州、杭州、大连、苏州等多个城市上线。对于这家全球最大零售企业来说，其进军电子商务在供应链领域拥有巨大的优势，那就是它强大的全球采购体系、供应链整合能力和价格优势，这是零售企业，甚至是任何电子商务公司都无法跨越的门槛。

4.4 电子商务供应链管理

4.4.1 供应链管理基础

1. 供应链的基本概念

供应链是指围绕核心企业，通过对信息流、物流和资金流的控制，从原材料采购开始，制成中间产品以及最终产品，最后由销售网络把产品送到顾客手中，将供应商、分销商直到终端顾客连成一个整体的功能网链结构模式，如图4.9所示。

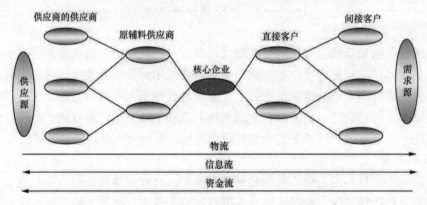

图 4.9 供应链

国家标准《物流术语》对供应链给出的解释是：供应链是指生产及流通过程中，为了将产品或服务交付给最终用户，由上游与下游企业共同建立的需求链状网。这里所说的上下游企业包括产品生产和流通过程中所涉及的原材料供应商、生产商、分销商、零售商，也即由物料获取、物料加工、并将成品送到用户手中这一过程所涉及的企业和企业部门组成的网络。从物流的观点来理解供应链的概念，应当包含这样几个基本要点。

第一，供应链都是以产品为基础的。整个供应链可以看成是一条产品价值链。

第二，供应链是一种联合体。这种联合体包括结构的联合和功能的联合，通过联合提高供应链整体的竞争力。

第三，供应链中都有一个核心企业。核心企业根据其性质不同可以分为生产企业、流通企业（其中包括物流企业）。除此之外，核心企业还可以是银行、保险公司、信息企业等，它们能够组成各种各样的非物资形式的供应链系统。

第四，供应链都必然包含上游供应链和下游供应链。

第五，供应链都有一个整体目的或宗旨。

> **知识链接**
>
> **供应链上企业合作的重要性**
>
> 例如，在供应链"企业 A→企业 B→企业 C"中，企业 A 是企业 B 的原材料供应商，企业 C 是企业 B 的产品销售商。如果企业 B 忽视了供应链中各要素的相互依存关系，而过分注重自身的内部发展，使生产产品的能力不断提高，但如果企业 A 不能及时向其提供生产原材料，或者企业 C 的销售能力跟不上企业 B 产品生产能力的发展，那么可以得出这样的结论：企业 B 生产力的发展不适应这条供应链的整体效率，当然这条供应链也不具备竞争力。

2. 供应链的特征

从供应链的结构模型可以看出，供应链是网链结构，节点企业和节点企业之间是一种需求与供应的关系。供应链主要具有以下特征。

（1）复杂性。因为供应链节点企业组成的跨度（层次）不同，供应链往往由多个、多种类型的企业构成，所以供应链结构模式比一般单个企业的结构模式更为复杂。

（2）动态性。供应链管理因企业战略和适应市场需求变化的需要，其中节点企业需要经常进行动态更新，这就使得供应链具有明显的动态性。

（3）面向用户需求。供应链的形成、存在、重构，都是基于一定的市场需求的，并且在供应链的运作过程中，用户的需求拉动是供应链中信息流、产品/服务流、资金流运作的驱动源。

（4）交叉性。节点企业既是这条供应链的成员，同时又是另一条供应链的成员，众多的供应链形成交叉结构（见图 4.10），增加了协调管理的难度。

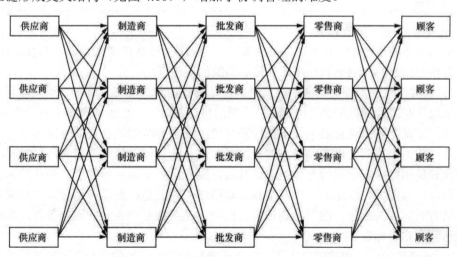

图 4.10 供应链交叉结构

3. 供应链的类型

根据不同的划分标准，供应链可以分为不同类型。根据供应链存在的稳定性，可以将供应链分为稳定的供应链和动态的供应链。基于相对稳定、单一的市场需求而组成的供应链稳定性较强,而基于相对频繁变化、复杂的市场需求而组成的供应链动态性较强。在实际管理运作中,需要根据不断变化的需求,相应地改变供应链的组成。

1) 根据供应链容量与用户需求的关系划分

根据供应链容量与用户需求的关系,供应链可以划分为平衡的供应链和倾斜的供应链。一条供应链具有一定的、相对稳定的设备容量和生产能力(所有节点企业,包括供应商、制造商、运输商、分销商、零售商等能力的综合),但用户需求处于不断变化的过程中,当供应链的容量能满足用户需求时,供应链处于平衡状态;而当市场变化加剧,造成供应链成本增加、库存增加、浪费增加等现象时,会导致企业不是在最优状态下运作,供应链则处于倾斜状态。

2) 根据供应链的功能模式划分

根据供应链的功能模式(物理功能和市场中介功能)不同,可以把供应链划分为两种:有效性供应链和反应性供应链。有效性供应链主要体现供应链的物理功能,即以最低的成本将原材料转化成零部件、半成品、产品,以及在供应链中的运输等;反应性供应链主要体现供应链的市场中介功能,即把产品分配到满足用户需求的市场,对未预知的需求做出快速反应等。这两种类型供应链的比较如表 4.1 所示。

表 4.1 有效性供应链与反应性供应链的比较

	有效性供应链	反应性供应链
基本目标	以最低的成本供应可预测的要求	尽可能快地对不可预测的需求做出反应,使缺货、降价、库存最小化
制造核心	保持高的平均利用率	配置多余的缓冲库存
库存策略	创造高收益而使整个供应链的库存最小	安排好原材料和成品的缓冲库存
提前期	尽可能缩短提前期	大量投资,以缩短提前期
供应商的标准	成本和质量	速度、质量、柔性
产品设计策略	效益最大化、成本最小化	采用模块化设计,尽可能差异化

3) 根据供应链的核心划分

根据供应链的核心不同,可以将供应链划分为三种:以客户要求为核心构筑的供应链、以销售为核心构筑的供应链和以产品为核心构筑的供应链。

(1) 以客户要求为核心构筑的供应链。它是指根据客户的要求标准,达到以客户满意为目标来设计和组合的供应链。构筑这种类型的供应链时,一是要考虑该企业的实际需要、现有条件;二是要考虑该企业的外围条件和环境;三是要考虑该企业的可操作性。例如,为某企业设计一个采购与供应系统。首先,要对该企业每年、每月、每天的原材料的使用量、库存和使用频率等情况做充分了解;其次,要考虑外购原材料的供应企业的供货率、信誉度以及运输能力、配送方式以及交通运输路线、路况等;最后,还要考虑如果采取零库存供货方式,相关的条件能否配套和协调运转,是否符合该企业的现有条件,配套能力能不能达到预定目标等。

(2) 以销售为核心构筑的供应链。在市场饱和和买方市场的条件下,销售是生产企业的重中之重。以销售为核心构筑的供应链往往是众多生产企业的客观需求,而且这方面的需求在不断增加。以销售为核心构筑的供应链,重点在于销售的数量、时间、成本和服务水平。

(3) 以产品为核心构筑的供应链,其重点是各供应链企业的产品质量保证和各供应企业的服务水平。在提高产品质量和服务的同时,还要达到降低成本、增加效益的目标。构筑这种类型的供应链往往要从最初的原材料开始,贯穿采购、制造、包装、运输、批发、零售的全过程。

4)根据供应链的驱动力划分

根据供应链驱动力的不同,可以将供应链划分为两种:拉式供应链和推式供应链。

(1)拉式供应链是指整个供应链的驱动力产生于终端顾客,产品生产是受需求驱动的,如图4.11所示。生产是根据实际的顾客需求而不是预测需求进行协调的。在拉式供应链模式中,需求的不确定性很高,周期较短,主要的生产战略是按订单生产、按订单组装和按订单配置。整个供应链要求集成度高,信息交换迅速,并可根据终端用户的需求实现定制化服务。

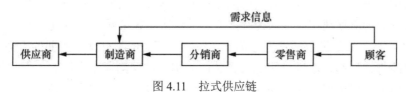

图 4.11 拉式供应链

(2)推式供应链是以制造商为核心企业,根据产品的生产和库存情况,有计划地把商品推销给顾客,其驱动力源于供应链上游制造商的生产,如图4.12所示。在这种运作方式下,供应链上各节点比较松散,追求降低物理功能成本,属卖方市场下供应链的一种表现。由于不了解顾客需求变化,这种运作方式的库存成本高,对市场变化反应迟钝。

图 4.12 推式供应链

4. 供应链管理的基本概念

我国国家标准《物流术语》是这样定义供应链管理(supply chain manage-ment,SCM)的:供应链管理是指对供应链涉及的全部活动进行计划、组织、协调与控制。它是一种集成的管理思想和方法,它执行供应链中从供应商到终端用户的物流的计划和控制等职能。它把供应链上的各企业作为一个不可分割的整体,使供应链上各企业分担的采购、生产、分销和销售的职能成为一个协调发展的有机整体。

> **知识链接**
>
> **供应链管理的特征**
>
> (1)供应链管理把供应链中所有节点企业看作一个整体,供应链管理涵盖在整个物流中,从供应商到终端用户的采购、制造、分销、零售等职能领域过程。
>
> (2)供应链管理强调和依赖战略管理。"供应"是整个供应链中节点企业之间事实上共享的一个概念,同时它又是一个有重要战略意义的概念,因为它影响甚至决定了整个供应链的成本和市场占有份额。
>
> (3)供应链管理最关键的是需要采用集成的思想和方法,而不是只考虑节点企业、技术方法等资源简单的连接。
>
> (4)供应链管理可实现更高的目标,通过管理库存和合作关系达到高水平的服务,而不是仅仅完成一定的市场目标。

供应链管理与传统的物流管理在存货管理的方式、物流、成本、信息流、风险、计划及组织间关系等方面存在显著的区别,这些区别使供应链管理比传统的物流管理更具优势。

(1)从存货管理及物流的角度来看,在供应链管理中,存货管理是指在供应链成员中进行协调,以使存货投资与成本最小;而传统的物流管理则是把存货向前推或向后延,具体情况需要根据供应链成员谁最有主动权而定。事实上,传统的物流管理把存货推向供应商并降低渠道中的存货投资,仅仅是转移了存货。解决这个问题的方法是通过提供有关生产计划的信息,如共享有关预期需求、订单、生产计划等信息,减少不确定性,并使安全存货量降低。

(2)从成本方面来看,供应链管理是通过注重产品最终成本来优化供应链的。这里的最终成本是指实际发生的、到达客户时的总成本,包括采购时的价格及送货成本、存货成本等。而传统的物流管理在成本的控制方面依然仅限于在公司内部达到最低。

(3)风险与计划是供应链管理区别于传统物流管理的另外两个重要的方面。在供应链管理中,风险与计划都是通过供应链成员共同分担、共同沟通来实现的,而传统的物流管理却仅仅停留在公司内部。在组织间关系方面,供应链管理中各成员是基于对最终成本的控制而达成合作的,而传统的物流管理则基于公司内降低成本。

之所以实施供应链管理,是因为供应链管理比传统的物流管理更具活力,更能为供应链成员带来实质性好处。不过,要成功地实施供应链管理,各供应链成员之间必须实现良好的信息共享。而要做到开诚布公的信息分享,对于追求不同目标的企业来说,实在不是一件容易的事情,尤其是当一家企业与供应链上的另一家企业的众多竞争对手均有合作的情况下,要实现信息共享更加困难。因此,成功的供应链整合,首先需要各节点企业在如下一些方面达成一致:共同认识到终端客户的服务需求水平,共同确定在供应链中存货的位置及每个存货点的存货量,共同制定把供应链作为一个实体来管理的政策和程序等。

▍课程思政

供应链金融政策

近些年,供应链金融受到国家层面多项政策的鼓励,从业务解释规范到政策优惠扶持,从地方到中央再到具体监管部门,各地各级政策都在不断完善,引导更多社会资本进入供应链金融布局。

各地区对供应链金融发展亦尤为重视,上海、山东、福建等省或直辖市均有发布推进供应链金融发展的相关政策。各地方充分认识发展供应链金融的意义,鼓励金融机构、核心企业等运用大数据、区块链等新技术,建立信息化平台,加强对供应链金融的风险监控。

2021年2月18日,山东出台全国首个供应链金融发展系统性财政政策,积极引导核心企业确认应付账款,开具商业票据,加快核心企业信用向中小微企业传导,缓解核心企业拖压货款、延时支付问题,盘活中小微企业应收账款,促进中小微企业顺利融资,推动生产发展、动能转换。

4.4.2 供应链的设计

1. 供应链设计的基本思想

1) 供应链设计与物流系统设计

物流系统是供应链的物流通道,是供应链管理的重要内容。物流系统设计是指原材料和外购件所经历的采购入厂—存储—投料—加工制造—装配—包装—运输—分销—零售等一系列物流过程的设计。物流系统设计也称通道设计（channel designing），是供应链系统设计中最主要的工作之一。设计一个结构合理的物流通道对于降低库存、减少成本、缩短提前期、实施 JIT 生产与供销、提高供应链的整体运作效率都是很重要的。但供应链设计不等同于物流系统设计，（集成化）供应链设计是企业模型的设计，它从更广泛的思维空间——企业整体角度去构画企业蓝图，是扩展的企业模型。它既包括物流系统，还包括信息和组织以及价值流和相应的服务体系建设。在供应链的设计（建设）中创新性的管理思维和观念极为重要，要把供应链的整体思维观融入供应链的构思和建设中，企业之间要有并行的设计才能实现并行的运作模式，这是供应链设计中最为重要的思想。

2) 供应链设计与环境因素的考虑

一个设计精良的供应链在实际运行中并不一定能按照预想的那样，甚至无法达到设想的要求，这是主观设想与实际效果的差距，原因并不一定是设计或构想得不完美，而是环境因素在起作用。因此，构建和设计一个供应链，一方面要考虑供应链的运行环境（地区、政治、文化、经济等因素），同时还应考虑未来环境的变化对实施供应链的影响。因此，我们要用发展的、变化的眼光来设计供应链，无论是信息系统的构建还是物流通道设计都应具有较高的柔性，以提高供应链对环境的适应能力。

3) 供应链设计与企业再造工程

从企业的角度来看，供应链的设计是一个企业的改造问题，供应链所涉及的内容任何企业或多或少都在进行。供应链的设计或重构不是要推翻现有的企业模型，而是要从管理思想革新的角度，以创新的观念武装企业（比如动态联盟与虚拟企业，精细生产），这种基于系统进化的企业再造思想是符合人类演进式的思维逻辑的，尽管 BPR 教父哈默和钱皮一再强调其彻底的、剧变式的企业重构思想，但实践证明，实施 BPR 的企业最终还是走向改良道路，所谓无源之水、无本之木的企业再造是不存在的。因此，在实施供应链的设计与重建时，并不在于是否打碎那个瓷娃娃（M. C. 杰克逊透过新潮管理法看系统管理学），需要的是新的观念、新的思维和新的手段，这是我们实施供应链管理所要明确的。

4) 供应链设计与先进制造模式的关系

供应链设计既是从管理新思维的角度去改造企业，也是先进制造模式的客观要求和推动的结果。如果没有全球制造、虚拟制造这些先进的制造模式的出现，集成化供应链的管理思想是很难得以实现的。正是先进制造模式的资源配置沿着劳动密集—设备密集—信息密集—知识密集的方向发展才使得企业的组织模式和管理模式发生相应的变化，从制造技术的技术集成演变为组织和信息等相关资源的集成。供应链管理适应了这种趋势，因此，供应链的设计应把握这种内在的联系，使供应链管理成为适应先进制造模式发展的先进管理思想。

2. 设计原则

在供应链的设计过程中，应遵循一些基本的原则，以保证供应链的设计和重建能满足供应链管理思想得以实施和贯彻的要求。下面从宏观和微观两个方面来讨论。

从宏观角度来把握供应链的设计应遵循以下几条原则。

（1）自顶向下和自底向上相结合的设计原则。在系统建模设计方法中，存在两种设计方法，即自顶向下和自底向上的方法。自顶向下的方法是从全局走向局部的方法，自底向上的方法是从局部走向全局的方法；自上而下是系统分解的过程，而自下而上则是一种集成的过程。在设计一个供应链系统时，往往是先由主管高层做出战略规划与决策，规划与决策的依据来自市场需求和企业发展规划，然后由下层部门实施决策，因此供应链的设计是自顶向下和自底向上的综合。

（2）简洁性原则。简洁性是供应链的一个重要原则，为了能使供应链具有灵活快速响应市场的能力，供应链的每个节点都应是精简的、具有活力的、能实现业务流程的快速组合。比如供应商的选择就应以少而精的原则，通过和少数的供应商建立战略伙伴关系，以减少采购成本，推动实施 JIT 采购法和准时生产。生产系统的设计更是应以精细思想（lean thinking）为指导，努力实现从精细的制造模式到精细的供应链这一目标。

（3）集优原则（互补性原则）。供应链各个节点的选择应遵循强强联合的原则，达到实现资源外用的目的，每个企业只集中精力致力于各自核心的业务过程，就像一个独立的制造单元（独立制造岛），这些所谓的单元化企业具有自我组织、自我优化、面向目标、动态运行和充满活力的特点，能够实现供应链业务的快速重组。

（4）协调性原则。供应链业绩好坏取决于供应链合作伙伴关系是否和谐，因此建立战略伙伴关系的合作企业关系模型是实现供应链最佳效能的保证。席酉民教授认为，和谐是描述系统是否形成了充分发挥系统成员和子系统的能动性、创造性及系统与环境的总体协调性。只有和谐而协调的系统才能发挥最佳的效能。

（5）动态性（不确定性）原则。不确定性在供应链中随处可见，许多学者在研究供应链运作效率时都提到不确定性问题。由于不确定性的存在，导致需求信息的扭曲。因此，要预见各种不确定因素对供应链运作的影响，减少信息传递过程中的信息延迟和失真。降低安全库存总是和服务水平的提高相矛盾。增加透明性，减少不必要的中间环节，提高预测的精度和时效性，对降低不确定性的影响都是极为重要的。

（6）创新性原则。创新设计是系统设计的重要原则，没有创新性思维，就不可能有创新的管理模式，因此在供应链的设计过程中，创新性是很重要的一个原则。要产生一个创新的系统，就要敢于打破各种陈旧的思维框架，用新的角度、新的视野审视原有的管理模式和体系，进行大胆的创新设计。进行创新设计要注意以下几点：一是创新必须在企业总体目标和战略的指导下进行，并与战略目标保持一致；二是要从市场需求的角度出发，综合运用企业的能力和优势；三是发挥企业各类人员的创造性，集思广益，并与其他企业共同协作，发挥供应链整体优势；四是建立科学的供应链和项目评价体系及组织管理系统，进行技术经济分析和可行性论证。

（7）战略性原则。供应链的建模应有战略性观点，通过战略的观点考虑减少不确定影响。从供应链的战略管理的角度考虑，我们认为供应链建模的战略性原则还体现在供应链发展的长远规划和预见性，供应链的系统结构发展应和企业的战略规划保持一致，并在企业战略指导下进行。

从微观管理的角度看,在实际应用中,应注意供应链设计的一些具体原则。

(1) 总成本最小原则。成本管理是供应链管理的重要内容。供应链管理中常出现成本悖反问题,即各种活动的成本的变化模式常常表现出相互冲突的特征。解决冲突的办法是平衡各项成本使其达到整体最优,供应链管理就是要进行总成本分析,判断哪些因素具有相关性,从而使总成本最小。

(2) 多样化原则。供应链设计的一条基本原则就是要把不同的产品提供给不同的客户,并提供不同的服务水平。企业要将适当的商品在恰当的时间、恰当的地点传递给恰当的客户。一般的企业分拨多种产品,因此面对各种产品的不同的客户要求、不同的产品特征、不同的销售水平,也就意味着企业要在同一产品系列内采用多种分拨战略,比如在库存管理中,就要区分出销售速度不一的产品,销售最快的产品应放在位于最前列的基层仓库,依次摆放产品。

(3) 推迟原则。推迟原则就是分拨过程中运输的时间和最终产品的加工时间应推迟到收到客户订单之后。这一思想避免了企业根据预测在需求没有实际产生的时候运输产品(时间推迟)以及根据对最终产品形式的预测生产不同形式的产品(形式推迟)。

(4) 合并原则。战略规划中,将运输小批量合并成大批量具有明显的经济效益。但是同时要平衡由于运输时间延长而可能造成的客户服务水平下降与订单合并的成本节约之间的利害关系。通常当运量较小时,合并的概念对制定战略最有用。

(5) 标准化原则。标准化的提出解决了满足市场多样化产品需求与降低供应链成本的问题。如生产中的标准化可以通过可替换的零配件、模块化的产品和给同样的产品贴不同的品牌标签而实现。这样可以有效地控制供应链渠道中必须处理的零部件、供给品和原材料的种类。服装制造商不必去存储众多客户需要的确切号码的服装,而是通过改动标准尺寸的产品来满足消费者的要求。

3. 供应链设计步骤

第一步是分析市场竞争环境,要"知彼"。目的在于找到针对哪些产品市场开发供应链才有效,分析市场特征的过程要向卖主、用户和竞争者进行调查,提出诸如"用户想要什么""他们在市场中的分量有多大"之类的问题,以确认用户的需求和因卖主、用户、竞争者产生的压力。这一步骤的输出是每一产品按重要性排列的市场特征。同时对于市场的不确定性要有分析和评价。

第二步是总结、分析企业现状,要"知己",主要分析企业供需管理的现状(如果企业已经有供应链管理,则分析供应链的现状)。这一个步骤的目的不在于评价供应链设计策略的重要性和合适性,而是着重于研究供应链开发的方向,分析、找到、总结企业存在的问题及影响供应链设计的阻力等因素。

第三步针对存在的问题提出供应链设计项目,分析其必要性。要了解产品,围绕供应链"可靠性"和"经济性"两大核心要求,提出供应链设计的目标,这些目标首先包括提高服务水平和降低库存投资的目标之间的平衡,以及降低成本、保障质量、提高效率、提高客户满意度等目标。

第四步是根据基于产品的供应链设计策略提出供应链设计的目标,主要目标在于获得高用户服务水平和低库存投资、低单位成本两个目标之间的平衡(这两个目标往往有冲突),

同时还应包括以下目标：① 进入新市场；② 开发新产品；③ 开发新分销渠道；④ 改善售后服务水平；⑤ 提高用户满意程度；⑥ 降低成本；⑦ 通过降低库存提高工作效率等。

第五步是分析供应链的组成，提出组成供应链的基本框架。

供应链中的成员组成分析主要包括制造工厂、设备、工艺和供应商、制造商、分销商、零售商及用户的选择及其定位，以及确定选择与评价的标准。

分析供应链节点的组成，提出组成供应链的基本框架；供应链的组成包括产品设计公司、制造工厂、材料商、外发厂（如表面处理）、物流伙伴，以及确定选择和评价的标准，包括质量、价格、准时交货、柔性、提前期（L/T）和批量（MOQ）、服务、管理水平等指标。

第六步是分析和评价供应链设计的技术可能性（DFM）。这不仅是某种策略或改善技术的推荐清单，而且是开发和实现供应链管理的第一步，它在可行性分析的基础上，结合本企业的实际情况为开发供应链提出技术选择建议和支持。这也是一个决策的过程，如果认为方案可行，就可进行下面的设计；如果不可行，就要重新进行设计。结合企业本身和供应链联盟内（如设计公司、外发厂）资源的情况进行可行性分析，并提出建议和支持，如果不可行，则需要重新设计供应链，调整节点企业或建议客户更新产品设计。

第七步是设计供应链，主要解决以下问题：① 供应链的成员组成（供应商、设备、工厂、分销中心的选择与定位、计划与控制）；② 原材料的来源问题（包括供应商、流量、价格、运输等问题）；③ 生产设计（需求预测、生产什么产品、生产能力、供应给哪些分销中心、价格、生产计划、生产作业计划和跟踪控制、库存管理等问题）；④ 分销任务与能力设计（产品服务于哪些市场、运输、价格等问题）；⑤ 信息管理系统设计；⑥ 物流管理系统设计等。

在供应链设计中，要广泛地应用到许多工具和技术，包括归纳法、集体解决问题、流程图、模拟和设计软件等，3PL 的选择与定位、计划与控制、确定产品和服务的计划、运送和分配、定价等。设计过程中需要节点企业的参与交流，以便于以后的有效实施。

第八步是检验供应链。供应链设计完成以后，应通过一定的方法、技术进行测试检验或试运行，如不行，返回第四步重新进行设计；如果没有什么问题，就可实施供应链管理了。

第九步是实施供应链。供应链实施过程中需要核心企业的协调、控制和信息系统的支持，使整个供应链成为一个整体。

4.4.3 电子商务在供应链管理中的实施

企业要想在未来的市场竞争中取得胜利，就必须实现电子供应链管理，以满足消费者的需求，电子商务恰好可以满足企业组建供应链网络的需要。具体来说，企业的电子供应链管理可从以下四个方面实施。

1. 电子商务与企业战略衔接

电子供应链管理下的企业战略是一种受消费最终需求拉动的战略，企业必须满足消费者的个性化要求，提供个性化的服务，以赢得消费者的信赖，争取更多的客户，这就要求从企业价值链的核心组织开始，使电子商务在每个组织成员的商务战略中发挥更大的核心作用。因此,企业只有将电子商务与企业的战略衔接起来,才能满足电子供应链管理的要求。

具体来说,就是要求企业转变传统的思维观念,逐步采用先进的技术手段,充分利用电子商务的功能特性,实现企业经营方式的变革。实践证明,采用电子商务战略可以使企业获得巨大的成功,如思科系统是世界上最大的电子商务商家之一,它的业务有 80% 都是通过因特网完成的。这家总资产高达 120 亿美元的公司的主要业务是提供网络连接系统,它所采用的通过电子商务手段来满足客户个性化需求的战略使自己在短短几年时间内便迅速晋升财富 500 强之首。

2. 企业采购方式的变革

随着电子商务的发展,企业采购方式也发生了变革。电子供应链管理要求企业将电子采购技巧运用于采购实践,使采购流程由内部自动化发展为外部供应链协同作业。要想实现电子采购,企业必须首先关注电子网络的形成以及对先进供应链管理技巧的运用,统一规划、管理企业各部门的采购行为,由采购部门来集中进行采购,可以从供应商那里获得更多的价格优惠,从而在一定程度上降低采购成本。其次,采购部门应该将采购行为逐步推进到一个新的、技术要求更高的环境当中,它所处的价值链中的其他企业也应当是应用更多基于网络的技巧,从而使企业可以通过电子方式实现更多的传统采购活动,比如确定产品和服务、做出采购决策、下订单、接受订单和支付供应商,等等。但在此之前,企业需要对供应商进行评估,然后将潜在供应商数目逐渐缩小,直到适合通过电子界面相联系。

3. 工程设计、生产规划、日程安排和生产加工系统的优化

在工程设计、生产规划、日程安排和生产加工领域,作为电子商务系统的一部分,企业电子供应链的管理实施主要是通过 ERP(企业资源计划)系统来实现的。实施 ERP,可以帮助客户通过电子网络的方式直接访问最新的生产规划、日程安排和制造模块信息,这样企业就可以即时为客户解决疑难问题,并为供应链的供应商和消费者提供他们所需要的解决方案,从而能够更好地控制、改进生产处理流程,并为客户带来更高的满意度。此外,ERP 还有助于企业提高自己进行工程设计和生产规划的能力,以及对实际成本的进一步控制,从而改善企业的会计核算和财务管理能力。

4. 改善企业的销售和客户服务的能力

电子供应链管理要求对销售和服务进行变革,以彻底改变这些活动在人们心目中的定义。同时,企业还必须考虑到对最新技术的应用,以建立起以客户为中心的企业文化。通过整合电子商务与供应链管理,将一些必要的信息与处理过程转移到网上,能够有效地响应客户需求。在这个过程中,企业除了进行必要的网络硬件配置外,更主要的是实现其销售人员的自动化管理。只有实现销售人员的自动化管理,才能使企业有效地实施电子供应链管理,对客户和消费者数据、最有价值的客户所要求的产品和服务细则,以及多个企业同时发出的联合采购数据进行有效的分析利用和不间断管理。

实现销售人员的自动化管理,主要通过 CRM(客户关系管理)系统来实现。利用 CRM,可以帮助企业争取、培养和保留客户和消费者。此外,电子商务为企业和客户之间的互动提供了一种有效手段。目前,一些主流的软件公司已经开始提供客户互动和因特网交易的整合方案。如 Oracle 公司提供的 Oracle3I 就是一个用于账单登记和支付的前端办公室的应

用程序软件包,它包括一个电子目录、报价表技术、产品配置、一个与交易处理相连接的订购模块,以及一个信用卡认证和支付服务的模块。

什么是客户关系管理?

客户关系管理(CRM)是获取、保持可获利客户的管理过程。客户关系管理是利用先进的管理系统及技术进行有效整合,实现将企业所涉及消费者的各领域提供完美集成,使企业可以低成本、高效率地满足客户的个性化需求,与客户建立起一对一的营销模式,从而让企业最大程度地提高客户满意度和忠诚度,这样既可保有客户,也可发展新的客户。客户关系的管理主要通过管理系统软件来实现。

思考与练习

一、填空题

1. 为了防止由于不确定因素,如大量突发性订货、交货期突然延期等,而准备的缓冲库存叫_____。
2. 为了避免因货物价格上涨造成损失或为了从商品价格上涨中获利而建立的库存叫_____。
3. 按照物流的作用不同,物流可以分为供应物流、销售物流、生产物流、_____。
4. 计划经济体制下,我国物流业的格局是物资、商业、粮食、_____部门"四分天下"。
5. 1937年,原籍奥地利的生物学家、哲学家、普通系统论的创始人_____首先提出了"普通系统论"这一名称。

二、简答题

1. 简述物流管理的内容及特点。
2. 简述 POS 系统的作用。
3. 供应链管理与物流管理二者的关系如何?
4. 电子商务环境下物流外包有何现实意义?
5. 简述电子商务环境下物流配送的主要模式。

第 5 章

电子支付

> **知识目标**
>
> 1. 熟悉电子支付的含义。
> 2. 明确电子支付的特征和分类。
> 3. 掌握网上银行的概念。
> 4. 熟悉网上银行的特点和功能。
> 5. 掌握网上银行的支付流程。
> 6. 掌握第三方支付的相关知识。

 引例

微信支付亮相 2021 中国便利店大会

2021 中国便利店大会在长沙国际会议中心拉开帷幕,围绕"打造便利店双循环新发展格局"的主题,5 月 13 日,微信支付零售行业运营总监何伶俐在会上介绍了微信生态如何助力便利店行业数字化升级。

1. 助力会员运营升级,提升竞争力

做好会员生意是零售商家的基本盘,也是便利店保证客流销量源源不断的活水。但是随着会员运营逐渐成为行业共识,便利店行业在高竞争格局下如何运营自己的会员体系是行业普遍关注的问题。首先是提升会员拉新的效率。通过微信支付后的会员运营,可以快速拉新,"会员有礼"有效提升开卡成功率,开通会员后顾客权益感知也能一目了然。

便利店同样可以为会员提供更好的消费体验。会员刷脸即可登录会员,在支付前引导开卡或者加群,成功后就能享受开卡或加群有礼,获得优惠。

与此同时,微信支付代金券的开放券体系还可提供商家券的会员营销玩法,丰富会员使用权益。借助微信支付的会员运营,便利店也得以将零售商、品牌方、支付服务商、品牌服务商的利益有效结合,连接起优质的品牌资源。

2. 助力私域运营升级,微信生态能力推动增长

为了精准触达用户,企业微信如今也是便利店不可或缺的线上工具。借助其高效而全面的社群管理功能，便利店可以轻松地实现促销提醒、产品预告等精准投放，在线上即可提供服务，形成转化，也扩大了店外场景的触达。

另外，视频号也是便利店商家眼下纷纷入局的全新阵地。自营爆品、新品上线、创意吃法等，这些"让顾客看见你"的小短片扩充了便利店在私域流量下的内容曝光和实时互动，从而为快速转化找到捷径。

3. 助力增长运营升级，获得更大生意增长

聚焦新私域的同时，微信团队也在关注新增长如何为便利店行业创造更多价值。从线上运营来看，通过与线下门店融合，叠加"预售+自提"的新销售模式，微信生态的多渠道用户运营将便利店业务延伸，通过店外销量与引客到店双管齐下，创造更多二次销售的机会。会员运营则是带动便利店生意增长的另一大核心要素。

（资料来源于网络并经作者加工整理）

↘ **辩证思考：**
与其他支付方式相比，微信支付有怎样的优势？

5.1 电子支付概述

电子支付是人们通过电脑或是手机终端向银行发出支付指令，完成支付的目的，目前电子支付的安全性比较高，深受企业和个人的追捧。

▌**课程思政**

> 电子支付存在的一个安全威胁便是个人隐私的泄露，在进行电子商务活动，尤其是电子支付时，我们应该有意识地保护自己的隐私，不要轻易泄露支付密码等信息，以免使自己的财产受到损失。

5.1.1 电子支付的含义

所谓电子支付，是指电子交易的当事人，包括消费者、商家和金融机构，以计算机和通信技术为手段，通过计算机网络系统以电子信息传递形式实现的货币支付或资金结算。

通俗来说，电子支付就是指单位、个人（以下简称客户）直接或授权他人通过电子终端向银行发出支付指令，实现货币支付与资金转移的行为。这里的电子终端是指客户可用来发起电子支付指令的计算机、电话、销售点终端、自动柜员机、移动通信工具或者其他电子设备等。也就是说，电子支付不仅仅是通过计算机实现"无纸化"，打电话通过电话银行进行支付也属于电子支付的范畴。

5.1.2 电子支付的特征

电子支付与传统的支付方式相比，具有自身的一些特征，如图5.1所示。

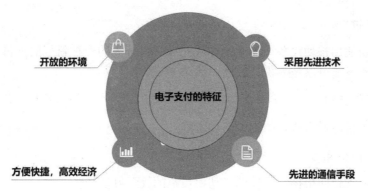

图 5.1　电子支付的特征

（1）电子支付的工作环境基于一个开放的系统平台（即互联网），而传统支付则是在较为封闭的系统中运作。

（2）电子支付是采用先进的技术通过数字流转来完成信息传输的，每种支付方式都是通过数字化的方式进行款项支付的；而传统的支付方式则是通过现金的流转、票据的转让及银行的汇兑等物理实体来完成款项支付的。

（3）电子支付具有方便、快捷、高效、经济的优势。用户只要拥有一台能上网的 PC 机，便可足不出户，在很短的时间内完成整个支付过程。支付费用仅相当于传统支付的几十分之一，甚至几百分之一。

（4）电子支付使用最先进的通信手段，如互联网、外部网，而传统支付使用的则是传统的通信媒介；电子支付对软硬件设施的要求很高，一般要求有联网的微机、相关的软件及其他一些配套设施，而传统支付则没有这么高的要求。

表 5.1 清晰显示了电子支付与传统支付的区别。

表 5.1　电子支付与传统支付的区别

对比项目	支付方式	
	电子支付	传统支付
工作环境	基于开放的网络平台	较为封闭的系统
软硬件要求	较高	较低
款项支付方式	先进的信息技术	物理实体
支付效率与费用	支付时间短，费用低	支付时间长，费用高

5.1.3　电子支付的分类

1. 网上支付

网上支付是电子支付的一种形式。从广义上讲，网上支付是以互联网为基础，利用银行所支持的某种数字金融工具，发生在购买者和销售者之间的金融交换，实现从买者到金融机构、商家之间的在线货币支付、现金流转、资金清算、查询统计等过程。

2. 电话支付

电话支付是电子支付的一种线下实现形式，是指消费者使用电话（固定电话、手机）或其他类似电话的终端设备，通过银行系统就能从个人银行账户里直接完成付款的方式。

3. 移动支付

移动支付是使用移动设备通过无线方式完成支付行为的一种新型的支付方式。移动支付所使用的移动终端可以是手机、PDA、移动 PC 等。

4. 销售终端支付

销售终端支付即通常所说的刷卡支付方式。

5. 自动柜员机支付

自动柜员机支付即根据银行设的自动柜员机的提示办理转账支付。

6. 其他电子支付方式

除以上几种电子支付方式以外的方式。

5.1.4 电子支付的优缺点

微课：电子支付的优缺点

1. 电子支付的优点

（1）方便，易充值，不用找兑，不用清点；配合网购，不用出门。
（2）速度快，即时到账。
（3）避免携带大量现金可能产生的风险。
（4）越来越多的商家支持电子支付。

2. 电子支付的缺点

（1）网络安全风险较大。
（2）密码容易遗失。
（3）不支持的店铺没法使用，不能完全取代现金。

5.1.5 我国电子支付的发展阶段

1. 第一阶段

第一阶段是早期或自由发展期（1999—2004 年）。我国第三方支付企业的出现并不晚于美国，但是没有抓住前期的发展机遇，因此滞后于美国。早在 1999 年成立的北京首信和上海环迅两家企业是中国最早的第三方支付企业，由于电子商务在中国发展缓慢，其影响力一直不大。直到 2004 年 12 月阿里巴巴公司支付宝的推出，在淘宝购物平台的强大影响下，其业务取得了突飞猛进的发展，第三方支付的交易规模也呈飞速增长趋势，仅用 4 年时间便以超过 2 亿使用用户的绝对优势胜过美国的 PayPal，成为全球最大的第三方支付平台。

此阶段由于第三方支付还处于早期发展阶段，其影响力和覆盖范围均有限，因此也没有相关政策措施出台。

2. 第二阶段

第二阶段是强力发展期（2005—2013 年）。继阿里巴巴公司的支付宝推出后，国内相继出现了一系列类似的支付平台，如安付通、买卖通、微信支付、e 拍通、网银在线等产品

第 5 章 电子支付

均以较高的收益回报率和服务便捷性被亿万用户使用;此外,以拉卡拉为代表的线下便民金融服务提供商的出现,以及银联电子支付推出的银联商务等多项金融服务的衍生,使得最近10余年中国的第三方支付平台呈现迅猛发展的态势,第三方支付企业进入了持续稳定的"黄金"增长期。

由于这一时期第三方支付企业集中发展且影响力逐渐增大,甚至对银行等实体金融造成了较大冲击,导致它们之间竞争相当激烈。因此,从2005年开始,国务院及相关部门陆续发布了一系列相关政策措施用于规范电子商务市场的发展和网上支付环境建设。

3. 第三阶段

第三阶段是审慎发展期(从2014年至今)。"风险与利益并存"这一准则在市场中被反复检验和证实。由于国内的第三方支付发展迅速,存在片面发展和安全风险等隐患,因此从2014年开始,央行对第三方支付的态度开始发生微妙的转变。具体政策措施体现为:2014年3月13日,央行下发紧急文件《中国人民银行支付结算司关于暂停支付宝公司线下条码(二维码)支付等业务意见的函》,紧急叫停了虚拟信用卡和二维码支付。同年4月10日,央行和银监会联合发布《关于加强商业银行与第三方支付机构合作业务管理的通知》(银监发〔2014〕10号)。尽管银监发〔2014〕10号文件中的20条规定都是针对商业银行提出的,但事实上每一条都指向第三方支付机构。2015年,央行《网络支付业务管理办法》出台;2016年3月,央行颁布《完善银行卡刷卡手续费定价机制的通知》;2016年4月,央行出台《非银行支付机构分类评级管理办法》;2016年8月,央行《二维码支付业务规范(征求意见稿)》《银行卡受理终端业务准入规则》相继出台。

可见,第三方支付机构在移动支付体系中作为补充者的角色已被政府定位。同时,地方性区域性移动支付也和第三方支付机构一起充当补充者的角色。因此,第三方支付企业在未来的发展中也需看清形势,找准方向,抓住政策中的机遇,针对前期发展中出现的问题及时调整方向,亡羊补牢,对短期内会获利但长期会影响整体发展的潜在弊端要放长眼光,杜绝短利,未雨绸缪。

> **知识链接**
>
> **二维码支付**
>
> 二维码支付是一种基于账户体系搭起来的新一代无线支付方案。在该支付方案下,商家可把账号、商品价格等交易信息汇编成一个二维码,并印刷在各种报纸、杂志、广告、图书等载体上发布。
>
> 用户通过手机客户端扫拍二维码或商家使用电子支付工具扫描用户的付款码,便可实现与商家账户的支付结算。最后,商家根据支付交易信息中的用户收货、联系资料,就可以进行商品配送,完成交易。

5.2 网上银行

随着经济和技术的发展,网上银行已经融入人们的生活,在人们的日常生活中起着越来越重要的作用。

> **课程思政**
>
> 网上银行无疑给人们的生活带来了很大的便利，但与此同时也存在一定的风险，在进行网上银行登录、转账、支付等活动时，很容易受到一些钓鱼软件、木马程序的入侵，从而导致自己的银行密码和账号丢失，从而给自己的财产造成损失。所以我们要提高保护个人隐私的意识，将自己的财产保护好。

5.2.1 网上银行的概念

网上银行（I-bank），又称网络银行、在线银行，是金融机构利用计算机和互联网技术在互联网上开设的银行，是一种不受时间、空间限制的全新银行客户服务系统。采用互联网数字通信技术，以互联网作为基础的交易平台和服务渠道，在线为公众提供办理结算、信贷服务的商业银行和金融机构，也可以理解为互联网上的银行柜台。用户可以通过个人电脑、掌上电脑、手机或者其他数字终端设备，采用拨号连接、专线连接、无线连接等方式，登录互联网享受网上银行服务。它用互联网上的虚拟银行代替银行大厅和营业网点，但没有改变传统银行作为信用中介和支付中介的根本性质。

与网上银行容易混淆的一个概念是电子银行（e-bank）。电子银行是指商业银行利用计算机技术和网络通信技术，通过语音或其他自动化设备，以人工辅助或自主的形式，向客户提供方便快捷的金融服务。呼叫中心、ATM、POS、无人银行等多种多样的金融服务形式都涵盖在电子银行的范畴之内。而网上银行则主要指金融机构基于互联网而提供的各种金融服务，是电子银行的代表。流通的是执行支付"预付制服机制"即通常所说的"数字现金"的电子货币。

> **知识链接**
>
> **ATM**
>
> 自动取款机又称 ATM（automated teller machine 的缩写），意思是自动柜员机，因大部分用于取款，又称自动取款机。它是一种高度精密的机电一体化装置，利用磁性代码卡或智能卡实现金融交易的自助服务，代替银行柜台人员的工作。在 ATM 上可提取现金、查询存款余额、进行账户之间资金划拨，还可以进行现金存款（实时入账）、支票存款（国内无）、存折补登。持卡人可以使用信用卡或储蓄卡，根据密码办理自动取款、查询余额、转账、现金存款、存折补登、购买基金、更改密码、缴纳手机话费等业务。

5.2.2 网上银行的特点

网上银行依托于传统银行业务，并为其带来了根本性的变革，同时也拓展了传统电子银行的业务。与传统银行相比，网上银行在运行机制和服务功能方面都具有不同的特点。

1. 低运营成本

传统银行的销售渠道是开设分支机构和营业网点，需要大量的人力、物力、财力的投入，如场地租金、室内装修、照明及水电费，支点的人员工资等。而网上银行的销售渠道是互联网，只需在网络上开通相应的专业网站，所以网上银行的成本比传统银行低得多。

2．开放性

传统电子银行，如 POS 系统和 ATM 机等，都是在银行的封闭系统中运作的，而网上银行的服务器代替了传统银行的建筑物，网址就是地址，其分行是终端机和互联网虚拟化的电子空间。因此，网上银行是虚拟银行，但它又是实实在在的银行，只不过是利用网络技术将自己与客户连接起来，在相关安全措施的保护下，随时通过不同的计算机终端为客户办理所需的一切金融业务。

> **知识链接**
>
> POS
>
> 销售终端——POS（point of sale）是一种多功能终端，把它安装在信用卡的特约商户和受理网点中与计算机联成网络，就能实现电子资金自动转账，它具有支持消费、预授权、余额查询和转账等功能，使用起来安全、快捷、可靠。

3．无分支机构

网上银行利用互联网开展银行业务，打破了传统银行的地域、时空限制，将金融业务和市场延伸到全球每个网络，实现了在任何时间（anytime）、任何地点（anywhere）、以任何方式（anyhow）为客户提供金融服务，这既有利于吸引和保留优质客户，又能主动扩大客户群，开辟新的利润来源。

4．个性化服务

传统银行的业务范围较为清晰，营销目标一般只能细分到某一类客户群，难以进行一对一的客户服务。网上银行业务范围不断扩展，不仅能满足客户咨询、购买和交易多种金融产品的需求，而且可以很方便地进行网上买卖股票、债券等，能够为客户提供个性化的金融服务。

5.2.3 网上银行的功能

网上银行的功能随着互联网技术的发展与用户需求的变化而不断发展与创新，不同银行的网上银行其服务功能有所不同，但综合来看，一般具有下面几项功能。

1．信息类服务

网上银行是传统银行的网络化，其表现形式一般为网站、手机 App 等平台。为了让用户了解网上银行的相关业务和服务，网上银行一般会在网站上提供基本的信息，主要包括银行的历史背景、企业文化、经营范围、网点分布、业务品质、经营状况，以及最新的国内外金融新闻和企业资讯。这些信息不仅能让用户更加了解银行的相关业务和操作方法，还能很好地对银行起到宣传推广的作用，进一步树立银行的形象，加深银行在用户心中的印象。

2. 决策咨询类服务

网上银行与传统银行一样可以为用户提供决策咨询类服务。一般情况下，网上银行会以电子邮件或电子公告的形式提供银行业务的疑难咨询及投诉服务。这些都建立在网上银行的市场动态分析反馈系统基础上，通过该系统，网上银行可进行信息的收集、整理、归纳和分析活动，从而及时提供问题的解决方案。同时，它对市场动向进行关注和分析，以便为银行决策层提供新的经营方式和业务品种的决策依据，进一步为用户提供更加完善和周到的服务。

3. 账务管理类服务

网上银行能够提供完善的账务管理服务，包括：用户的账户状态、账户余额、交易明细等查询服务；账户自主管理，如新账户追加、账户密码修改和账户删除等；账户挂失与申请等服务。通过网上银行，用户可以清楚地了解这些业务的办理方法并免除去柜台办理的麻烦，通过在线填写信息、提交资料的方式简化办理手续。

4. 转账汇款类服务

转账汇款是用户使用最频繁的网上银行功能。通过网上银行，用户可以实现多种账户之间的转账汇款，收款人既可以是个人用户，也可以是企业用户，或者其他商业银行的个人用户等。同时，网上银行可记录用户的转账记录，可保存收款人的信息，通过收款人名册可以直接选择收款人信息，避免信息重复输入造成的失误。

5. 网上支付类服务

网上支付功能是随着电子商务的发展应运而生的，是一种向用户提供的互联网上的资金实时结算功能。用户在进行电子商务活动时，需要使用网上支付功能来进行资金的转移，保证交易的完整与正常。除此之外，用户还能通过网上银行进行网上缴费服务，如为本人或他人缴纳水费、电费、煤气费、手机话费等各种日常生活费用，或预先制定缴费的交易时间和交易频率，由系统定时按设置的交易规则自动发起缴费交易。用户还可开通快捷支付业务，以实现对指定商户的直接支付功能。这样，用户无须登录网上支付页面就可完成支付交易。

> **小思考**
> 仔细想一想，网上银行对改善现代人的生活起到了怎样的作用？

6. 金融创新类服务

网上银行的功能并非一成不变的，它随着互联网、科学技术的发展而逐渐向更全面和互动性更强的方向发展，以便为用户提供更加智能化、个性化的服务，如金融产品的网上销售、企业集团客户内部资金的调度与划拨、信贷资产证券化、互联网金融、小微金融和众筹金融等。

互联网金融是指传统金融机构与互联网企业利用互联网技术和信息通信技术实现资金融通、支付、投资和信息中介服务的新型金融业务模式。小微金融主要是指专门向小型和微型企业及中低收入阶层提供小额度的可持续的金融产品和服务的活动。众筹金融则是通过在互联网上发布筹资项目来吸引资金支持,它需要筹资项目有足够的吸引力。

需要注意的是,众筹不等于捐款,如果项目失败,众筹的资金需要退还给支持者;如果项目成功,支持者则会获得相应的回报。

> **知识链接**
>
> 众 筹
>
> 众筹即大众筹资或群众筹资,一般利用互联网向网友募集项目资金,可以分为公益众筹和商业众筹。比如网上流行的大病众筹,在用户意外患病时可以在网上发起众筹获得一定资金,然后用于患者的治疗。

5.2.4 网上银行的分类

1. 按照有无实体分类

按照有无实体网点,我们可以将网上银行分为两类。

(1)完全依赖于互联网的有形的电子银行,也叫"虚拟银行"。所谓虚拟银行,就是指没有实际的物理柜台作为支持的网上银行,这种网上银行一般只有一个办公地址,没有分支机构,也没有营业网点,采用国际互联网等高科技服务手段与客户建立密切的联系,提供全方位的金融服务。

(2)在现有的传统银行的基础上,利用互联网开展传统的银行业务交易服务,即传统银行利用互联网作为新的服务手段为客户提供在线服务,实际上是传统银行服务在互联网上的延伸。这是网上银行存在的主要形式,也是绝大多数商业银行采取的网上银行发展模式。

2. 按照服务对象分类

按照服务对象不同,我们可以把网上银行分为个人网上银行和企业网上银行两种。

(1)个人网上银行。个人网上银行主要适用于个人和家庭的日常消费支付与转账。客户可以通过个人网上银行服务,完成实时查询、转账、网上支付和汇款功能。个人网上银行服务的出现,标志着银行的业务触角直接伸展到个人客户的家庭PC桌面上,方便使用,真正体现了家庭银行的风采。

(2)企业网上银行。企业网上银行主要针对企业与政府部门等企事业客户。企事业组织可以通过企业网上银行服务实时了解企业财务运作情况,及时在组织内部调配资金,轻松处理大批量的网上支付和工资发放业务,并可处理信用证相关业务。

> **知识链接**
>
> PC
>
> PC,英文全称为personal computer,即个人计算机,是指一种大小、价格和性能适用于个人使用的多用途计算机。台式机、笔记本电脑、小型笔记本电脑和平板电脑以及超级本等都属于个人计算机。

5.2.5 网上银行的支付流程

网上银行的支付流程如图 5.2 所示。

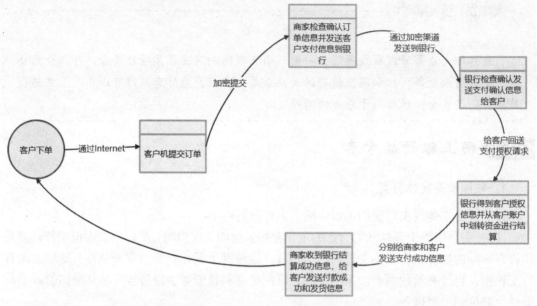

图 5.2 网上银行的支付流程

（1）客户接入互联网（Internet），通过浏览器在网上浏览商品，选择货物，填写网络订单，选择应用的网络支付结算工具，并且得到银行的授权使用，如银行卡、电子钱包、电子现金、电子支票或网络银行账号等。

（2）客户机对相关订单信息（如支付信息）进行加密，在网上提交订单。

（3）商家服务器对客户的订购信息进行检查、确认，并把相关的、经过加密的客户支付信息转发给支付网关，直到银行专用网络的银行后台业务服务器确认，以期从银行等电子货币发行机构验证得到支付资金的授权。

（4）银行验证确认后，通过建立起来的经由支付网关的加密通信通道，给商家服务器回送确认及支付结算信息，为进一步的安全，给客户回送支付授权请求（也可没有）。

（5）银行得到客户传来的进一步授权结算信息后，把资金从客户账号上转拨至开展电子商务的商家银行账号上，借助金融专用网进行结算，并分别给商家、客户发送支付结算成功的信息。

（6）商家服务器收到银行发来的结算成功信息后，给客户发送网络付款成功信息和发货通知。至此，一次典型的网络支付结算流程结束。商家和客户可以分别借助网络查询自己的资金余额信息，以进一步核对。

5.3 第三方支付

现阶段，第三方支付已经成为电子支付的重要角色，以支付宝和微信支付为代表的第三方支付工具极大地方便了人们的生活,在日常生活中扮演着越来越重要的角色。

课程思政

第三方支付工具的出现,无疑大大简化了支付流程,使得人们的生活更加便利。随处可见的扫码支付更是使人们的购物、支付愈加方便。但是一些不法分子会将一些虚假二维码发送给消费者,使得消费者上当受骗。我们在进行扫码支付时,一定要认真仔细鉴别,避免上当受骗。

5.3.1 第三方支付的概念

第三方支付就是买卖双方在交易过程中的资金"中间平台",这些平台与各大银行进行签约,具备一定的实力和信誉保障。随着各个电子商务平台的兴起,第三方支付现已成为中国电子商务活动的主流支付方式。

5.3.2 第三方支付的优缺点

1. 第三方支付的优点

(1) 提供第三方信用担保,消除买卖双方的信用顾虑:第三方支付平台可以记录买卖双方的交易记录,在发生各类纠纷时便于提供相应的证据。而银行端是不提供中介认证类服务的,买家无法确定卖家在收款后能否履约,交易后的纠纷也难以处理。

(2) 提供增值服务:第三方支付可以为卖家提供更加个性化的增值服务。

(3) 第三方支付平台收费标准透明、统一,且结算期可根据商户实际需求设定。

(4) 第三方支付成本低、手续简洁,给小额交易创造了发展的空间。

(5) 第三方支付平台能让大众在线消费时打破银行卡壁垒的障碍:第三方支付平台会与国内多家银行进行合作,支持国内各大银行发行的银行卡和国际信用卡组织发行的信用卡,商户只需与其一次性接入打包好的支付接口,即可使用该支付平台上所支持的所有银行卡种进行网上收付款。同时,从银行的角度出发,还可以直接利用第三方支付平台的服务系统提供服务,有助于节约网关开发成本。

(6) 由于第三方支付平台将各银行网银进行了统一整合,因此本身既拥有了银行网银系统的稳定、安全的功能,又充分发挥了第三方中介的作用。这不仅让企业商户将更多的资源投入自身的发展当中,而且极大地促进了线上交易的发展。

小思考

与银行支付相比,第三方支付有哪些便利性?

2. 第三方支付的缺点

(1) 盈利能力有待提高。目前大部分第三方支付企业还是依赖"手续费"等传统盈利模式来维持,因此企业之间的竞争在所难免,在一定程度上阻碍了第三方支付行业的快速发展。

（2）过于依赖银行。用户的资金通过第三方进行交易，但资金仍是在银行间流转；由于缺乏认证技术，第三方企业也需要借助银行的技术支持。

（3）结算周期相对较长。由于多种因素的制约，大部分厂商暂不能实现实时结算，这样会导致交易双方资金流转效率低下。

（4）用户信息安全性仍有待进一步提高。在交易过程当中，客户的交易信息难免在第三方支付平台留痕，这就对第三方支付企业的系统安全性提出了更高的要求。

（5）银行的竞争威胁。目前银行尚未全面铺开第三方支付业务，但如果银行绕开第三方支付企业而直接开发与用户交易的平台，则在其专业、信誉、认可度高、资金技术实力强等优势的冲击下，第三方支付企业将面临较大的挑战。

5.3.3 第三方支付的盈利模式

1. 手续费

手续费即第三方支付向用户收取手续费与向银行支付的手续费之差。无论是线上的支付宝还是线下的拉卡拉，手续费都是其传统的盈利模式之一。其中针对个人的主要有转账（至银行卡）、提现、缴费、短信安全提示以及外币支付等。针对企业的主要有安放POS机，为企业提供查询、对账、追收及退款等清算交易相关的服务手续费。手续费的区间一般为0.08%～1.25%。但是，这种盈利方式技术含量较低，边际利润也较低，第三方支付平台只能通过增大交易流量来增加收入。

2. 广告费

第三方支付平台拥有的互联网平台以及移动客户端，都会收取各种商户的广告费用。

3. 沉淀资金的利息收入

这里的沉淀资金，就是《支付机构客户备付金管理办法》中所称的备付金，它是指支付机构为办理客户委托的支付业务而实际收到的预收货币代付资金。其中风险准备金比例不得低于其银行账户利息所得的10%，这也就意味着第三方支付机构最多可以获得90%的利息收入。在以活期存款形式的客户备付金满足日常支付业务的需要后，其他客户备付金可以"以活期存款、单位定期存款、单位通知存款、协定存款或经中国人民银行批准的其他形式"存放，但"期限不得超过3个月"。这意味着，部分客户备付金可转成为期3个月的单位定期存款。支付宝的相关工作人员表示，这部分收入占支付宝平台收入的5%。但是，如果拥有预付卡牌照的第三方支付平台能够更好地实现资金沉淀，那么沉淀的资金可以占到当年发卡额的70%～80%。按照4%～5%的协议存款率和0.78%的手续费来估算，这部分的利润还是很可观的。

4. 服务费

这里的服务费是指第三方支付平台为其客户提出支付解决方案，提供支付系统以及各种增值服务。这也应该是第三方支付平台最核心的盈利模式。前三种盈利模式在不同的第三方支付平台之间具有同质性，无法将不同的平台区分开来，不能体现平台的竞争优势。因而，第三方支付平台企业必须通过为客户提供安全、便捷、高效、成本较低的支付解决方案来提升其产品溢价，吸引更多客户，获得企业核心竞争力。

5.3.4 典型的第三方支付平台

1．支付宝

1）支付宝简介

支付宝是中国最大的第三方支付平台，是由全球著名的 B2B 电子商务公司阿里巴巴针对网上交易而特别推出的安全付款服务，其运作的实质是以支付宝为信用中介，在买家确认收到商品前，由支付宝替买卖双方暂时保管货款的一种增值服务。

支付宝交易服务从 2003 年 10 月在淘宝网推出，迅速成为使用广泛的网上安全支付工具，用户覆盖了整个 C2C、B2C 和 B2B 电子商务领域。目前，支付宝活跃用户已经超过 10 亿。

> **小思考**
> 支付宝除了支付功能，还有哪些功能？

目前，支付宝已与中国工商银行、中国建设银行、中国农业银行、招商银行等国内多家商业银行建立了合作伙伴关系。中国工商银行签发的个人网上银行客户证书"U 盾"已被支付宝认可，个人客户只需持"U 盾"在支付宝平台登记后即可成为支付宝证书客户，实行安全交易。中国工商银行还为支付宝公司提供客户交易资金账户的托管服务，避免了支付宝这一非金融机构的资金安全，消除了客户的顾虑。招商银行为阿里巴巴提供"票据通"、网上国内信用证、多模式集团现金管理等多种国内领先的金融服务，并协助阿里巴巴建立安全、高效、便捷的资金结算网络，如支付宝就是招商银行"一网通"支付的特约商户。

2）支付宝的特点

（1）安全。支付宝作为网络支付平台，其最大的特点在于"收货满意后卖家才能拿钱"的支付规则，在流程上保证了交易过程的安全和可靠，如图 5.3 所示。为了更好地保障交易双方的账户安全及交易安全，支付宝公司推出了免费短信提醒功能，使客户能随时随地了解账户变动及安全情况。

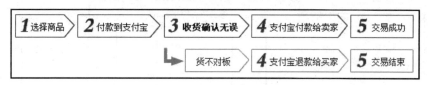

图 5.3　支付宝担保交易流程

（2）方便。支付宝与国内各大银行建立了合作伙伴关系，支持国外主要的银行卡，实现了银行间的无缝对接，使得交易双方的原有银行账户能顺利地利用支付宝完成交易。在交易过程中，支付宝用户可以实时跟踪资金和物流进展，方便、快捷地处理收付款业务和发货业务。

（3）快捷。对于买家来说，付款成功后，即时到账，卖家可以立刻发货，快速高效；对于卖家来说，可以通过支付宝商家工具将商品信息发布至多个网站、论坛或即时沟通软件，找到更多的买家；还可以根据需要将支付宝按钮嵌入自己的网站、邮件中，以方便交易，更快捷地使用支付宝。

支付宝的收入方式丰富多样，得益于它不仅提供了便捷的支付服务，还提供了理财、借贷等服务，满足了用户各方面的需求。

2. 财付通

财付通是腾讯公司于 2005 年 9 月正式推出的专业在线支付平台，致力于为互联网用户和企业提供安全、便捷、专业的在线支付服务。

财付通依靠腾讯公司拥有微信和 QQ 超过 10 亿活跃用户的优势，同时借助微信支付、QQ 钱包两种新支付入口的快速发展，市场份额进一步扩大。现在财付通拥有的个人用户数量已超过 2 亿，覆盖的企业涉及腾讯游戏、网上购物、保险、物流和旅游等领域。

就微信支付而言，其实质是基于微信社交关系链延伸的功能，源自用户间彼此转账的社交需求。与支付宝兼具支付、储蓄、理财等服务相比，微信支付更像是一个简易、方便的钱包。支付宝一直是线上购物的重要支付工具，涉及的金额较大。而在线下支付场景，微信支付率先进行了大规模的线下支付场景推广，线下涉及的支付金额小，用户不用过分担心受到损失，因此用户乐于接受微信支付这种便捷的支付方式。同时，微信培养了用户使用微信支付的习惯，在线下支付场景中人们习惯性地使用微信支付完成交易。在使用人数和支付数量上，微信支付是远超支付宝的。

另外，除了支付宝和财付通，还有快钱、易宝等第三方支付平台。数据显示，各家第三方支付平台在用户方面的差异，决定了其不同的发展路径，总体上呈现两种发展模式：支付宝和财付通拥有庞大的用户规模，所以其业务拓展和产品创新非常注重个人用户的需求；而快钱、易宝等第三方支付平台则把企业用户作为业务发展的重点，为企业提供一体化的解决方案。

5.3.5 第三方支付的流程

第三方支付平台结算支付模式的资金划拨在平台内部进行，这种模式尽可能避免了网上交易存在的欺诈现象。第三方结算支付的流程如图 5.4 所示。

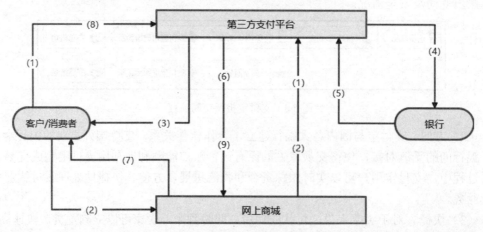

图 5.4 第三方平台结算支付流程图

（1）客户和商家都在第三方支付平台注册姓名、信用卡号等资料信息，并开设账号。

（2）客户在商家的网络商店进行购物，提交订单后，商家将客户在第三方支付平台的账号和支付信息传送给第三方支付平台。

（3）第三方支付平台在收到商家信息后，向客户发出付款请求。

（4）客户通过第三方支付平台链接到客户的开户银行进行支付。

（5）通过银行支付确认认证后，资金转入第三方支付平台。

（6）第三方支付平台将客户已经付款的信息发送给商家。

（7）商家通过物流向客户发货。

（8）客户收到货物并验证同意付款后，通知第三方支付平台。

（9）第三方支付平台收到客户确认信息后，将货款支付给商家。

思考与练习

一、填空题

1．容易与网上银行混淆的另一个概念是_____。

2．_____的销售渠道是开设分支机构和营业网点，需要大量的人力、物力、财力的投入，如场地租金，室内装修、照明及水电费，支点的人员工资等。

3．_____功能是随着电子商务的发展应运而生的，是一种向用户提供的互联网上的资金实时结算功能。

4．第三方支付平台拥有的互联网平台以及移动客户端，都会收取各种商户的_____。

5．支付宝作为网络支付平台，其最大的特点在于"_____"的支付规则，在流程上保证了交易过程的安全和可靠。

二、简答题

1．什么是电子支付？

2．电子支付有哪些特点？

3．简述网上银行的概念。

4．网上银行的功能有哪些？

5．什么是第三方支付？第三方支付的盈利模式有哪些？

第 6 章

电子商务客户关系管理

知识目标

1. 掌握客户关系管理的概念和内涵。
2. 掌握电子商务客户关系管理的内容与企业应用。
3. 了解客户关系管理系统的组成。
4. 能够运用客户关系管理的管理理念和技术解决企业管理问题。
5. 能够分析企业客户关系管理的应用情况,为企业的客户关系管理提出合理化建议。

 引例

大品牌客户关系管理系统案例研究

1. Zara 客户关系管理系统

Zara 是欧洲领先的时尚品牌,他们的 CRM 系统主要用于跟踪顾客偏好和促进销售。数字助理(PDAs)用于收集客户意见,使设计者能够根据反馈设计样式并发布重新订购订单。

对于 Zara 的销售团队来说,Zara 的 CRM 是允许动态访问的大型、实时数据库,可以获取有关商店库存、销售和仓库库存的实时信息。这可以大大减少决策所需时间,还可以让客户充分了解商店库存情况,改善整体客户体验。

2. 亚马逊客户关系管理系统

亚马逊成功地将 CRM 无缝链接为自己商业模式的一部分,提高了客户满意度和保留率。

亚马逊使用 Oracle 公司提供的 CRM 服务:给客户发送电子邮件推荐商品,有针对性地向用户展示网页,给客户推销可能感兴趣的项目;允许用户在不重新输入付款明细的条件下进行购买;提供促销商品和构建奖励机制;进行忠实客户忠诚度管理;管理定价(不同客户在购买相同商品时价格不同);联系客户进行反馈和调查。

3. 麦当劳客户关系管理系统

作为一个拥有大量营销活动的全球品牌,麦当劳必须有针对性地进行自己的营销活动,这样才能最大限度地挖掘潜在客户,争取回头客。

为了实现这一目标,麦当劳开发了自己的应用程序,为不同地区的顾客精心设计服务。麦当劳的应用程序在各大应用商店均可下载;麦当劳的应用程序能帮助记录顾客的购买频率和常选购商品;麦当劳可以根据这些数据的分析结果直接将个性化的优惠和奖励推送到顾客的手机上;CRM可以将通过应用程序完成的所有交易与餐厅的销售点系统相匹配。

CRM不仅适用于像这样的大型企业,小企业也可以获益于有效的CRM系统。案例研究中的公司都使用了满足其特定需求的CRM软件。最好的方法是比较多个CRM供应商,直到找到符合预算和需求的供应商。

(资料来源于网络并经作者加工整理)

↘ 辩证思考:

这些大品牌能够获得如今的成就,离不开其优质的客户服务。这些品牌在客户服务方面,有着坚持原则、体系完善和跟随时代发展的优点。

6.1 客户关系管理概述

随着市场经济的进一步发展和物质产品的日益丰富,市场形态已经明显转向买方市场,企业之间的竞争愈加激烈,竞争手段愈加多元化。但是,各个企业有一个共同的趋势是:对客户的研究更加深入,更注意从客户的需求出发同客户形成一种持久的良好关系。

6.1.1 客户关系管理

在电子商务时代,信息技术革命极大地改变了企业的商业模式,对企业与客户之间的互动产生了巨大的影响,客户可以极其方便地获取企业和商品信息,并且更多地参与商业过程。这表明我们已经进入了客户导向时代,企业要深入了解客户需求,及时将客户的意见反馈到产品和服务设计中,为客户提供个性化的服务。在这种环境下,现代企业的客户关系管理应运而生。

1. 客户关系管理的概念

客户关系管理(customer relationship management,CRM)的概念最早产生于美国,最初由高德纳咨询公司(Gartner Group)提出,当时称为"接触管理"(contact management),专门收集客户与公司联系的所有信息进行管理。20世纪90年代以后,伴随着互联网和电子商务的发展,客户关系管理得到了迅速发展。1999年,高德纳咨询公司在以前的基础上,结合当时的经济发展与市场需求,又提出了现代企业客户关系管理的新概念。不同的学者或商业机构对客户关系管理的概念有不同的看法。

> **知识链接**
>
> 客户关系管理中的"客户"可以是企业客户,也可以是个人客户。

根据客户关系管理的概念,我们可以从以下三个层面理解客户关系管理。

(1)客户关系管理是一种管理理念。客户关系管理以客户为中心,将客户视为最重要的企业资产（客户资产），旨在构建一个信息畅通、行动协调、反应灵活的客户沟通系统。企业通过与客户交流来掌握其个性化需求，并在此基础上为其提供个性化的产品和服务，不断提高企业带给客户的价值，实现企业和客户的双赢，而不是千方百计地从客户身上为自己谋取利益。

客户关系管理是管理有价值客户及其关系的一种商业策略。客户关系管理吸收了"数据库营销""关系营销""一对一营销"等最新管理思想的精华，通过满足客户的特殊需求，特别是满足最有价值客户的特殊需求，来与其建立和保持长期、稳定的关系，从而使企业在同客户的长期交往中获得更多的利润。

> **知识链接**
>
> **数据库营销、关系营销、一对一营销**
>
> 数据库营销是指企业以与客户建立一对一的互动沟通关系为目标，依赖庞大的客户信息库开展长期促销活动的一种全新的销售手段。
>
> 关系营销是把营销活动看成一个企业与消费者、供应商、分销商、竞争者、政府机构及其他客户产生互动行为的过程，其核心是建立和发展与这些客户的良好关系。
>
> 一对一营销是指企业先进行客户分类，然后针对每个客户采取个性化的营销沟通方式，从而建立互动式、个性化沟通的业务流程。

（2）客户关系管理是一种管理系统和技术。客户关系管理是一种先进的管理模式，要取得成功，必须有强大的技术和工具支持，客户关系管理系统是实施客户关系管理必不可少的支持平台。客户关系管理系统基于网络、通信、计算机等信息技术，能实现企业前台、后台不同职能部门的无缝连接，能够协助管理者更好地完成企业的客户管理。

（3）客户关系管理并非单纯的信息技术或管理技术，而是一种企业商务战略。客户关系管理的目的是使企业根据客户特征进行分类管理，强化使客户满意的行为，加强企业与客户、供应商之间的连接，从而优化企业的可赢利性，提高利润，并改善客户的满意度。

企业在引入客户关系管理的理念和技术时，不可避免地要对企业原来的管理方式进行变革。通过对营销、销售、服务与技术支持等与客户相关领域业务流程的全面优化，企业可以从企业管理模式和经营机制的角度优化管理资源配置，降低成本，增加市场份额。

2. 客户关系管理的核心思想

客户是企业的一项重要资产，客户关怀是 CRM 的中心。客户关怀的目的是与所选客户建立长期有效的业务关系，在与客户接触的每一个"接触点"上都更加接近客户、了解客户，最大限度地增加企业的利润和提高利润占有率。

6.1.2 客户关系管理解决的主要问题

随着工业经济社会向知识经济社会的过渡，经济全球化和服务一体化成为时代的潮流。客户对产品和服务满意与否，成为企业发展的决定性因素。通过客户关系管理，企业可以不断完善客户服务，提高客户满意度，从而留住更多客户，吸引新的客户，增加利润。

1. 完善客户服务

客户关系管理的核心理念是以客户为中心,通过改进对客户的服务水平,提高企业核心竞争力。市场是由需求构成的,满足客户需求是企业生存的本质,客户需求的满足状态制约着企业的获利水平。

> **小思考**
> 沃尔玛是如何利用供应链信息系统实现客户关系管理的?

很多公司逐步认识到,在售后服务方面做得好的公司,其市场销售水平就会处于上升的趋势;反之,那些不注重售后服务的公司,其市场销售水平则会处于下降的趋势。客户服务正由售后客户关怀变为使客户在从购买前、购买中到购买后的全过程中获得良好体验。购买前向客户提供产品信息和服务建议;购买期间向客户提供企业产品质量符合的有关标准,并照顾到客户与企业接触时的体验;购买后则集中于高效跟进和完成产品的维护和修理。这种售前的沟通、售后的跟进和提供有效的客户关怀,可提升客户满意度。

2. 提高客户满意度

在客户关系管理中,对客户全面关怀的最终目的是提高客户满意度。客户关怀能够很好地促进企业和客户之间的交流,协调客户服务资源,对客户做出最及时的反应。对客户资源进行管理和挖掘,不仅有助于现有产品的销售,还能够满足客户的特定需求,真正做到"以客户为中心",从而赢得客户的忠诚。

3. 挖掘关键客户

挖掘企业最有价值的客户,利用企业有限的资源和能力服务最有价值的客户是客户关系管理的主要目标之一。高德纳咨询公司认为,客户关系管理就是通过对客户详细资料进行深入分析来提高客户满意度,从而提高企业竞争力的一种手段。

6.2 电子商务客户关系管理概述

电子商务的迅速发展给企业的客户关系管理带来了无限的发展空间。电子商务客户关系管理不同于传统的客户关系管理,它主要借助网络环境下信息获取和交流的便利,对客户信息进行收集和整理;充分利用数据仓库和数据挖掘等先进的智能化信息处理技术,将大量客户资料加工成有用的信息;以信息技术和网络技术为平台开展客户服务管理,从而提高客户满意度和忠诚度。客户关系管理与电子商务进行整合,提取电子商务中的客户信息、交易信息、服务信息,对消费者行为进行分析,然后进行有针对性的营销。

> **课程思政**
>
> 在我国传统文化中,"利他"思想占据重要的地位。"利他"与个人的修养有密切联系,如果一个人能把"利"给予没有血缘关系的陌生人,那他就具备了很高的道德修养。

电子商务客户关系管理是一个系统工程,既需要以客户关系管理理论为指导,又需要现代信息技术做支撑，还要结合电子商务新环境的特征，将这三者有效结合才能取得良好效益。

电子商务客户信息管理是客户关系管理各部分运作的基础，电子商务客户满意管理与忠诚管理是客户关系管理的目标和核心，电子商务客户服务管理是客户关系管理的关键内容，如图6.1所示。

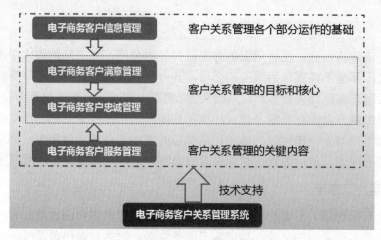

图6.1 电子商务客户关系管理的内容

6.2.1 电子商务客户信息管理

客户信息管理是客户关系管理的一个重要组成部分。客户信息管理主要包括客户基本资料、档案管理，客户消费信息管理，客户信用度管理，客户黑名单管理，客户流失信息管理，客户分类信息管理，大客户信息管理及潜在大客户信息管理等内容。

电子商务客户信息管理的过程及内容主要包括电子商务客户信息的收集、客户资料数据库的建立、客户信息整理、客户信息分析等。

> **知识链接**
>
> 客户关系管理系统可以让企业员工共享客户资源，从而为企业搭建一个完善的客户信息资源数据库共享平台。管理层可以通过客户关系管理系统设置哪些客户资源能在员工之间共享，哪些客户资源只授权于指定的员工管理。这样，既提高了企业资源共享的有效性，同时也提高了企业重要资源的保密性，能够更加合理地划分各个部门的权限和职责，避免出现遇到问题互相推卸责任的现象。

6.2.2 电子商务客户满意度与忠诚度管理

根据"二八定律"可知，20%的客户创造了80%的利润。忠诚客户是企业利润的主要来源，是企业的重要"客户资产"。维护忠诚客户是实施客户关系管理的核心内容。一般认为，客户忠诚度是由客户满意度驱动的。盖尔认为，客户满意是客户价值理论的重要组成部分。企业首先要做好内部质量控制管理，生产出质量一致、使客户满意的产品，然后在市场上不断提高客户满意度，以达到客户忠诚的目的，形成客户价值。客户价值驱动模型如图6.2所示。

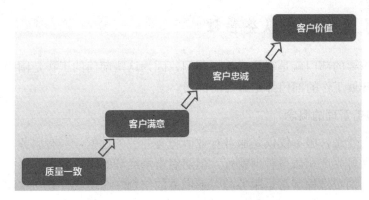

图6.2　客户价值驱动模型

1. 电子商务客户满意度管理

客户满意度是指客户对自己明示的、隐含的或商家必须履行的需求或期望被满足的程度的感受。简单而言，客户满意度是客户满意的程度，是客户在购买和消费相应的产品或服务时不同程度的满足状态。

当产品或服务的实际感知效果达到消费者的预期时，会使消费者满意，否则就会使消费者不满意。如果客户感知效果大于客户期望值，则客户高度满意，可能会重复购买。如果客户感知效果小于客户期望值，则客户不满意，可能会产生抱怨或投诉。如果客户感知效果近似于客户期望值，则客户基本满意或一般满意，可能会持观望态度。

有研究表明，客户的不满通常与核心产品、服务、支持系统及表现的关联度小，而企业与客户的互动及客户的感受通常起决定性作用。

电子商务环境下，客户满意度管理的内容、衡量指标、方法都发生了一定的变化。电子商务环境下，企业不仅要注重传统的客户满意度管理办法，还需要结合网络环境的方便、快捷优势，合理把握客户期望，提高客户感知效果，以达到维持和提升客户满意度的目标。

> **知识链接**
>
> 客户感知价值是变动的，取决于参照系统，也就是说，不同的购买地点、购买时间，客户对价值的感知是不一样的。

2. 电子商务客户忠诚度管理

客户忠诚度是指客户对某一特定产品或服务产生了好感，形成了"依附性"偏好，进而重复购买的一种趋向。客户忠诚度也是在企业与客户长期互惠的基础上，客户长期与某企业合作，使客户对企业与品牌形成信任和情感依赖。

小思考
结合自己的理解，说说应如何让客户转变为忠诚的客户。

客户忠诚是需要维护和强化的。电子商务的发展提供了多种与客户沟通的技术，电商企业可以通过很多工具和客户进行有效、充分的沟通,及时挖掘他们的潜在需求,使他们的满意度提高,从而提升客户对企业的忠诚度。

6.2.3 电子商务客户服务管理

企业中最重要的部门就是销售或市场部门,因为这些部门的工作是围绕客户展开的,所有围绕客户开展工作的部门都是重要的部门。

1. 客户服务管理的概念

在传统观念看来,服务仅仅是服务行业所特有的劳务过程,只有服务行业才需要,而制造行业只需做好生产和质量管理就行。但随着市场经济的不断发展,服务越来越难以与有形产品区分,消费过程常常是服务与有形产品的结合。在现代管理学中,客户服务不再局限于服务行业,而是扩展到了每一个行业,因此客户服务是相当重要的。而客户管理这个概念主要是伴随企业对客户服务的关注而产生的,在对企业提升客户满意度和忠诚度方面有重要意义。

> **知识链接**
>
> **标准化服务和个性化服务示例**
>
> 在飞机上,乘务员在送水时对一位乘客说:"先生,您好!您需要点儿什么?"这位乘客说:"来杯加冰的橙汁。""好,您稍等。"这种服务就是标准化服务。
>
> 标准化服务不足以使所有的客户都感到满意,有些客户还需要个性化服务。
>
> 例如,头等舱乘客的水不应等到飞机起飞后再送。另外,头等舱乘客还会有一条擦脸毛巾和一双拖鞋可用,他们所接受的就是个性化服务。
>
> 客户感知价值是变动的,取决于参照系统,也就是说,在不同的购买地点、购买时间,客户对价值的感知是不一样的。

1)客户服务的概念

客户服务是指企业在适当的时间和地点,以适当的方式和价格为目标客户提供适当的产品或服务,满足客户的适当需求,使企业和客户的价值都得到提升的活动过程。简单来说,客户服务是指致力于使客户满意并继续购买企业产品或服务的一切活动的总称。

客户服务的核心是帮助企业维护与客户短期或长期的良好商业关系,让客户对企业的产品、服务或形象留下较好的印象。客户服务的本质是一种企业向客户传达的关爱和感激,意味着企业真心实意为客户提供更好的产品或服务。

2)客户管理的概念

客户管理是指经营者在现代信息技术的基础上收集和分析客户信息,把握客户需求特征和行为偏好,有针对性地为客户提供产品或服务,发展和管理与客户之间的关系,从而培养客户长期忠诚度,以实现客户价值最大化和企业收益最大化之间的平衡的一种企业经营战略。

客户管理的核心思想是将客户(包括终端客户、分销商以及合作伙伴)视为企业最重要的资产之一,凭借深入的客户分析和完善的客户服务来满足客户的个性化需求,提升客户的满意度和忠诚度，进而使企业获取更多利润。

2. 电子商务客户服务管理的内容

电子商务环境下的客户服务管理是在传统客户服务管理的基础上，以信息技术和网络技术为平台开展的客户服务管理，是一种新兴的客户服务管理理念与模式。电子商务客户服务管理包括售前客户服务、售中客户服务、售后客户服务等。

1）售前客户服务

售前阶段是商品信息发布和客户进行查询的阶段。在这个阶段，客户服务应主要做好以下工作。

（1）提供商品的搜索和比较服务。每一个网店中都有许多商品，为了方便客户选择商品，网店应提供搜索服务。同时，网店还应该提供一些对比功能和有关商品的详细信息，以方便客户比较商品，做出购买决策。图 6.3 所示为京东商城的搜索、对比功能和某一商品的信息。

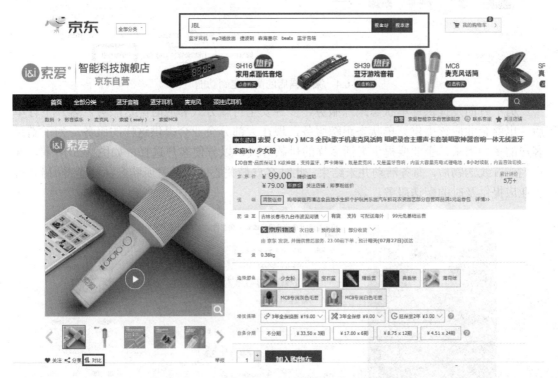

图 6.3　京东商城的搜索、对比功能和某一商品的信息

（2）建立客户档案，为老客户提供消费诱导服务。客户在网站注册时会填写自己的基本资料，这时网站应把客户资料保存在档案库中。当客户再次光顾时，网站也要把其浏览或购买的信息存入档案库。以此为依据，网站可以有针对性地开发或刺激其潜在需求。

2）售中客户服务

售中客户服务需要做好两方面工作。一方面是提供定制产品服务。根据客户的个性化需求，及时生产产品或提供服务。这样不仅可以提高客户的满意度，还可以及时了解客户需求。图 6.4 所示为某天猫店的商品定制功能。

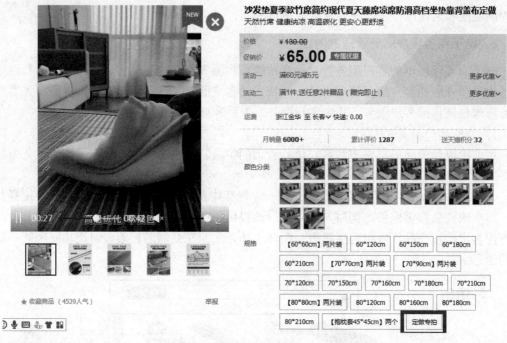

图 6.4　某天猫店的商品定制功能

另一方面是提供订单状态跟踪服务、多种安全付款方式和应时配送服务。客户下订单后，电商企业应该提供订单状态跟踪服务，现在大部分企业会提供这样的服务。为了满足客户的多种需求，企业要提供灵活多样的付款方式，以方便客户选择，如图 6.5 所示。客户完成在线购物后，商务活动并未结束，此时客户最关心的问题是所购商品能否准时到货，企业应提供及时的配送服务。

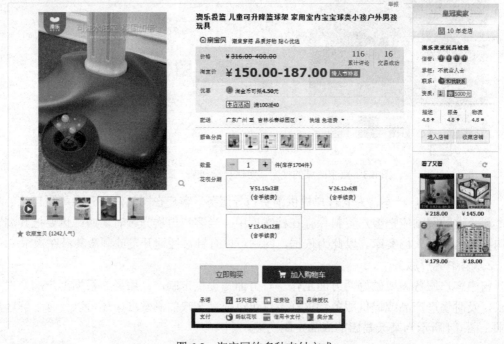

图 6.5　淘宝网的多种支付方式

3）售后客户服务

售后服务是客户服务非常重要的环节，越来越多的企业开始重视售后的延续性服务。因为只有到了售后服务环节，客户才成为企业真正意义上的客户。售后服务开展得好，才能保持、维系客户，培养忠诚客户。

FAQ

FAQ 是英文 frequently asked questions 的缩写，即"常见问题解答"。FAQ 是当前网络上提供在线帮助的主要手段，通过事先组织好一些可能的常见问题答对，发布在网页上为用户提供咨询服务。在电子商务中，FAQ 被认为是一种常用的在线顾客服务手段，一个好的 FAQ 系统，应该至少可以回答用户 80%的一般问题和常见问题。

售后客户服务主要包括两种。一是向客户提供持续的支持服务。企业可以通过在线技术交流、常见问题解答（FAQ）及在线续订等服务，帮助客户在购买后更好地使用产品或服务。二是良好的退货服务。大多数电商企业都提供了良好的退货服务，以增强客户在线购买的信心，如淘宝网的"7 天无理由""运费险"服务，如图 6.6 所示。

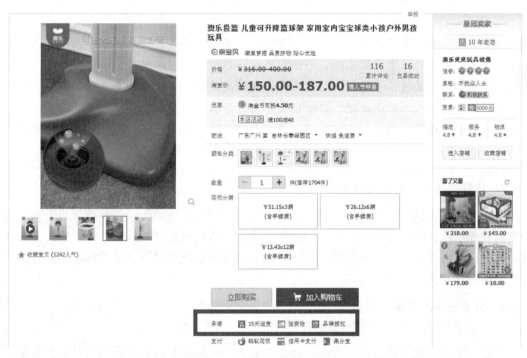

图 6.6 淘宝网"7 天无理由""运费险"等服务

6.3 电子商务客户关系管理系统

客户关系管理的实现可以从两个层面考虑：一是树立管理理念；二是为这种新的管理模式提供信息技术的支持。客户关系管理系统是以最新的信息技术为手段，充分利用数据仓库和数据挖掘等先进的智能化信息处理技术，将大量客户资料加工成有用的信息，运用先进的管理思想，通过业务流程与组织的深度变革，帮助企业最终实现以客户为中心的管理模式的管理系统。

6.3.1 客户关系管理系统的分类

根据客户关系管理系统功能和运行方式的不同，美国的调研机构 Meta Group 把客户关系管理系统分为操作型、协作型和分析型三种。

1. 操作型客户关系管理系统

操作型客户关系管理系统主要通过业务流程的定制实施，让企业员工在销售、营销和提供服务时，得以用最佳方法提高效率。例如，销售自动化（SFA）、营销自动化（MA）、客户服务支持（CSS），以及移动销售（mobile sales）与现场服务（field service）软件工具，都属于操作型客户关系管理系统。操作型客户关系管理系统对于那些第一次使用客户关系管理系统的企业尤为适合。

> **知识链接**
>
> **呼叫中心**
>
> 呼叫中心又叫客户服务中心，是一种基于计算机电话集成技术，充分利用通信网络和计算机网络的多项功能集成，与企业连为一体的综合信息服务系统。呼叫中心利用现有的各种先进通信手段，有效地为客户提供高质量、高效率、全方位的服务。现代呼叫中心包括人工话务处理、自动语音处理、计算机同步处理、统计查询、知识库支持、互联网操作、录音、分析统计、定时自动呼叫服务等功能模块。例如，中国移动的 10086、中国南方航空公司的 95539 等都是呼叫中心系统。

2. 协作型客户关系管理系统

协作型客户关系管理系统是一套主要通过提高客户服务请求的响应速度来提升客户满意度的管理系统。客户除了通过传统的信件、电话、传真或直接登门造访等形式与企业接触，还可通过电子邮件（E-mail）、呼叫中心（call center）等新的信息手段来达到与企业进行信息交流和商品交易的目的。

3. 分析型客户关系管理系统

> **小思考**
>
> 客户面对的客户关系管理系统一般是哪种类型？对收集的客户资料进行分析并做出决策，可利用哪种客户关系管理系统来实现？

分析型客户关系管理系统通过企业资源计划、供应链管理等系统，以及操作型客户关系管理系统、协作型客户关系管理系统等不同渠道收集各种与客户相关的资料，然后通过报表系统地分析找出有关规律，帮助企业全面地了解客户的分类、行为、满意度、需求和购买趋势等，为决策提供客观的数据支持。企业可利用上述资料制定正确的经营管理策略。可以说，分析型客户关系管理系统就是根据对客户信息的分析，帮助企业"做正确的事，做该做的事"，其特点是智能化，适合管理者或领导使用。

6.3.2 客户数据的类型

客户关系管理系统的核心是客户数据管理。根据数据的形式和来源不同，企业关注的客户数据通常可分为客户描述性数据、客户交易性数据和市场促销性数据三类。

1. 客户描述性数据

客户描述性数据即通常所说的客户数据，用于描述客户的详细信息。我们通常可以将客户分为个人客户和团体客户两类。个人客户的描述性数据通常包括客户的基本信息（姓名、性别、出生日期、工作类型和收入水平等）、信用信息（忠诚度指数、信用卡卡号和信贷限额等）及行为信息（客户的消费习惯、对促销活动的反应等）。团体客户的描述性数据通常包括客户的名称、规模、主要联系人姓名、头衔及联系渠道、企业的基本状况、企业类型、信用情况和购买过程等。客户数据不但包括现有客户信息，还包括潜在客户、合作伙伴和代理商的信息等。

> **小思考**
> 客户数据可以分为哪几类？分析这些数据会给企业带来什么样的机会？

2. 客户交易性数据

描述企业和客户相互作用的所有数据都属于客户交易性数据。这类数据和促销活动的数据一样都会随着时间变化而变化。客户交易性数据包括与客户的所有联系活动、购买商品类数据（历史购买记录、购买频率和数量、购买金额、付款方式等）和商品售后类数据（售后服务内容，客户对产品的评价、对服务的评价、对企业提出的建议和要求等）。

3. 市场促销性数据

市场促销性数据表示企业对每个客户进行了哪些促销活动，主要包括销售人员现场推销、展览会产品宣传单发放、报纸杂志的宣传报道、电话直销、服务支持人员在服务过程中所提的各种建议、分销商对客户的宣传与承诺、用户产品使用情况调查等。这类数据反映了客户对促销活动的响应程度。

6.3.3 客户关系管理系统的主要应用

随着人们对客户关系管理认知程度的加深，客户关系管理系统逐渐被越来越多的企业所熟悉和接受。

1. 客户关系管理在零售业中的应用

随着经济的发展，绝大部分零售市场已进入了供过于求的买方市场阶段，而零售业的顾客绝大多数是单个消费者，数量大、分布广、结构复杂，对服务的要求各不相同，需求也日益提高，且易受环境影响，变化不定。因此，对最终消费者消费心理的关注就越发显得重要。

基于以上情况，毫无疑问，客户关系管理对于零售企业来说有着非常重要的作用。发达国家零售企业对于客户关系管理都非常重视，如沃尔玛超市、麦德龙等，它们都建立起了完善的客户关系管理系统。国内的零售企业近年来对客户关系管理也有所重视，但和发达国家零售企业的重视程度相比还存在一定差距。例如，对于VIP会员卡的管理，国内很多零售企业还仅停留在对VIP会员的优惠政策方面，而很少会对VIP会员所带来的贡献率进行分析。

2. 客户关系管理在物流业中的应用

传统的物流企业普遍存在规范化程度低、客户沟通渠道狭窄、信息透明度低、客户智能管理缺乏、客户信息的分析能力不足、客户关系数据库维护难等问题。在整个物流过程中，各个环节分散在不同的区域，需要一个信息平台将整个物流环节连接起来，以及时把握客户的订货需求，进行车辆的调度管理、库存管理及票据管理等，力求用最少的库存、最短的运输时间满足客户的需求。

现代物流企业普遍采用了信息化管理技术，呼叫中心、客户关系管理技术的运用有效结合了传统的物流信息化手段，将遍布在各地的物流中心与客户连接了起来，形成了一个效率更高的物流配送网络。物流企业客户关系管理系统可实现客户资料的存储与管理、客户行为分析与理解及客户价值的最大化等。

> **知识链接**
>
> 客户关系管理离不开软件的帮助，客户关系管理软件的种类相当多，优势也各不相同。XTools超兔CRM软件是适用于中小企业的一款网络版软件，无须安装客户端，通过浏览器登录即可使用，在其官网上注册后可免费试用一个月。新手可通过其演示界面简要了解操作要点并试用。

3. 客户关系管理在电子商务中的应用

目前，电商行业处于买方市场阶段，即商品供大于求，而卖家的营销思路同质化严重，不少卖家通过打价格战来赢得客户，导致卖家利润微薄，甚至亏本。面对这些境况，卖家要做的就是把已有的客户变成自身的忠诚客户，这样卖家就需要做好客户关系管理。电子商务运营者们已不再只将客户关系管理软件当作客户关系管理工具，而更多地将其作为管理一切与客户有关的商业信息的统一体系。

▌课程思政

《忠经》有言："忠者，中也，至公无私。"忠诚是指对国家、对人民、对事业、对朋友等真心诚意、尽心尽力、没有二心。

客户关系管理不仅可以帮助电商企业更方便、及时、准确地管理客户，还可以进行更为复杂的客户信息分析。随着移动电商的普及，移动客户关系管理系统让端到端的打通成为可能，可以更方便地帮助企业做好人性化客户关系管理。

思考与练习

一、填空题

1. "客户关系管理"这个词的核心主体是_____。
2. 电子商务客户服务管理包括_____服务、售中客户服务、_____服务等。
3. _____第一个提出了客户关系管理。
4. 著名的"二八定律"是指_____。
5. 在客户满意中,超出期望的表达式是_____>预期服务。

二、简答题

1. 简述客户关系管理的内涵和需要解决的主要问题。
2. 简述电子商务客户关系管理包括哪几部分。
3. 客户关系管理系统一般分为哪几类?各有何特点?
4. 客户关系管理系统一般有哪些模块?各模块的功能是什么?
5. 调查分析京东商城、沃尔玛的客户关系管理应用情况,谈谈它们是如何运用客户关系管理的管理理念和技术解决管理问题的。

第 7 章

电子商务安全管理

知识目标

1. 了解电子商务安全的概念。
2. 知道电子商务面临的安全威胁。
3. 熟悉电子商务安全技术。
4. 了解必要的电子商务安全管理规范。

 引例

中消协指出二维码暗藏陷阱"扫一扫"当心扣费

拿手机对准二维码"扫一扫",带给人们便捷的同时也隐藏了不小的安全风险。中国消费者协会(以下简称"中消协")曾发布消费警示,揭露二维码暗藏病毒、扣费、窃取通讯录和银行卡号信息等陷阱,提醒消费者别轻易"见码就扫",手机二维码在线购物、支付时更要谨慎。

1. 扫描二维码可能染病毒

二维码眼下在购物、查询信息等方面越来越被广泛运用,甚至街头小广告也用上了二维码。

中消协指出,借助二维码传播恶意网址、发布手机病毒等不法活动也开始逐渐增多。很多消费者防范意识不足,看到二维码就拿起手机拍一拍、扫一扫。殊不知,一旦通过手机扫描二维码直接下载的应用中染有病毒,手机就会遭遇麻烦;扫描的内容是被挂上木马的网址,则可能窃取消费者手机通讯录、银行卡号等隐私信息,甚至被乱扣话费、消耗上网流量。像天津的一位刘女士在扫描二维码参加团购时,由于二维码中含有手机病毒,导致手机被扣除了百元话费。

2. 手机最好装上二维码检测工具

对此,中消协特别提示,最好在手机上安装一个二维码的检测工具,会自动检测二维码中是否包含恶意网站、手机木马或恶意软件的下载链接等安全威胁,并提醒消费者谨慎下载和安装。建议消费者选择来自安全可靠渠道的二维码进行读取,对来历不明的二维码,特别是路边广告、电梯内广告、广告宣传单、不明网站的二维码，不要盲目扫描，如果扫码确有必要，则要提前检测。

另外，在使用手机支付功能时，务必看清网站域名，不要轻易点击反复自动弹出的小窗口页面，如用手机和银行卡绑定，不要在银行卡内储存过大数额的资金，避免发生连锁反应。

3. 二维码生成简单无人监管

据中消协介绍，二维码之所以会发生恶意吸费、诈骗等行为，一是其生成方式简单，内容无人监管。目前网络上有大量的二维码软件、在线生成器方便人们制作二维码，几乎不存在制作门槛，也为手机木马或恶意软件制造者打开方便之门，通过此种途径他们也能瞬间完成恶意下载链接到二维码的转制。

另外，二维码暗藏木马等病毒，不法分子会将有毒或带插件的网址生成一个二维码，对外宣称为优惠券、软件或视频等，以诱导用户进行扫描。而这种专门针对手机上网用户的诈骗手段，多是采用强制下载、安装应用软件，达到获取推广费用或恶意扣费的目的。

（资料来源于网络并经作者加工整理）

辩证思考：

二维码为人们的生活带来便利的同时，带来了哪些威胁？在日常生活中应该如何防范这些威胁？

7.1 电子商务安全概述

电子商务的安全是一个复杂的系统工程，仅从技术角度防范是远远不够的，还必须完善电子商务方面的立法，以规范飞速发展的电子商务现实中存在的各类问题，从而引导和促进我国电子商务快速健康发展。

课程思政

电子商务活动存在着各种安全威胁，如何有效地防范这些威胁，是每一位从事电商行业的人应该考虑和关注的问题。所以我们应该不断学习新的技术和知识，掌握一些必要的手段来规避这些威胁。

7.1.1 电子商务安全的概念

微课：电子商务安全的概念

1. 电子商务安全的定义

互联网所固有的开放性与资源共享性使电子商务成为一把双刃剑，它在给人类带来经济、便捷、高效的交易方式的同时，也使商务活动的安全性受到严重挑战。电子商务的安全问题已成为全球电子商务活动的焦点问题，如何保证网上交易的有效性、机密性、完整性、可靠性和不可否认性是电子商务可持续发展的关键。

综合来看，电子商务安全是指采用一定的方法和措施，对电子商务系统进行有效的管理和控制，确保电子商务信息数据和交易环境受到有效的保护。

2. 电子商务安全性要求

目前，电子商务普遍存在信息在传输过程中被窃取、被篡改、伪造电子邮件干扰正常交易、假冒他人身份、抵赖已经发生的业务等多种安全隐患。针对这些安全威胁，电子商务安全性要求应包括如图 7.1 所示的几个方面。

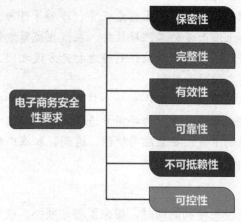

图 7.1　电子商务安全性要求

（1）保密性。电子商务作为贸易的一种手段，其信息直接代表着个人、企业或国家的商业机密，因此，必须保证数据不被非授权方非法访问，加密的信息不会被破译。保密性又主要分为数据存储保密性和数据网络传输保密性。

（2）完整性。保证电子交易过程中所有存储和管理的信息不被非法篡改，保证目的信息和源信息相一致。保护电子支付完整性的主要途径有协议、纠错编码方法、密码校验、数字签名、公证等。

（3）有效性。有效防止延迟和拒绝服务情况的发生，保证交易数据在确定的时刻、确定的地点是真实有效的。

（4）可靠性。保证合法用户对信息和资源的使用不会被不正当地拒绝。电子支付系统通过提供对用户身份的鉴别方法，实现系统对用户身份的有效确认，确保用户身份信息的合法、可靠。

（5）不可抵赖性。通过建立有效的责任机制，使得交易双方对于自己已经发送或者接收的数据不能事后否认，从而有效防止支付欺诈行为的发生。

（6）可控性。交易发生的整个过程都是可控的，有明确的责权关系和相互制约关系，能够切实保障各方利益不受损害。

7.1.2　电子商务面临的安全威胁

1. 威胁电子商务安全的主要因素

在网上交易过程中，买卖双方都可能面临的安全威胁主要有如下几个方面。

（1）信息泄露。电子商务中商业机密的泄露主要包括两个方面：① 交易双方进行交易的内容被第三方窃取；② 交易一方提供给另一方使用的文件被第三方非法使用。

（2）信息篡改。这是指商务信息在网络传输的过程中被第三方获得并非法篡改，或者黑客非法入侵电子商务系统非法篡改商务信息，从而使商务信息失去真实性和完整性。

（3）信息破坏。信息破坏要从两个方面来考虑。一方面是非人为因素，如网络硬件和软件等计算机系统故障，可能会使商务信息丢失或发生错误等，对交易过程和商业信息安全所造成的破坏；另一方面则是人为因素，主要指计算机网络遭一些恶意行为（如计算机病毒、黑客等）的攻击而使电子商务信息遭到破坏。

> **小思考**
> 你能举出一些电子商务安全威胁方面的实例吗？

（4）抵赖行为。传统商务活动是建立在商业信用基础上才得以顺利进行的，而网上交易的双方通过计算机的虚拟网络环境进行谈判、签约、结账，当一方发现交易对自己不利时，可能会产生抵赖行为，从而给另一方带来损失。

2．电子商务面临的攻击

电子商务是一个不断发展的概念，发展至今面临的攻击主要有以下两种类型。

1）非技术型攻击

这类攻击也被称为社会型攻击，主要是指那些不法分子利用欺骗或者其他诱惑的手段使得人们泄露敏感信息或执行一个危及网络安全的行为；主要是利用人们的一些心理因素，如好奇心、渴望得到帮助、恐惧、信任、贪便宜等。"网络钓鱼"最初就是以非技术型攻击形态存在的。

2）技术型攻击

技术型攻击是指利用软件和系统知识或专门技术实施的攻击，如拒绝服务攻击、分布式拒绝服务攻击和恶意代码攻击。

（1）拒绝服务攻击。拒绝服务（denial of service，DoS）攻击是指攻击者使用某些特定软件向目标计算机发送大量的数据包，使其资源过载而无法提供正常服务，是黑客常用的攻击手段之一。其实对网络带宽进行的消耗性攻击只是拒绝服务攻击的一小部分，只要能够对目标造成麻烦，使某些服务被暂停甚至主机死机，都属于拒绝服务攻击。

（2）分布式拒绝服务攻击。分布式拒绝服务（distributed denial of service，DDoS）攻击是指借助客户/服务器技术，将多个计算机联合起来作为攻击平台，对一个或多个目标发动 DoS 攻击，从而成倍地提高拒绝服务攻击的威力。通常，攻击者使用一个偷窃账号将DDoS 主控程序安装在一个计算机上，在一个设定的时间主控程序将与大量代理程序通信，代理程序已经被安装在互联网上的许多计算机上。代理程序收到指令时就发动攻击。利用客户/服务器技术，主控程序能在几秒钟内激活成百上千次代理程序的运行。

（3）恶意代码攻击。恶意代码（unwanted code）攻击是通过一定的传播途径将非法的、具有一定破坏性的程序安放在个人计算机或某个网络服务器上，当触发该程序运行的条件满足时，如果你打开个人计算机或访问该网络服务器，就会使程序运行，从而产生破坏性结果，主要有病毒、蠕虫与特洛伊木马等。

① 病毒（virus）。计算机病毒是附着于程序或文件中的一段计算机代码，可以从一台计算机传播到另一台计算机上，并在传播途中感染计算机。破坏或删除计算机上的软件、硬件和文件，它不会单独运行，但激活方式多种多样，也有很多病毒种类，如引导区病毒、文件型病毒、宏病毒和脚本病毒等。

②蠕虫（worm）。蠕虫是一段以消耗主机资源维持其独立运行，并能通过网络在不同计算机之间进行传播的程序代码，它是病毒的一个子类，但一般不会破坏软、硬件和文件。蠕虫与病毒的主要差别在于，蠕虫是在系统中直接复制（一般通过网络），而病毒是在本地计算机上复制。蠕虫是一段能独立运行，为了维持自身存在会消耗主机资源，并且能复制一个自身的安全工作版本到另一台机器上的程序。它攻击一台计算机，接管计算机，并将其作为一个分段传输区域，搜寻并攻击其他机器。

在网络上，蠕虫的蔓延是不需要人为干预的。红色代码（Code Red）、SQL Slammer 是蠕虫的两个典型。

> **小思考**
> 我们应该如何防范病毒和木马的入侵？

③特洛伊木马（Trojan Horse）。特洛伊木马是一种看似有用，却隐含安全风险的计算机程序，是一种秘密潜伏的能够通过远程网络进行控制的恶意程序。控制者可以控制被秘密植入木马的计算机的一切动作和资源，是恶意攻击者窃取信息等的工具，主要通过电子邮件传播，有时也通过网页传播。

3. 移动端受到的威胁

随着移动电子商务的普及，移动端同样会面临各种各样的威胁，主要有如下几个方面。

（1）手机系统漏洞。手机系统和计算机系统一样，难免存在一些漏洞，一些别有用心的人会利用这些漏洞从事不法之事。

（2）钓鱼无线网。钓鱼无线网就是指一个虚假的无线热点，当用户的无线终端设备接入这个虚假的无线热点之后，就会被对方反复扫描，并通过网络监听、密码攻击、会话劫持、脚本注入和后门植入等方式进行攻击。

（3）手机病毒。手机病毒是一种具有传染性、破坏性的手机程序，可用杀毒软件查杀，也可以手动卸载。手机病毒可能会导致用户手机死机、关机、个人资料被删、对外发送垃圾邮件泄露个人信息、自动拨打电话等，甚至会损毁 SIM 卡、芯片等硬件，导致用户无法正常使用手机。

> **知识链接**
>
> **SIM 卡**
>
> SIM（subscriber identity module，用户识别卡）卡是 GSM 系统的移动用户所持有的 IC 卡。GSM 系统通过 SIM 卡来识别 GSM 用户。同一张 SIM 卡可在不同的手机上使用。GSM 手机只有插入 SIM 卡后，才能入网使用。SIM 卡是 GSM 手机连接到 GSM 网络的钥匙，一旦 SIM 卡从手机拔出，除了紧急呼叫，手机将无法享受网络运营者提供的各种服务。

7.1.3 电子商务安全体系结构

电子商务的安全体系结构是保证电子商务中数据安全的一个完整的逻辑结构，同时它也为交易过程的安全提供了基本保障。电子商务安全体系结构如图 7.2 所示。

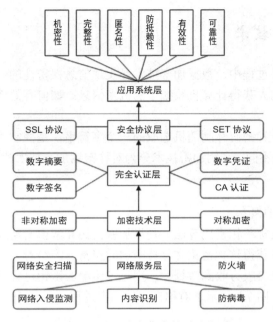

图 7.2　电子商务安全体系结构

电子商务安全体系结构由网络服务层、加密技术层、安全认证层、安全协议层、应用系统层五个层次组成。从图 7.2 中可以看出，下层是上层的基础，为上层提供了技术支持，上层是下层的扩展与递进。各层之间相互依赖、相互关联，构成统一整体。电子商务安全问题可归结为网络安全和商务交易安全两个方面。网络服务层提供网络安全，加密技术层、安全认证层、安全协议层、应用系统层提供商务交易安全。

计算机网络安全和商务交易安全是密不可分的，两者相辅相成、缺一不可。没有计算机网络安全作为基础，商务交易安全无从谈起；没有商务交易安全，即使计算机网络本身再怎么安全，也无法满足电子商务所特有的安全要求，电子商务安全也无法实现。

7.2　电子商务安全技术

一直以来，电子商务的安全是一个十分受人关注的问题，频频爆发的电子商务安全事件也提醒着人们应该更多地关注安全问题。电子商务安全技术的应用，能够有效提升电子商务活动的安全性，保证交易的顺畅进行。

课程思政

每年的"双十一"，电商平台都要处理大规模的数据，如何保证这些数据不被窃取，保证服务器的正常运行，是后台技术人员需要考虑的事情。而这些技术人员大多为年轻的工程师，他们用自己的技术为广大消费者保驾护航，确保交易的顺利进行。我们作为尚未进入职场的大学生，应该以他们为目标，做好自己的本职工作，保证整个系统完整顺畅运行。

7.2.1 数据加密技术

在电子商务的交易过程中,数据加密技术是实现信息保密性的一种重要手段,能有效防止合法接收者之外的人获得计算机系统中的机密信息。如何有效地对信息进行保密是商务安全的核心问题。

密钥是用户按照一种密码体制随机选取的一个字符串,是控制明文和密文变换的唯一参数。根据密钥类型的不同,密钥加密技术分为对称密钥加密技术和非对称密钥加密技术。

1. 对称密钥加密

1)对称密钥加密的概念

对称密钥加密,又称单钥密码算法,是指加密密钥和解密密钥均采用同一密钥算法,而且通信双方必须都要获得这把密钥并保持密钥的秘密。当给对方发信息时,用自己的加密密钥进行加密,而在接收方收到数据后,用对方所给的密钥进行解密,故此技术也称为密钥加密或私钥加密。图 7.3 显示了对称密钥的加密过程。

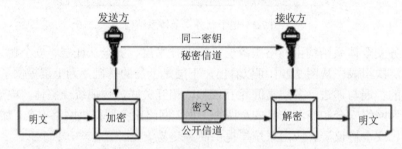

图 7.3 对称密钥的加密过程

2)加密算法

实现对称密钥加密的加密算法主要有以下两种。

(1) DES 算法。DES(data encryption standard)即数据加密标准,是对称加密的一种典型算法。该标准是美国国家安全局与 IBM 公司长期合作的结果,1976 年被美国国家标准局采纳为美国数据加密标准。DES 是一个分组加密算法,它使用 64bit 位长的密钥,对二进制序列的明文分成每 64bit 位一组,对明文进行 16 轮迭代和置换加密,最后形成密文。在 DES 使用的 64bit 位的密钥中,实际密钥长度只有 56bit 位,其余 8bit 位用于奇偶校验,以便发现和纠正传输错误。

(2) IDEA 算法。IDEA(international data encryption algorithm)是一种国际信息加密算法。它是 1991 年苏黎世联邦理工学院由瑞士籍华人学者来学嘉和瑞士学者 James Massey 发明的,于 1992 年正式公开,是一个分组大小为 64 位、密钥为 128 位、迭代轮数为八轮的迭代型密码体制。此算法使用长达 128 位的密钥,有效地消除了任何试图穷尽搜索密钥的可能性。

3)对称密钥加密技术的优缺点

对称密钥加密技术的优点是加密、解密速度快,适合对大量数据进行加密,能够保证数据的机密性;缺点是密钥使用一段时间后就要更换,而在密钥传递过程中要保证不能泄密。另外,由于交易对象较多,使用相同的密钥就没有安全意义,而使用不同的密钥则密钥量太大，难以管理。为了弥补对称密钥加密技术的不足，出现了非对称密钥加密技术。

2．非对称密钥加密

1）非对称密钥加密的概念

非对称密钥加密也称为公开密钥加密，它是指对信息加密和解密时，所使用的密钥是不同的，即有两个密钥，一个是可以公开的，称为公开密钥（public key），而另一个是由用户自己保存的，称为私有密钥（private key），这两个密钥组成一对密钥对。如果用其中一个密钥对数据进行加密，则只有用另外的一个密钥才能解密；由于加密和解密时所使用的密钥不同，这种加密体制称为非对称密钥加密体制。图7.4显示了非对称密钥的加密过程。

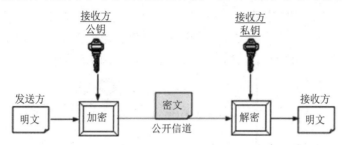

图7.4 非对称密钥的加密过程

2）加密算法

公开密钥加密算法主要是指 RSA 加密算法。此算法是美国 MIT（麻省理工学院）的 Rivest、Shamir 和 Adleman 于 1978 年提出的。它是第一个成熟的、迄今为止理论上最为成功的公开密钥密码体制，它的安全性基于数论中的 Euler 定理和计算复杂性理论中的下述论断：求两个大素数的乘积是容易的，但要分解两个大素数的乘积求出它们的素因子则是非常困难的。

3）非对称密钥加密的优缺点

非对称密钥加密技术的优点是：① 密钥少，便于管理，用户只需保存自己的私有密钥，公钥加密系统允许用户事先把公钥发表或刊登出来；② 密钥分配简单，用户可以把用于加密的公钥，公开地分发给任何需要的其他用户，不需要秘密的通道和复杂的协议来传送密钥；③ 利用公钥加密技术可以实现数字签名和数字鉴别，并确定对方身份。

非对称加密技术的缺点是加、解密速度慢，时间长，适合少量数据进行加密。

7.2.2 数字认证技术

数字认证技术主要分为两种，即身份认证和消息认证。

1．身份认证

身份认证是鉴别某一身份真伪的技术，是防止冒充攻击的重要手段，用于鉴别用户的身份是否合法。身份认证过程只在两个对话者之间进行，涉及被认证方出示的身份凭证信息和与此凭证有关的鉴别信息。实现身份认证的物理基础主要包括如下三种。

（1）用户所知道的。最常用的方法是密码和口令，这种方法简单，但也是最不安全的。

（2）用户所拥有的。依赖于用户拥有的信息（如身份证、护照、密钥盘等）来实现身份认证,这种方法相对复杂,但是安全性比较高。

(3) 用户所具有的特征。这是指用户的生物特征,如指纹、虹膜、DNA、声音、脸部特征等,也包括下意识的行为,这种方法安全系数最高,但是涉及更复杂的算法和实现技术。

2. 消息认证

消息认证又可以分为两种,即数字签名和数字时间戳。消息认证可用于验证所收到的消息确实来自真正的发送方且未被修改,也可以用于验证消息的顺序性和及时性。

1) 数字签名

数字签名(又称公钥数字签名、电子签章)是一种类似写在纸上的普通的物理签名,但是使用了公钥加密领域的技术实现,用于鉴别数字信息的方法。一套数字签名通常定义两种互补的运算,一个用于签名,另一个用于验证,如图7.5所示。

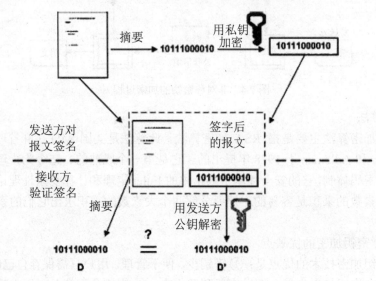

图7.5 数字签名示意图

(1) 数字签名的特点。在书面文件上签名是确认文件的一种手段,其作用有两点:① 因为自己的签名难以否认,从而确认了文件已签署这一事实;② 因为签名不易仿冒,从而确定了文件是真的这一事实。

数字签名与书面文件签名有相同之处,采用数字签名,也能确认以下两点:① 信息是由签名者发送的;② 信息自签发后到收到为止未曾作过任何修改。

区别:手签是模拟的,易伪造;数字签名是基于数学原理的,更难伪造。

(2) 数字签名的原理。数字签名的处理过程(采用双重加密)为:① 使用SHA编码将发送文件加密产生128bit的数字摘要;② 发送方用自己的专用密钥对摘要再加密,形成数字签名;③ 将原文和加密的摘要同时传给对方;④ 接收方用发送方的公共密钥对摘要解密,同时对收到的文件用SHA编码加密产生同一摘要;⑤ 将解密后的摘要和收到的文件与接收方重新加密产生的摘要相互对比,如果两者一致,则说明在传送过程中信息没有被破坏和篡改。否则,说明信息已经失去安全性和保密性,如图7.6所示。

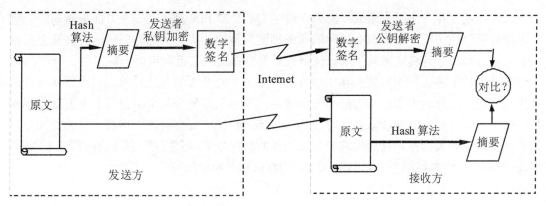

图 7.6 数字签名的原理

2）数字时间戳

在电子商务交易中，需要对交易文件的事件信息采取安全措施。数字时间戳（digital timestamp services，DTS）服务能够提供电子文件发送时间安全保护的服务。数字时间戳服务由专门的机构提供。数字时间戳是一个经加密后形成的凭证文凭，包括以下三个部分：① 需加时间戳的电子文件；② 数字时间戳发送和接收文件的时间；③ 数字时间戳服务的数字签名。

7.2.3 用户识别与安全认证

仅仅加密是不够的，全面的保护还要求认证和识别，以确保参与加密对话的人确实是其本人。厂家依靠许多机制来实现认证，从安全卡到身份鉴别。前一个安全保护能确保只有经过授权的用户才能通过个人计算机进行互联网上的交互式交易；后者则提供一种方法，用它生成某种形式的口令或数字签名，交易的另一方据此来认证他的交易伙伴。用户管理的口令通常是前一种安全措施；硬件/软件解决方案不仅正逐步成为数字身份认证的手段，同时也可以被可信第三方用来完成用户数字身份的相关确认。

1. 认证和识别的基本原理

认证就是指用户必须提供他是谁的证明，如他是某个雇员，某个组织的代理，某个软件过程（如股票交易系统或 Web 订货系统的软件过程）。认证的标准方法就是弄清楚他是谁，他具有什么特征，他知道什么可用于识别他的东西，等等。比如，系统中存储了他的指纹，他接入网络时，就必须在连接到网络的电子指纹机上提供他的指纹（这就防止他以假的指纹或其他电子信息欺骗系统），只有指纹相符才允许他访问系统。更普通的是通过视网膜血管分布图来识别，原理与指纹识别相同，声波纹识别也是商业系统采用的一种识别方式。网络通过用户拥有什么东西来识别的方法，一般是用智能卡或其他特殊形式的标志，这类标志可以从连接到计算机上的读出器读出来。至于说到"他知道什么"，最普通的就是口令，口令具有共享秘密的属性。例如，要使服务器操作系统识别要入网的用户，用户必须把他的用户名和口令输入服务器。服务器就将它与数据库里的用户名和口令进行比较，如果相符，就通过认证，可以上网访问。这个口令就由服务器和用户共享。更保密的认证可以是几种方法组合而成,例如,用 ATM 卡和 PIN 卡。在安全方面最薄弱的一环是规程分析仪的窃听,如果口令以明码(未加密)传输,接入网上的规程分析仪就会在用户输入账号和口令时将它记录下来,任何人只要获得这些信息就可以上网工作。

智能卡技术将成为用户接入和用户身份认证等安全要求的首选技术。用户将从持有认证执照的可信发行者手里取得智能卡安全设备,也可从其他公共密钥密码安全方案发行者那里获得。这样智能卡的读取器必将成为用户接入和认证安全解决方案的一个关键部分。越来越多的业内人士在积极提供智能卡安全性的解决方案。尽管这一领域的情形还不明朗,但我们没有理由排除这样一种可能:在数字 ID 和相关执照的可信发行者方面,某些经济组织或由某些银行拥有的信用卡公司将可能成为这一领域的领导者。

2. 认证的主要方法

为了解决安全问题,一些公司和机构正千方百计地解决用户身份认证问题,常用的认证办法有以下几种。

(1)双重认证。例如,美国波士顿的 Beth Israel Hospital 公司和意大利一电信公司正采用"双重认证"办法来保证用户的身份证明。也就是说,他们不是采用一种方法,而是采用有两种形式的证明方法,这些证明方法包括令牌、智能卡和仿生装置,如视网膜或指纹扫描器。

(2)数字证书。这是一种检验用户身份的电子文件,也是企业现在可以使用的一种工具。这种证书可以授权购买,提供更强的访问控制,并具有很高的安全性和可靠性。

(3)智能卡。这种解决办法可以持续较长的时间,并且更加灵活,存储信息更多,并具有可供选择的管理方式。

(4)安全电子交易(secure electronic transaction,SET)协议。这是迄今为止最为完整、最为权威的电子商务安全保障协议。

7.2.4 安全协议

安全协议是网络安全的一个重要组成部分,是以密码学为基础的消息交换协议,可用于保障计算机网络信息系统中秘密信息的安全传递与处理,确保网络用户能够安全、方便、透明地使用系统中的密码资源。目前,安全协议在金融系统、商务系统、政务系统、军事系统和社会生活中的应用日益普遍。电子商务领域中常见的安全协议有安全套接层协议和安全电子交易协议等。

(1)安全套接层(secure socket layer,SSL)协议是指使用公钥和私钥技术相组合的安全网络通信协议,是网景公司(Netscape)推出的基于互联网应用的安全协议,安全套接层协议指定了一种在应用程序协议(如 HTTP、Telnet 和 FTP 等)和 TCP/IP 之间提供数据安全性分层的机制。

(2)安全电子交易协议是由万事达卡(MasterCard)和维萨(Visa)联合网景、微软等公司,于 1997 年 6 月 1 日推出的。该协议主要是为了实现更加完善的即时电子支付。安全电子交易协议是 B2C 基于信用卡支付模式而设计的,它在保留对客户信用卡认证的前提下,增加了对商家身份的认证;凸显客户、商家、银行之间通过信用卡交易的数据完整性和不可抵赖性等优点，因此，它成为目前公认的信用卡网上交易国际标准。

电子支付无论采取哪种支付协议，都应该考虑安全、成本和使用的便捷性这三个方面的因素，由于这三者在安全电子交易协议和安全套接层协议中的任何一个协议里无法全部体现，就造成现阶段安全套接层协议和安全电子交易协议并存使用的局面。因此，只有一个完善的安全支付协议并不能保证解决网上支付的安全性问题，更重要的是除了安全协议，还需要其他安全技术及其相应的管理制度才能保证电子商务的安全，保证电子商务快速有序地发展。

7.2.5 防火墙技术

防火墙是一个硬件和软件的结合体，它将一个机构的内部网络和整个互联网隔离开，允许一些数据分组通过而阻止另外一些数据分组通过。防火墙允许网络管理员控制外部世界和被管理网络内部资源之间的访问，这种控制是通过管理流入和流出这些资源的流量实现的。

1．防火墙的目标

防火墙具有以下三个目标。

（1）从外部到内部和从内部到外部的所有流量都会通过防火墙。图7.7显示了一个防火墙，它位于被管理网络和互联网区域部分之间的边界处。

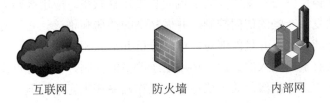

图7.7　常见防火墙

（2）仅允许被批准的流量通过。随着进入和离开机构网络的所有流量经过防火墙，该防火墙能够限制对授权流量的访问。

（3）防火墙自身免于渗透。防火墙本身是一种与网络连接的设备，如果设计或安装得不适当，就不能发挥防火墙本身的作用，但是它给人一种安全的假象，而这种情况比没有防火墙更加危险。

2．防火墙的种类

从实现原理上分，防火墙的技术包括四大类：网络级防火墙（也叫包过滤型防火墙）、应用级网关、电路级网关和规则检查防火墙。它们各有所长，具体使用哪一种或是否混合使用，要看具体需要。

（1）网络级防火墙。这种防火墙一般基于源地址和目的地址、应用或协议以及每个IP包的端口来做出通过与否的判断。一个路由器便是一个"传统"的网络级防火墙，大多数的路由器能通过检查这些信息来决定是否将所收到的包转发，但它不能判断出一个IP包来自何方，去向何处。

防火墙检查每一条规则直至发现包中的信息与某规则相符。如果没有一条规则能符合，防火墙就会使用默认规则，一般情况下，默认规则就是要求防火墙丢弃该包。其次，通过定义基于 TCP 或 UDP 数据包的端口号，防火墙能够判断是否允许建立特定的连接，如 Telnet、FTP 连接。

> **知识链接**
>
> Internet 和 Intranet 的区别
>
> Internet 是互联网，即广域网、局域网及单机按照一定的通信协议组成的国际计算机网络。
>
> Intranet 是企业内联网，是利用因特网技术建立的可支持企事业内部业务处理和信息交流的综合网络信息系统，通常采用一定的安全措施与企业事业外部的因特网用户相隔离，对内部用户在信息使用的权限上也有严格的规定。
>
> Internet 是面向全球的网络，而 Intranet 则是 Internet 技术在企业机构内部的实现，它能够以极少的成本和时间将一个企业内部的大量信息资源高效、合理地传递给每个人。Intranet 为企业提供了一种能充分利用通信线路、经济而有效地建立企业内联网的方案。

（2）应用级网关。应用级网关能够检查进出的数据包，通过网关复制传递数据，防止在受信任服务器和客户机与不受信任的主机间直接建立联系。应用级网关能够理解应用层上的协议，能够做复杂一些的访问控制，并做精细的注册和稽核。它针对特别的网络应用服务协议即数据过滤协议，并且能够对数据包分析并形成相关的报告。应用级网关对某些易于登录和控制所有输出输入的通信的环境给予严格的控制，以防有价值的程序和数据被窃取。在实际工作中，应用级网关一般由专用工作站系统来完成。但每一种协议需要相应的代理软件，使用时工作量大，效率不如网络级防火墙。

应用级网关有较好的访问控制，是目前最安全的防火墙技术，但实现困难，而且有的应用级网关缺乏"透明度"。在实际使用中，用户在受信任的网络上通过防火墙访问 Internet 时，经常会发现存在延迟并且必须进行多次登录（login）才能访问。

（3）电路级网关。电路级网关用来监控受信任的客户或服务器与不受信任的主机间的 TCP 握手信息，这样来决定该会话（session）是否合法，电路级网关是在 OSI 模型中会话层上来过滤数据包，这样比包过滤型防火墙要高二层。

电路级网关还提供一个重要的安全功能：代理服务器（proxy server）。代理服务器是设置在互联网防火墙网关的专用应用级代码。这种代理服务准许网管员允许或拒绝特定的应用程序或一个应用的特定功能。包过滤技术和应用级网关是通过特定的逻辑判断来决定是否允许特定的数据包通过，一旦判断条件满足，防火墙内部网络的结构和运行状态便"暴露"在外来用户面前，这就引入了代理服务的概念，即防火墙内外计算机系统应用层的"链接"由两个终止于代理服务的"链接"来实现，这就成功地实现了防火墙内外计算机系统的隔离。同时，代理服务还可用于实施较强的数据流监控、过滤、记录和报告等功能。代理服务技术主要通过专用计算机硬件（如工作站）来承担。

> **知识链接**
>
> **OSI 参考模型**
>
> OSI 参考模型（open system interconnection reference model，开放式系统互联通信参考模型）是一个 7 层的分层结构。该模型是按逻辑组合功能来分层的，每层执行各自的功能。上层建立在下层基础上，下层为上层提供一定的服务。层间的相互作用是通过层间接口实现的，只要保证层间接口不变，任何一层实现技术的变更均不会影响其他各层的功能和提供的服务。

（4）规则检查防火墙。该防火墙结合了包过滤型防火墙、电路级网关和应用级网关的特点。它同包过滤型防火墙一样，规则检查防火墙能够在 OSI 网络层上通过 IP 地址和端口号，过滤进出的数据包。它也像电路级网关一样，能够检查 SYN（synchronize sequence numbers，同步序列编号）和 ACK（acknowledge character，确认字符）标记和序列数字是否逻辑有序。当然它也像应用级网关一样，可以在 OSI 参考模型应用层上检查数据包的内容，查看这些内容是否符合企业网络的安全规则。

规则检查防火墙虽然集合了前三者的特点，但是不同于一个应用级网关：它并不打破客户机/服务器模式来分析应用层的数据，它允许受信任的客户机和不受信任的主机建立直接连接。规则检查防火墙不依靠与应用层有关的代理，而是依靠某种算法来识别进出的应用层数据，这些算法通过已知合法数据包的模式来比较进出数据包，这样从理论上就能比应用级代理在过滤数据包上更有效。

7.3　电子商务安全管理规范

电子商务信息的安全性是电子商务健康发展的基础，有效有序地管理可以促进电子商务活动安全顺利地进行，因此，制定相关的规范势在必行。

■课程思政

> 遵守电子商务安全管理规范，可以防范风险的发生，避免各种损失。我们应该做好日常安全防范，按规范处理事情，不能逾越规矩，随便处置，否则会扰乱整个秩序，造成不必要的麻烦和损失。规则是为人处世的一种规范，每个人都应该遵守规则。

7.3.1　风险制度规范

电子商务风险管理就是跟踪、评估、监测和管理整个电子商务实施过程中所形成的电子商务风险，尽量避免电子商务风险给企业造成经济损失、商业干扰及商业信誉丧失等，以确保企业电子商务的顺利进行。当电子商务面临各种安全风险时，电子商务企业应该主动采取措施维护电子商务系统的安全，并监视新的威胁和漏洞，而不能被动、消极地应付。这就需要电子商务企业制定完整高效的电子商务安全风险管理规则。

1. 电子商务的安全风险

1）信息风险

信息风险主要是指由于信息滞后、虚假、过滥、垄断或者不完善而造成的损失。在信息传递中，若市场主体接受到的信息不完备或不准确，就无法正确分析或者判断信息，也就无法做出合理的应对决策。在电子商务开展过程中，信息资源起着决定性作用，然而信息过滥的现象也随之出现。网络欺诈是信息风险最直接的表现，此种行为不仅会使消费者与厂商蒙受损失，更严重的是它会使人们丧失对电子商务的信心。

2）信用风险

信用风险主要表现在以下方面。

（1）买方导致的信息风险。消费者在网上购物时伪造信用卡用以骗取货物或在使用信用卡时恶意透支或者对付款期限故意拖延，这些行为均会增加卖方风险。

（2）卖方导致的信用风险。货物难以保证质量，或者延时寄送货物；电商厂家发布信息不准确或者不完全，以欺骗方式宣传自身产品。由于网络交易具有虚拟性，消费者不能直接看到真实货物，这为欺骗行为的产生创造条件。

（3）买卖双方均可能导致的风险。网络交易具有易修改性，买卖双方若都有抵赖行为，其风险不可避免。

3）管理风险

管理风险主要是指交易技术、交易流程与人员管理具有不完善性而导致的风险。在网络商品交易过程中，交易中心一方面需要监督买方做到按时付款，另一方面需要监督卖方根据合同要求按时提供货物。这些环节均存在诸多管理问题，若其中一个环节管理不善则必定会造成难以估量的潜在风险。工作人员的安全教育、职业素质难以保证，在管理松懈的情况下，会导致众多网络犯罪行为出现。部分企业采用不正当手段窃取竞争对手的用户密码、识别码或传递方式，造成人员管理方面的风险。

4）投资风险

投资风险主要表现在以下方面。

（1）固定资产更新快，运营成本增加。电子技术发展日新月异，与电子商务有关的打印机、电脑等硬件设施经济寿命大大缩短，具有较差的变现能力，后续投资持续不断，使得企业运营成本增加。

（2）无形资产的投资所占比重大。电子商务必须在信息技术上跟上行业发展步伐，稍微落后就有淘汰可能，因此，企业需要持续性地投入资金开发新技术，这导致投资风险增加。

（3）电子商务所获得的收益是长期的，短时间内企业难以收回投资，收益同样也具有不可预估性。这些因素导致电子商务具体回报不能确定，投资风险增加。

2. 电子商务风险管理应对策略

（1）缩短项目周期，给予更多项目选择将电子商务的项目周期大大缩短是减轻安全风险的直接措施，由于电子商务所处的外界环境变化太快，如竞争环境与技术环境，其发展变化可以用瞬息万变来形容。若企业拥有过大的电子商务项目，即使项目本身获得成功，但是由于周围环境发生改变，这个项目所带来的收益也未必能够达到预期标准，甚至为企业带来一定的经济损失。

（2）风险意识自上而下。部分企业认为，所谓的电子商务仅是一种技术项目，技术部门直接参与即可。根据调查显示，绝大多数企业在电子商务进程中，没有高度重视其运作管理，致使电商项目普遍成功率低下。而阿里巴巴等电商企业之所以获得成功，都是在进行电商项目时企业管理层给予高度关注，即使普通员工也相当明确企业的电商目标，此种自上而下地全面了解电商知识，也是企业电子商务运作成功的根本原因之一。因此，企业应要求全体员工充分了解电商知识，同时明晰电商风险，从而形成全民重视并且全民参与的局面。

（3）改变企业运作流程。目前，仍有部分企业认为，电子商务就是建立一个售货网站，怀有此种想法的企业在电商运营中无一不遭遇失败。若企业不对其运作流程进行改革而直接进入电商的洪流中，不仅会投资失败，而且会对企业整体信誉造成影响。因此，企业在加入电商行列前，改造内部流程是非常必要的，这能使之更好地适应现代电商要求。

（4）战略计划具有滚动性。电子商务变化快速并且具有不确定性，常规的战略计划所发挥的作用逐渐减小。成功的电商企业一般都是这样：五年计划中，只有第一年的安排是较为详细的，剩余年份则比较粗略。这是因为制订的计划可能尚未实施，但是周围环境已经千变万化。因此，实际经营中，保持计划的滚动性尤为重要，要根据环境变化定期修改战略计划。

综合来看，企业要做好电子商务风险管理，需要做到以下两点：① 要提高企业内部对电子商务风险的管理意识，掌握电子商务风险管理知识；② 电子商务是商务过程的信息技术实现，因此应将企业商务战略与信息技术战略整合在一起，形成企业的整体战略，这是电子商务管理成功的关键。

7.3.2 法律制度规范

电子商务安全管理不完善是电子商务安全的重要隐患。安全管理在整个网络安全保护工作中的地位十分重要。任何先进的网络安全技术都必须在有效、正确的管理控制下，以及合理的法律保障下，才能得到较好的实施。近些年来，国家和行业相继出台了一些针对电子商务安全方面的政策法范，如表7.1所示。

表7.1 国家和行业相继出台的电子商务安全政策法范

法律制度名称	出台时间
《中华人民共和国电子签名法》	2004年
《电子银行业务管理办法》	2005年
《关于加强银行卡安全管理、预防和打击银行卡犯罪的通知》	2009年
《非金融机构支付服务管理办法》	2010年
《关于加强电信和互联网行业网络安全工作的指导意见》	2014年
《中华人民共和国网络安全法》	2016年
《中华人民共和国电子商务法》	2018年
《网络交易监督管理办法》	2021年

7.3.3 日常安全防范规范

微课：日常安全防范规范

随着科学技术的不断发展，我们在开展电子商务活动时，除了使用 PC 端，更多地会使用移动端进行。因此，我们在进行日常安全防范时需要注意两方面的安全，即 PC 端和移动端。

1. PC 端安全防范

电子商务活动是在 PC 联网的情况下进行的，因此我们应该注重 PC 端网络安全的防护和个人信息的保护，具体如下。

（1）PC 端要安装必要的防杀病毒软件，定期扫描 PC，以防止 PC 遭到病毒、木马等的侵入和攻击。

（2）平时上网，尤其是在进行网络交易时，要注意保护好个人信息不得泄露，删除网页中的 Cookies，避免在网络上留下重要信息（如密码等）。

（3）安装必要的防火墙软件，可有效抵御黑客、木马等的入侵。

（4）定期安装系统补丁。不管是 Windows 系统还是其他系统，开发企业都会不定期地发布一些补丁文件或系统更新文件，及时更新这些系统漏洞，有助于维护系统的安全。

（5）在接收文件（如 QQ 传送文件、电子邮件附件等）时，要注意使用杀毒软件检查文件，以防文件中有木马和病毒嵌入。

（6）对于一些重要的密码（如银行卡密码、QQ 密码等）使用复杂性高的密码，这样密码被破解的可能性会降低。

（7）经常备份重要的文件，以防止系统崩溃或文件被误删。

（8）不浏览一些非法网站或不良网站，因为这些网站往往会被不法之徒嵌入一些病毒和木马。

2. 移动端安全规范

移动端用户应注意以下一些日常安全规范。

（1）谨慎下载无认证的手机 App。

（2）对一些莫名其妙的手机短信、彩信尽量不要打开，尤其是其中的链接，更不要打开。

（3）对公共场所不能识别安全性的 Wi-Fi 不要连接。

（4）及时更新手机系统。

（5）对一些涉及财务的 App 设置复杂性较高的支付密码。

（6）不要随便扫描二维码。

思考与练习

一、填空题

1. 电子商务是利用互联网进行的各项商务活动，主要包括_____和_____两种业务类型。

2. _____是指利用软件和系统知识或专门技术实施的攻击。

3. _____和商务交易安全是密不可分的，两者相辅相成、缺一不可。

4. _____是指加密密钥和解密密钥均采用同一密钥算法，而且通信双方必须都要获得这把密钥并保持密钥的秘密。

5. _____是一个硬件和软件的结合体，它将一个机构的内部网络和整个因特网隔离开，允许一些数据分组通过而阻止另外一些数据分组通过。

二、简答题

1．什么是电子商务安全？
2．简述电子商务面临的安全威胁。
3．画出电子商务安全体系结构图。
4．什么是数字签名？
5．什么是安全协议？

第 8 章

电子商务数据分析与应用

知识目标

1. 了解电子商务数据分析的流程。
2. 理解电子商务数据分析的相关概念。
3. 理解电子商务数据分析模型。
4. 掌握电子商务数据分析的方法。
5. 掌握电子商务数据分析工具。

 引例

大数据助力李宁精准跨界明星营销

　　李宁与韩国少女时代郑秀妍（英文名Jessica）的跨界合作，让"LI-NING×Jessica"系列一经推出就备受追捧。在李宁首度宣布与Jessica合作当日，李宁官微创下自身官微互动记录，#型自西卡#也成为热门话题榜冠军。参与互动的30%以上的网友都明确表示具有购买欲望，之后"LI-NING×Jessica"跨界合作产品在李宁官方商城正式开始预售，瞬间就吸引了数以万计的客户。

　　利用明星效应进行营销我们都不陌生，但所用明星对产品目标消费者影响力的大小，企业主常常难以把控。所有的成功都不是一次单纯的偶然，李宁与Jessica跨界合推新产品系列的成功是大数据下的产物，是基于社交媒体的数据收集、处理的一次精准营销。

（资料来源于网络并经作者加工整理）

➤ 辩证思考：

李宁是如何利用数据进行后续精准营销的呢？

8.1　电子商务数据概述

　　电子商务相对于传统零售业来说，最大的特点就是一切都可以通过数据来监控和改进。

通过数据可以看到用户从哪里来、如何组织产品可以实现很好的转化率、投放广告的效率如何等问题。基于数据分析的每一点改变,都是在提升你赚钱的能力,所以,电子商务网站的数据分析显得尤为重要。

当用户在电子商务网站上有了购买行为之后,就从潜在客户变成了网站的价值客户。电子商务网站一般都会将用户的交易信息,包括购买时间、购买商品、购买数量、支付金额等信息保存在自己的数据库里面,所以对于这些客户我们可以基于网站的运营数据对他们的交易行为进行分析,以估计每位客户的价值,以及针对每位客户扩展营销的可能性。

8.1.1 电子商务数据的认知

1. 电子商务数据分析的重要性

1) 阿里巴巴

2011年5月25日,阿里巴巴宣布推出数据门户,并正式启用新域名 data.china.alibaba.com,新推出的数据门户根据4500万中小企业用户的搜索、询单、交易等电子商务行为进行数据分析和挖掘,为中小企业以及电子商务从业人士等第三方提供综合数据服务。马云曾表示"数据"将是阿里巴巴未来十年发展的战略核心。目前正式开放的部分为面向全体用户的宏观行业研究模块,由行业搜索动态趋势图、专业化行业分析报告、细分行业和地区的内贸分析和针对行业各级产品的热点分析,以及实时行业热点资讯等部分构成,并且免费提供。

2) 各行业巨头

事实上,近年来全球各大行业巨头都表示进驻"开放数据"蓝海。以沃尔玛为例,该公司已经拥有两千多万亿字节数据,相当于二百多个美国国会图书馆的藏书总量,其中,很大一部分为客户信息和消费记录。通过数据分析,企业可以掌握客户的消费习惯,优化现金和库存,并扩大销量。数据已经成为各行各业商业决策的重要基础。

电商平台也很注重这方面的数据分析,如世界工厂网,就设有排名榜的数据分析,通过分析用户在世界工厂网的搜索习惯及搜索记录,免费提供产品排行榜、求购排行榜和企业排行榜。无独有偶,作为行业门户网站的装备制造网也即将在未来的发展中提供数据分析的功能,从网站的介绍中可以看到每月企业网站专业SEO检测报告、季度专业行业研究报告等。所有这些行业,都昭示着一个趋势:关注企业数据,关注行业分析。也只有行业网站、电商平台等拥有企业数据优势,而且集合整个行业信息,并有分析整合数据的能力,这样才能真正为企业提供真实、有效的数据分析。

从各方对待一个事物的态度与投资动向,我们能很轻易地了解这一事物的重要程度,从以上的事例可以看出,数据分析对于各行各业都非常重要,尤其是对于电子商务平台。

▍课程思政

大数据政策

《大数据产业发展规划(2016—2020年)》以大数据产业发展中的关键问题为出发点和落脚点,以强化大数据产业创新发展能力为核心,以推动促进数据开放与共享,加强技术产品研发,深化应用创新为重点,以完善发展环境和提升安全保障能力为支撑,打造数据、技术、应用与安全协同发展的自主产业生态体系,全面提升我国大数据的资源掌控能力、技术支撑能力和价值挖掘能力,在此基础上明确了"十三五"时期大数据产业发展的指导思想、发展目标、重点任务、重点工程及保障措施等内容,作为未来五年大数据产业发展的行动纲领。

从根本目的上来说,数据分析的任务在于通过抽象数据形成对业务有意义的结论。因为单纯的数据是毫无意义的,直接看数据没有办法发现其中的规律,只有通过使用分析方法将数据抽象处理后,人们才能看出隐藏在数据背后的规律。

2. 电子商务数据分析的六个重要因素

1)电子商务数据分析需要商业敏感

今天电子商务公司的数据分析师,有些像老板的军师,必须有从枯燥的数据中解开市场密码的本事。比如,具有商业意识的数据分析师发现,网站上婴儿车的销售量增加了,那么,他基本可以预测奶粉的销量也会跟上去。再比如,网站上的产品发挥的作用并不一样,有的产品是为了赚钱,有的产品是为了促销,有的产品是为了吸引流量,不同的产品在网站上摆放的位置是不一样的。

一个商业敏感的数据分析师,懂得用什么样的数据实现公司的目标。

比如,乐酷天与淘宝竞争,它们重点看的不是交易量,而是流量:每天有多少新的卖家进来,卖了多少东西。因为,此阶段竞争最核心的就是人气,而非实质交易量。如果新来的卖家进来卖不出东西,只有老卖家的交易量在增长,即使最后每天的交易量都增长,也还是有问题。

再比如,一家刚踏入市场的 B2B 公司和已经占领大部分市场的 B2B 公司,它们的目标是不一样的。前者是看流量赚人气,后者对流量不怎么看重,而是看重交易转化率及回头率。当下的数据分析师多是学统计学出身的,一堆数据放在那里,大家都擅长怎么算回归、怎么画函数。但是这批学数学的人才缺乏商业意识,不知道这些数据对业务意味着什么,看不见一堆数据中彼此的关系,也就不知道该用什么样的逻辑分析,也就无法充当老板的眼睛了。

2)电子商务的网站转化率是关键

ROI 是最终的目标,电子商务 B2B 网站平台的宗旨就是为企业服务,让买家与卖家的市场销售成本降低,降低交易成本,提高订单利润。因此,电子商务的网站转化率是关键,这其中就提到一个指标的重要性——ROI。ROI 是 return on investment 的缩写,是指通过投资而应返回的价值,它涵盖了企业的获利目标。利润和投入的经营与所必备的财产相关,因为管理人员必须通过投资和现有财产获得利润,又称会计收益率、投资利润率。其计算公式为:

$$投资回报率(ROI)=年利润或年均利润/投资总额×100\%$$

投资回报率(ROI)的优点是计算简单;缺点是没有考虑资金时间价值因素,不能正确反映建设期长短及投资方式不同和回收额的有无等条件对项目的影响,分子、分母计算口径的可比性较差,无法直接利用净现金流量信息。只有投资利润率指标大于或等于无风险投资利润率的投资项目才具有财务可行性。

什么是购物车放弃率?

购物车放弃率是指在将商品添加到购物车后离开,未购买的访问者所占的百分比。

购物车放弃率是一个广泛的指标,由一系列微观转化决定。具体来说,这些微观转化包括:单击"继续进行结账"按钮、从购物车页面转到结账页、在结账期间成功完成付款。

3)电子商务数据分析衡量指标的设定

指标是让我们更好地从数据量化的层面来了解运营的状况,现在的PV(page views,页面浏览量)、UV(unique visitor,独立访客)、转化率基本是运营监督的指标;网站分析采用的指标可能有各种各样的,根据网站的目标和网站客户的不同,可以有许多不同的指标来衡量。常用的网站分析指标有内容指标和商业指标,内容指标指的是衡量访问者的活动的指标,商业指标是指衡量访问者活动转化为商业利润的指标。电子商务的数据可分为两类:前端行为数据和后端商业数据。前端行为数据指访问量、浏览量、点击流及站内搜索等反应用户行为的数据;而后端数据更侧重商业数据,比如交易量、投资回报率以及全生命周期管理等。目前有些人关心前端行为数据,也有些人关心后端商业数据,但是没有几家网站把前端行为数据和后端商业数据连起来看。大家只单纯看某一端数据。但是看数据看得"走火入魔"的人会明白,每个数据就像散布在黑夜里的星星,它们之间布满了关系网,只要轻轻按一下其中一个数据,就会驱动另外一个数据的变化。

4)某些指标异常变化的原因分析

网站某些指标的异常变化是外界市场一些变化的客观反映,网站的数据分析人员一定要注意。例如 PV 减少(异常),那我们就要分析用户是搜索来源减少,还是直接访问减少或者反连接过来的减少。搜索减少就要观察用户的关键字、搜索引擎等。例如 2011 年的上半年,阿里巴巴与慧聪发生争论,而在那几天,另一个 B2B 网站——世界工厂网的会员注册量批量上升,每天超过一千人以上的注册量。当然这只是一部分猜测,在两个 B2B 巨头不稳定之时,企业会选择第三方的平台,这是符合常理推断的。不过就此以后,世界工厂网的注册量一直是稳中有升的,难道这是会员发现一个免费"新大陆"的口碑宣传吗?事后发现,这是因为世界工厂网的一个新项目——全球企业库的上线吸引了大量企业会员的青睐,才导致注册量猛然提升。对于一些数据的异常增加或减少,一定要分析其产生的原因与市场时机,这对平台以后的发展及政策导向非常有借鉴意义。

5)利用数据分析用户的行为习惯

再说,得到数据做分析是在揣测用户的心理和一些习惯,最真实的目的是让用户告诉你,需要什么,这些可以利用投票调查及问题提交等来实现。当然利用数据整合分析也是必然的,通过策略分析来权衡利弊并对用户体验进行改善,以及明确一些基本的产品定位及开展相关活动。装备制造负责人认为,网站数据分析应该分为两个层次。

第一,网站数据分析,是针对产品来说的,即就围绕产品如何运转,做封闭路径的分析,得出产品的点击是否顺畅、功能展现是否完美。

第二,研究客户的访问焦点,挖掘客户潜在需求。如以交易为导向的电子商务网站,就是要研究如何高效地促成交易,是否能出现联单。

6）客户的购买行为分析

用户在电子商务网站有了购买行为，就从潜在客户变成了网站的价值客户。电子商务网站一般都会将用户的交易信息，包括购买时间、购买商品、购买数量、支付金额等信息，保存在自己的数据库里面，所以对于这些用户，我们可以基于网站的运营数据对他们的交易行为进行分析，以估计每位用户的价值，及针对每位用户的扩展营销的可能性。客户的购买行为分析，如传统的 RFM 模型、会员聚类、会员的生命周期分析、活跃度分析，这些对精准的运营都是非常重要的。

以上所谈到的是电子商务数据分析的几个重要因素。其实，电子商务的数据分析更多的是实战，网站分析的本质是了解用户的需求、行为，以开发用户体验良好的功能与服务，制定扩展营销的策略及附加功能的推广服务等。

8.1.2 电子商务数据的采集

1. 数据采集概述

数据采集也叫数据获取，是指在一个系统采集数据后将数据信息传输到另一个系统中，为后续系统数据分析做准备。电子商务大数据伴随消费者和企业的行为实时产生，广泛分布于电子商务平台、社交媒体、智能终端、企业内部系统和其他第三方服务平台上，其类型多种多样，既包含消费者交易信息、消费者基本信息、企业的产品信息与交易信息，也包括消费者评论信息、行为信息、社交信息和地理位置信息等。在大数据环境下，电子商务平台中的数据是公开、共享的，但数据间的各种信息传输和分析需要有一个采集整理的过程。

电子商务平台是指企业或个人提供网上交易洽谈的平台。企业、商家可充分利用电子商务平台提供的网络基础设施、支付平台、安全平台、管理平台等共享资源有效地、低成本地开展自己的商业活动。电子商务平台是电子商务数据产生的基本载体，主要包括商品数据、客户基本信息数据、交易数据、客户评价数据。

（1）商品数据。在进行电子商务活动之前，各企业、商家将商品的相关数据录入电子商务平台数据库中，进而在网页中呈现出来，一般地，商品数据在一定时期内是相对稳定的。商品数据主要包括商品分类、商品品牌、商品价格、商品规格、商品展示，主要有文字描述、具体数值、图片等数据格式。对商品数据的采集主要是获取不同类目、颜色、型号等对销售量和销售额的影响，以便调整运营策略、实施销售计划。

（2）客户基本信息数据。目前，各大电子商务平台的访问均需客户进行注册，其中不乏用户的隐私信息，如用户联系电话、电子邮件和通讯地址等。同时通过线上交易、线下物流，可以获取更完整的客户数据，主要包括姓名、性别、年龄等内在属性数据，城市、教育程度、工作单位等外在属性数据，首次注册时间、VIP 等级、消费频率、购物金额等业务属性数据。了解客户的过程，实际上是一个为用户打上不同标签并分群的过程，对这些数据的采集，有利于分析客户消费行为和消费倾向等特征。

（3）交易数据。当客户在电子商务平台上产生购买行为之后，其交易数据包括购买时间、购买商品、购买数量、支付金额、支付方式等。对交易数据的采集是促进通过数据分析评估客户价值，将潜在客户变为价值客户的重要环节。电子商务网络营销最主要的目的是促进商品销售,因此按照客户对商品的购买情况,可对当前和这个商品相关的营销策略的实施效果进行评价,以便进行相关的调整。

(4)客户评价数据。《2020年电商消费十大趋势》显示,"80后""90后""00后"的消费者更愿意在互联网上分享自己的真实购物体验,并且消费评价是其产生购买行为的重要影响因素。这些评价数据主要以文本的形式体现,包含商品品质、客户服务、物流服务等方面的内容。对评价数据的采集是可以帮平台商家更好地跟消费者沟通,了解需求,完善产品,提高服务。

2. 电子商务数据的采集方法

电子商务数据集通常具有不同类别的属性,包括字符类属性和数值类属性。字符类属性通常是对键值的外部归类,如性别、所在地区名、信用等级等。数值类属性又可分为顺序属性、离散值属性和连续值属性。数值类属性是对变量的量化记录,其中:顺序属性是对键值进行顺序排列,并用数字表示顺序,如喜爱程度、满意度等;离散值属性是不具有运算意义的离散值键值,如身份证号码、邮编等;而连续值属性是最为常见的数值类属性,如货币收入、统计的人数等。

目前互联网中的网页信息多是半结构化或结构化,绝大多数的网页信息的编写或标记语言为超文本标记语言 HTML,分析其组成结构可知它主要由 HTML 标签和穿插其中的普通文本信息组成。简而言之,电子商务数据主要可以归类为由文字、数值组成的文本类型数据,同时还包括图片、视频等媒体数据。因此,对电子商务数据的采集,可以参考文本数据和媒体数据的采集方法。表 8.1 所示为不同类型电子商务数据可使用的采集方法。

表 8.1 不同类型电子商务数据可使用的采集方法

数 据 类 型	电子商务数据采集方法
文本、图片等(HTML)	网络爬虫
文本、图片等(JSON 或 XML)	调用网站 API

1) HTML 网页文本、图片数据采集

获取网页是 Web 采集最基本的操作。互联网是一个类似蜘蛛网一样的数据信息网络,包含网页中的一些图片、视频、压缩文件、超链接等媒体文件。

Web 采集的核心是网页爬虫,用以采集相关网址所包含的海量信息,并从中提取所需的网页信息资料。目前国内外对网络爬虫的研究主要分为三类:基于网站的信息采集、基于关键词的网站信息采集、增量式网站信息采集。

(1)传统网络爬虫。传统网络爬虫的原理是:通过网页的链接地址来寻找网页,从网站某一个页面(通常是首页)开始,读取网页的内容,找到网页中的其他链接地址,然后通过这些链接地址寻找下一个网页。这样一直循环下去,直到把这个网站所有的网页都抓取完为止。其一般工作流程如图 8.1 所示。

传统的网络爬虫主要用于抓取新闻门户类、论坛类及传统博客类网站的数据,更擅长处理静态网页的数据。运用网络爬虫采集电商数据时,可以使用 Python 或 Java 等语言实现。

(2)主题网络爬虫。Web 结构越来越复杂,网页数量越来越多,传统爬虫对所有链接指向的网页不加选择地爬取,越发不可能遍历整个 Web 上的所有网面。而主题爬虫有选择地爬行符合预定主题的网页,分析每个页面的链接,并通过相关性算法的计算预测链接指向的网页与主题的相关度、优先度高的链接先爬行，舍弃与主题无关的链接。

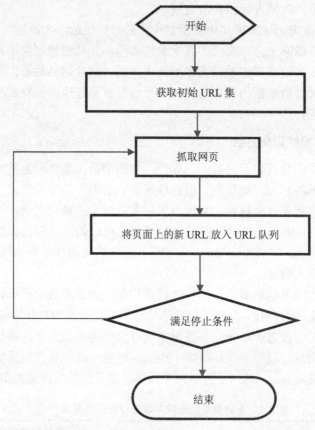

图 8.1　传统网络爬虫工作流程

2）JSON 或 XML 页面文本、图片数据采集

尽管人们可以通过网络爬虫的一些改进技术实现各类网络数据的采集，但网络爬虫获取的往往是整个页面数据，缺乏针对性。利用网站自身提供的 API 实现网络数据采集即调用网站 API，可以很好地解决数据针对性的问题。

越来越多的社会化媒体网站推出了开放平台，提供了丰富的 API，如 Twitter、新浪微博、人人网、博客等。这些平台包含了许多关于"电子商务"的话题和评论、图片等，它们允许用户申请平台数据的采集权限，并提供相应的 API 接口采集数据。

（1）开放认证协议。开放认证（OAuth）协议不需要提供用户名和密码来获取用户数据，它给第三方应用提供一个令牌，每一个令牌授权对应的特定网站（如社交网站），并且应用只能在令牌规定的时间范围内访问特定的资源。为了降低 OAuth 协议的复杂性，OAuth 2.0 协议很快就被提出，OAuth2.0 更加关注客户端开发者的简易性，它为手机应用、桌面应用和 Web 应用提供专门的认证流程。目前各大社交网站诸如 Facebook、Twitter、新浪微博等都提供了 OAuth2.0 认证支持。

（2）开源 API 的调用。开源 API 的调用方法步骤为：① 创建 HttpClient 对象；② 如果需要发送 get 请求，创建 httpget 对象，同样，post 请求一样；③ 发送参数，可调用 HttpGet、Httppost 共同的 setParams()方法来添加请求参数；HttpPost 对象而言，也可调用 setEntity()方法来设置请求参数；④ 调用 Httpclient 对象的 execute()方法发送请求，执行该方法会返回一个 Httpresponse；⑤调用 Httpresponse 的 getAllHeaders()、getHearders(String name)等方法可获取服务器的响应头。调用 getEntity()方法可获取 HttpEntity 对象，该对象包装服务器的响应内容。

8.1.3 电子商务数据的处理

数据（data）是对事实、概念或指令的一种表达形式，可由人工或自动化装置进行处理。数据经过解释并赋予一定的意义之后，便成为信息。数据处理（data processing）是对数据的采集、存储、检索、加工、变换和传输。

1．电子商务数据处理概述

电子商务数据处理的基本目的是从大量的、可能是杂乱无章的、难以理解的数据中抽取并推导出对于某些特定的人们来说是有价值、有意义的数据。

电子商务数据处理是系统工程和自动控制的基本环节。电子商务数据处理贯穿于社会生产和社会生活的各个领域。电子商务数据处理技术的发展及其应用的广度和深度，极大地影响了人类社会发展的进程。

2．电子商务数据处理的作用

数据处理使电子商务的运营方式数据化。在大数据的影响下，电子商务领域很大程度上改变了传统的运营模式，现今更多地以数据方式为主导，贯穿于企业运营中的采购、营销以及财务等过程。

微课：电子商务数据处理的作用

（1）数据处理使电子商务企业数据化运营，使企业能够通过数据分析出顾客的需求，并以此对日后的经营提前做预测，从而使成本最小化、利润最大化。例如，亚马逊企业的 FDFC 和 FC 的两种数据化运营模式，前者主要用于预测热销商品，而后者则用于小众商品的分析。

（2）数据处理使行业应用得以垂直整合。垂直整合可以理解为一种方法，以将公司的投入与产出的比例提高或者降低到某种程度。垂直整合与价值链模型紧密联系，可指公司、供应商与经销商三者之间价值链的整合程度，而当公司将另外二者的价值链整合至其价值链之中，即是完全垂直整合。电子商务领域对大数据处理的应用，使得企业自身对供应商与营销商的整合能力不断增强，其间的资源得到更好的共享，企业与用户的关系越来越近，也就获得了更多制胜的机会。

（3）数据处理使电子商务数据资产化。随着信息时代的发展与进步，数据或大数据作为信息时代的产物将占据越发重要的地位。有相关学者分析表示，数据化竞争将引领未来的商业竞争，而企业制胜的关键将以其对数据的掌握来衡量。企业将越发重视数据，将会有越来越多有关数据的业务相应而生，如对数据分析、可视化的业务和众包模式等。大数据在不久的将来会发展成为一项产业，为企业创造更多的利益。

3．电子商务数据的处理工具

1）R 语言

R 语言是一个用于统计计算和统计制图的优秀工具，R 语言既是一种用于统计分析、绘图的语言，也是一种操作环境。R 语言被广泛应用于数据挖掘以及开发统计软件和数据分析中。近年来，易用性和可扩展性大大提高了 R 语言的知名度。除了数据，它还提供统计和制图技术，包括线性和非线性建模，经典的统计测试，时间序列分析、分类、收集等。其分析速度可媲美 GNU Octave 甚至商业软件 MATLAB。R 语言具备跨平台、自由、免费、源代码开放、绘图表现和计算能力突出等一系列优点，受到了越来越多的数据分析工作者的喜爱。

2）SPSS

SPSS 是国际上公认的权威统计分析软件，广泛应用于自然科学与社会科学研究中。SPSS 和 R 语言相比，不需要编程（但要求掌握基本的统计原理），只需单击菜单和对话框中的按钮即可，易学易用，在短时间内（甚至几秒内）即可得出数据分析结果。SPSS 是世界上最早采用图形菜单驱动界面的统计软件，它最突出的特点就是操作界面极为友好，输出结果美观漂亮。它几乎将所有的功能都以统一、规范的界面展现出来，使用 Windows 的窗口方式展示各种管理和分析数据方法的功能，在对话框中展示出各种功能选择项。用户只要掌握一定的 Windows 操作技能，粗通统计分析原理，就可以使用该软件为特定的科研、工作服务。

3）Minitab

Minitab 软件是现代质量管理统计的领先者，是实施全球六西格玛管理所用的共同语言，以无可比拟的强大功能和简易的可视化操作深受广大质量学者和统计专家的青睐。Minitab 功能菜单包括假设检验（参数检验和非参数检验）、回归分析（一元回归和多元回归、线性回归和非线性回归）、方差分析（单因子、多因子、一般线性模型等）、时间序列分析、图表（散点图、点图、矩阵图、直方图、茎叶图、箱线图、概率图、概率分布图、边际图、矩阵图、单值图、饼图、区间图、Pareto、Fishbone、运行图等）、蒙特卡罗模拟和仿真、SPC（statistical process control，统计过程控制）、可靠性分析（分布拟合、检验计划、加速寿命测试等）、MSA（交叉、嵌套、量具运行图、类型 I 量具研究等）等。

4）Excel

Excel 是常用的数据分析工具，在作图方面也是一款优秀软件。与当前流行的数据处理图形软件 MATLAB、SigmaPlot、SPSS 等相比，Excel 不需要一定的编程知识和矩阵知识；图表类型多样，图形精确、细致、美观，且操作灵活、快捷，图形随数据变化呈即改即现的效果，既能绘制简单图形，也能绘制较为复杂的专业图形。Excel 与 SPSS 之间可以进行数据、分析结果的相互调用。

Excel 作为数据分析的一个入门级工具，是快速分析数据的理想工具，但是 Excel 分析结果信息量少，在颜色、线条和样式上选择的范围有限，这也意味着用 Excel 很难制作出符合专业出版物和网站需要的数据图。

5）Google Charts API

Google Charts API 提供了一种非常完美的实现数据可视化的方式，它提供了大量现成的图标类型，从简单的线图表到复杂的分层树地图等，它还内置了动画和用户交互控制，Google Charts API 为每个请求返回一个 PNG 格式图片，目前提供如下类型图表：折线图、柱状图、饼图、维恩图、散点图，它还可以为这些图表设定尺寸、颜色和图例。

6）水晶易表

水晶易表（Crystal Xcelsius）是全球领先的商务智能软件商 SAP Business Objects 的最新产品。只需要简单的点击操作，Crystal Xcelsius 就可以让静态的 Excel 电子表格充满生动的数据展示、动态表格、图像和可交互的可视化分析，还可以通过多种"如果……那么会（What If）"情景分析进行预测。最后，通过一键式整合，这些交互式的 Crystal Xcelsius 分析结果还可以轻松地嵌入 PowerPoint、Adobe PDF 文档、Outlook 和网页上。

7）Power BI

Power BI 是微软最新的商业智能概念，它包含一系列的组件和工具。Power BI 是微软官方推出的可视化数据探索和交互式报告工具，它的核心理念就是让用户不需要强大的技术背景，只需要掌握 Excel 这样简单的工具就能快速进行商业数据分析及实现数据可视化。

8）百度统计

百度统计是百度推出的一款稳定、免费、专业、安全的数据统计、分析工具，它能够为 Web 系统管理者提供权威、准确、实时的流量质量和访客行为分析，帮助监控日常指标，为实现系统优化、提升投资回报率等目标提供指导。

百度统计目前能为客户提供几十种图形化报告，帮助用户完成以下工作。

（1）监控网站运营状态。百度统计能够全程跟踪网站访客的各类访问数据，如浏览量、访客数、跳出率、转化次数等，通过统计生成网站分析报表，展现网站浏览的变化趋势、来源渠道、实时访客等数据，帮助管理者从多角度观察、分析网站数据。

（2）提升网站推广效果。百度统计可以监控各种渠道的推广效果，它已与百度渠道的推广完美结合，不需要添加任何额外参数，直接就可以监控到最细粒度的推广点击效果。

对于其他渠道的投放、推广效果，百度统计提供了指定广告跟踪方式，通过 UTM（安全加码方式）即可完成监控部署。网站管理者可根据推广流量的后续表现，细分来源和访客，调整 SEO 和 SEM 策略，以获得更优的推广效果。

（3）优化网站结构和体验。通过对页面上下游、转化路径等进行定制分析，可定位访客流失环节，有针对性地查漏补缺，后续通过热力图等工具有效地分析点击分布和细分点击属性，从而摸清访客行为，提升网站吸引力和易用性。

9）Google Analytics

Google Analytics（谷歌分析）是 Google 公司为网站提供的数据统计服务，可以对目标网站进行访问数据统计和分析，并提供多种参数供网站拥有者使用。Google Analytics 是一种功能全面而强大的分析软件包。

Google Analytics 是 Google 公司的一款免费的网站分析服务，自从其诞生以来，即广受好评。Google Analytics 功能非常强大，只要在网站的页面上加入一段代码，Google Analytics 就可以提供详尽的图表式报告。Google Analytics 向客户显示访问者是如何找到和浏览客户的网站的以及客户能如何改善访问者的访问体验，以提高客户网站的投资回报率和转化率。

客户的免费 Google Analytics 账户有 80 多个报告，可对客户整个网站的访问者进行跟踪，并能持续跟踪客户的营销广告效果。利用此报告，客户将了解哪些关键字真正起了作用，哪些广告词最有效，访问者是从何处退出的。

> **知识链接**
>
> **域名劫持爬虫技术**
>
> 域名劫持是互联网攻击的一种方式,通过攻击域名解析服务器(DNS),实现劫持,因为如果要访问 www.baidu.com 就必先经过 DNS 域名解析服务器来解析这个网址对应哪台服务器 IP 地址。如果在这个过程中有黑客想攻击网站,比如黑客想攻击百度,就可以在这个 DNS 解析域名环节做手脚,比如我想让所有用户打开 www.baidu.com 直接访问的是你的广告网站,而不是百度自己服务器里面的网站网页。那很简单,只要在 DNS 解析百度这个网址时把对应的百度服务器 IP 地址修改解析到你自己的网站服务器 IP 地址,那么所有人打开这个 www.baidu.com 网址实际就是打开你的网站了。这个过程就叫域名劫持,这种技术已经不是爬虫技术,而是高级的黑客技术了。

8.2 电子商务数据分析

电子商务数据分析是指收集、处理数据并获取信息的过程。具体地说,数据分析是指在业务逻辑的基础上,运用简单有效的分析方法和合理的分析工具对获取的数据进行处理的一个过程。

电子商务数据分析的目的是把隐藏在一大批看来杂乱无章的数据中的信息集中、萃取和提炼出来,以找出所研究对象的内在规律。在实际生活中,数据分析可帮助人们做出判断,以便采取适当行动。

电子商务数据分析的价值包含三个方面:一是帮助领导做出决策;二是预防风险;三是把握市场动向。通过数据帮助领导把握市场分析,可以帮助企业发现做得好的地方、需要改进的地方,以做出决策及指出企业出现的问题。

8.2.1 客单价数据分析

客单价能否提高主要取决于商家的价格政策、价格带的合理配置、商品展示的位置、客服的能力及商品的质量等影响因素。客单价数据一般包含六个关键指标:动线长度、停留率、注目率、购买率、购买个数和商品单价。商家在提高客单价的过程中,最重要的是要根据这六个关键指标采取具体的、可操作的营销方法。

1. 动线长度

动线指的是客户的行为路径。当客户进入店铺,通过搜索关键词、类目或者促销广告,到商品详情页,再到购物车,直到结算离开,这就是一条动线。在客户浏览页面的过程中,店铺的动线就是要在合适的地方向合适的客户进行精准推荐。一条合理的购物动线可以达到两个目的:高客单价和高转化率。

动线长度是指动线上陈列的不同商品的数量。店铺的动线设计就是让顾客在店内购物的过程中尽可能访问更多的页面,看到更多的商品,增加 UPSALES(增加销售)和 CROSSSALES(关联销售),从而促使客户购买的商品件数增加,提升客单价。

通过合理的商品布局和元素组合，引导用户按照尽可能长的浏览路径，付出尽可能多的停留时间，以达到事先设定的运营指标。因此，在进行店铺页面装修设计时，首先考虑的是商品的整体布局。要想实现有效率的商品布局，必须注意以下内容：网店中商品类目的广度和深度、各商品类目的购买率（区分计划购买率高的商品类目和非计划购买率高的商品类目）；各前品类目之间的购买关系；顾客的购买习惯和购买顺序；符合消费者生活习惯的商品组合；店内动线模式和客单价之间的联系；各商品类目之间的关联推荐。好的动线设计可以延长顾客在店内的停留时长。

2．停留率

如果顾客在店内只浏览却不下单，则对商家不会产生任何价值。只有当顾客在商品详情页停留并仔细查看商品信息时，才能产生实际的购买动机。网店装修时必须考虑以下内容：登录页的选择、详情页的设计、关联推荐、促销活动、分类页的设计、首页的导航、商品展示方式等。

$$停留率=总停留次数÷动线长度$$

顾客访问浏览某个商品详情页可以确定为一次停留。

3．注目率

注目率是指商品在网店中吸引顾客目光的能力或者称为"视线控制能力"。为了能更多地吸引顾客注意，生产厂家不断地设计新的包装、采用新的色彩等，在商品详情页展示自己的商品和品牌，期望能够吸引更多的顾客目光以促进销售。在商品展示方面要注意以下几个方面：商品的分类、商品的表现形式、商品的展示位置、商品的色彩表现、商品的主图设计等。

$$注目率=注目次数÷总停留次数$$

顾客访问某个商品详情页的停留时长超过一定时间就可以确定为一次顾客注目。

4．购买率

如果停留下来的顾客中断了购买决策或者延期购买，停留就变得毫无意义。因此，按顾客的购买习惯合理地进行商品的配置、商品色彩的组合、商品的展示、促销广告的设计等都会起到刺激顾客进行购买决策的作用。

$$购买率=购买次数÷总注目次数$$

5．购买个数

顾客购买的商品个数越多，其客单价也就越高。增加顾客购买商品个数的主要途径在于尽可能地唤起顾客的购买欲望。具体的做法可以通过大量展示、关联推荐、促销广告、品牌商品、新商品、季节商品和特卖品的合理配置等，唤起顾客的兴趣与注意，刺激顾客的联想购买和冲动购买。

6．商品单价

提高顾客购买商品的单价主要取决于商家的价格政策、价格带的合理配置、商品展示的位置及商品的质量等。

网店在数据化运营方面有着天然的优势，可以进行精确化管理和网店经营方法的设计，从而使得客单价在商家可控制的范围内得到稳步的提高。

8.2.2 流量数据分析

流量是店铺生存的根本，其重要性不言而喻。对于一个数据分析师来说，他首先要清晰地了解店铺流量来自哪里。

流量来源根据渠道的不同可以分为站内流量和站外流量。站内流量和站外流量的区别在于：淘宝站内的流量是平台已经培育好的，客户本身就是有购买需求的，所以成交的概率大，即高质量流量；而站外流量不一定有明确的购买需求，所以成交的概率相对小，流量质量不可控。

淘宝站内流量根据付费情况分成免费流量和付费流量。免费流量根据客户的访问方式分成淘内免费流量和自主访问流量。

流量来源根据终端类型又可以分为 PC 流量和无线流量。

1．站内免费流量

1）淘内免费流量

如果把店铺比喻成大树，那么淘内免费流量就是这棵大树的树根，卖家首先要做好淘内免费流量，然后再想办法扩展其他流量，这样店铺的根基才会牢固。淘内免费流量中的搜索流量和类目流量是每个商家发布产品时都可获取的，且如果客户会通过搜索来找产品，说明他们有需求、目的性强，这样就容易生成订单，所以从此渠道获得的流量，转化率较高，回头率也比较好。自然搜索流量的主要影响因素有宝贝的相关性、上下架时间、宝贝的最高权重、店铺动态评分、人气排名、转化率、收藏量、成交量、回头客等。

淘宝平台还会举办一些免费的促销活动，如淘金币、淘抢购、淘宝试用、淘宝清仓、天天特价等，此类活动引入的往往是对价格敏感的人群。商家参加促销活动是有条件的，这需要商家必须在日常经营中打好基础，有活动机会时及时报名。活动流量与报名的产品的竞争力有关，要争取多报一些活动，多参加淘宝"帮派"活动。

淘宝免费流量还包括阿里旺旺的非广告流量，如店铺街、淘宝画报、淘宝街掌柜说、淘宝专辑、新品中心、试用中心、淘抢购、淘女郎、淘宝婚庆、淘宝清仓、拍卖会、喵鲜生、阿里飞猪、积分俱乐部、淘宝足迹以及淘宝论坛、淘宝帮派等互动交流平台。

2）自主访问流量

自主访问流量是指淘宝买家主动访问店铺时产生的流量，其来源包括购物车、我的淘宝、直接访问等。自主访问流量是所有流量中质量最高的流量，其稳定性好，成交转化率高。提升自主访问流量的关键是做好店铺或宝贝链接地址的推广以及回头客和回头客的口碑营销。

自主访问量越大，代表店铺的老客户越多，说明商家的店铺具有一定的品牌效应。因为自主访问流量的转化率通常比较高，很多商家会鼓励买家收藏自己的店铺或店铺中的商品。如果自主访问流量下降，商家就需要注意店铺的经营策略是否伤害到了老客户。

不同类型的店铺规模、经营的商品种类不同，自主访问流量占比也会不同，但这其中是有规律可循的，如奶粉、化妆品的买家忠诚度高，这类店铺的自主访问流量占比就高。

网红店铺销售的商品往往有自己的特色和个性，拥有一批粉丝，复购率高，自主访问流量占比也高。而像大家电、家具这种不需要经常购买的商品，老客户比较少，自主访问流量占比小。

2. 站内付费流量

站内付费流量是指卖家通过付费方式获得的流量，它们在店铺流量中占比越大就意味着商家的成本越高，因此在使用这些流量前一定要明确引入流量的目的，做好推广策略，做好访客价值的估算。付费流量的特点是容易获取，精准度高。站内付费流量是店铺流量不可缺少的一部分，来源主要分为直通车、聚划算、淘宝客和钻石展位。

1）直通车

当用户点击宝贝时才需要付费，而且系统能智能过滤无效点击，为商家精确定位适合的买家人群。

直通车通过与搜索关键词相匹配，为淘宝买家推荐直通车宝贝，当买家浏览到直通车上的宝贝时，可能会被图片和价格所吸引，从而激发购买兴趣，并点击进入。因此，淘宝直通车为店铺带来的流量是精准有效的，吸引的是优质买家，而且买家进入店铺后，会产生一次或者多次的流量跳转，促成店铺其他宝贝成交，这有助于降低店铺的推广成本，提升店铺的整体营销效果。同时，淘宝直通车还为广大淘宝卖家提供淘宝首页热卖单品活动、各大频道的热卖单品活动和不定期的淘宝各类资源整合的直通车用户专享活动等。一般出价越高，店铺搜索排名就会越靠前，而要通过高排名实现高转化率，其前提是宝贝的其他优化细节都做得比较到位。

2）聚划算

聚划算是阿里巴巴集团旗下的团购网站，是一个定位精准、以 C2B 电子商务驱动的营销平台，是由淘宝网官方开发并组织的一种线上团购活动形式。除了主打的商品团和本地化服务，为了更好地为消费者服务，聚划算还陆续推出了品牌团、聚名品、聚设计、聚新品等新业务频道。聚划算的基本收费模式为"基础费用+费率佣金"。

3）淘宝客

淘宝客是一种按成交计费（CPS）的推广模式，属于效果类广告推广，卖家无须投入成本，在实际的交易完成后卖家按一定比例向淘宝客支付佣金，没有成交就没有佣金。淘宝客推广由淘宝联盟、淘宝卖家、淘宝客和淘宝买家四种角色合作完成。淘宝联盟是淘宝官方的专业推广平台。淘宝卖家可以在淘宝联盟上招募淘宝客，帮助其推广店铺以及宝贝。淘宝客利用淘宝联盟找到需要推广的卖家，然后获取商品代码，任何买家经过淘宝客的推广（链接、个人网站、博客或者社区发的帖子）进入淘宝卖家店铺完成购买后，就可得到由卖家支付的佣金；简单地说，淘宝客就是指帮助卖家推广商品并获取佣金的人。

淘宝客的付费方式的性价比最高，因为只有成交才会支付佣金。同时，性价比越高就意味着推广的门槛和难度越大，淘宝卖家在选择淘宝客时，应考虑到店铺的综合利润，当店铺商品的转化率不高或佣金较低时，淘宝客的动力就会减弱。

淘宝客流量主要是引导淘宝商家推广店铺的主推宝贝，寻找一些大的淘宝客进行合作，报名一些淘宝客活动等，这都相当于是淘宝商家花钱请别人帮忙为店铺做推广，但是风险相对比较低。

什么是结账放弃率?

结账放弃率是指开始结账流程,但未完成购买而离开的访客所占的百分比。结账放弃率的行业平均值为 25%。如果顾客已进入结账阶段,则他们很可能要购买商品。因此,较高的结账放弃率通常表明存在可优化的空间,而不是缺少增加购买欲望的要素。关注顾客体验是确保最终完成转化的最佳方法。

4) 钻石展位

钻石展位(智钻)是按展现收费(CPM)的推广方式(注:淘宝现在也提供 CPC 收费模式),展现位置有淘宝首页、类目首页、门户、画报等多个淘宝站内广告展位,以及大型门户网站、垂直媒体、视频站、搜索引擎等淘外各类媒体广告展位。钻石展位主要依靠图片的创意吸引买家的兴趣,以此获取巨大的流量。钻石展位可以做人群定向和店铺定向,定向包括地域、访客和兴趣点三个维度,主动地把广告投放给潜在的目标客户。如果说直通车是布点,那么钻石展位就是铺面,商家可以自己通过客户需求分析,判断出目标客户具有哪些特征,哪些店铺的客户也同样是自己的客户,然后通过定向,将广告展现在这些客户面前。钻石展位或者硬广告的引流花费相对比较大,但是引来的流量通常也都是比较精准有效的,通过这样的方式能够更大面积地覆盖网络,增加产品展现在买家面前的机会。

钻石展位既可以做单品推广,也可以做店铺推广。单品推广一般适合需要长期引流的宝贝或不断调高单品成交转化率的卖家。店铺推广主要针对有一定活动运营能力或者短时间内需要大量流量的大中型卖家。

3. 站外流量

站外流量是指访客从淘宝以外的途径点击链接进入店铺所产生的流量,随着淘宝对店铺站外的流量越来越重视,获取更多站外流量也逐渐成为卖家关注的焦点。站外流量主要来自各大知名网站,如百度、360 搜索、一淘、搜狗、1688 批发平台、新浪微博、美丽说、蘑菇街、腾讯微博、QQ 空间、爱奇艺、折 800、米折网、卷皮网、嗨淘、人人逛街、优酷、必应、有道等。

站外流量来源根据内容可以细分为影视、军事、娱乐、教育、社交等,卖家需要根据店铺风格进行选择,如果是经营年轻时尚品类的店铺就比较适合新浪微博、无线陌陌等站外资源位,因为该类网站面向的群体大多是年轻人;而像一些男装店铺就比较适合中华网、凤凰网等站外资源位,因为该类网站面对的群体都比较男性化,经济实力比较高,购买力比较强。

站外流量大,代表商家在淘宝站外做的推广多。由于站外流量转化率往往比较低,如果占比过大,容易造成转化率下降的后果。而转化率降低又会影响店铺的综合评分,导致商品搜索权重下降。

4. 无线流量

移动互联网时代来临,消费者会更多地选择用手机购物,流量也因此变得更加碎片化,商家的流量主战场也因此转移到了移动端上。当前无线流量已经成为流量来源的主要载体,在淘宝的很多类目中，无线访客占比达到 80%，甚至更高。

无线端自然搜索排序的各个影响因素中销量权重最大。要提高无线端自然搜索排名，需要设置手机专享价，以此获得搜索加权。若店铺在无线端没有产品拥有搜索容量大的关键词排位，可以采用优惠等方式引导客户从 PC 端首页扫码进无线端购买；若店铺在无线端有产品拥有搜索容量大的关键词排位，可以设法保持该宝贝的日常点击量与转化率，从而稳定该单品无线端的流量引入，具体方法有通过淘抢购活动引入的大量流量进行销售，提高该单品销售数量，稳定该单品无线端的流量引入，或者通过无线端钻石展位转化、无线端直通车转化、微淘定期推送信息与微淘特定优惠吸引已关注店铺品牌以及收藏过店铺的客户进行购买，从而提升该单品的销售。

有了流量数据，接着需要分析店铺的流量是否健康，访客的行为特征是怎样的，各个渠道获得的流量质量如何。如果发现某个渠道获得的流量存在问题，则应进一步分析影响该流量的各个相关因素。

8.2.3 舆情数据分析

网店获取的流量来自多个不同的渠道，不同渠道获得的数据流量有高质和低质的区别。高质量的流量能够给网店带来优质的潜在客户，而低质量的流量对网店的作用非常有限。对于网店来说，最终的目的是获取利润，产生经济效益，所以流量质量的评估关键在于流量本身的有效性，看流量是否能带来价值。

对一个网店各个渠道获得的流量进行评估时，需要关注几个重要指标：免费流量与付费流量之比、真实流量占比、有效流量占比和高质量流量占比。免费流量是通过免费渠道来获得访客的，而付费流量是通过付费方式获得访客的。真实流量是剔除虚假流量之后的流量。有效流量是登录网店后并非立即离开的这部分流量，是由在网店有二次跳转的访客带来的，这些访客真正访问了我们的网店，虽然并非一定产生购买行为。高质量流量是指与网店有互动行为的流量，包括下单、支付、加购、收藏、咨询以及浏览较多网页的访客。流量质量的评估通常采用转化率、活跃客户率和参与指数作为衡量流量有效性的三项宏观指标。

转化率是指流量带来的访客中成交客户的比例，它直接衡量流量的效果。

活跃客户率是指流量带来的访客中活跃客户的比例，它衡量流量的潜在价值。

参与指数是指一段时间内流量带来的访客平均访问网店的次数，它衡量流量带来的访客的黏性。如果某个渠道带来的流量的三项指标都很高，那么流量就可以定性为高质量。如果某个渠道所获流量在这三项指标上有高有低，那么就以转化率作为主要指标。

1. 千人千面

千人千面是指基于淘宝网庞大的数据库，构建出买家的兴趣模型，再从细分类目中抓取那些特征与买家兴趣点匹配的推广宝贝，展现在目标客户浏览的网页上，帮助店铺锁定潜在买家，实现精准营销。

千人千面实际上是对流量的划分，即针对不同的人推荐不同的商品。具体地说，就是根据个人的行为习惯（经常浏览的商品、购买过的商品、收藏、加购以及消费水平等）给买家匹配、推荐适合的产品。访客打开淘宝网去搜索一个关键词两次，两次的展现并不是完全一样的，这就是由千人千面导致的。淘宝首页的"热卖单品""必买清单""猜你喜欢"这些窗口都是根据访客最近的浏览和访客收藏、加购、购买等这一系列的行为习惯推荐合适商品的。其实这个也不难理解，如果淘宝推荐的东西不是访客想买的，甚至是访客根本就不会去关注的，访客会点进去浏览、购买吗？答案显而易见。平台也希望有更多的人达成更多的交易，所以对流量进行了划分，使相应的流量匹配相应的商品，从而大大提高了流量的价值。

2. 猜你喜欢

"猜你喜欢"就是通过访客的访问、收藏、购买等一系列行为来判断"访客需要什么样的商品"，进而给访客进行精准推荐，向消费者实时推荐最适合的宝贝。

那么作为商家，如何能让自己的商品展现到这个板块上呢？

首先，商家要知道淘宝是怎么制定"猜你喜欢"的规则的。

第一是直接相关。例如，买家的搜索、收藏、加购、购买某种商品等行为，会导致买家的手淘首页出现这类商品。买家购买过的商品，属于明确的消费；加入购物车的商品，表明买家有明确的消费意向，还未完成交易；加入收藏夹的商品，表明买家有明确的兴趣爱好。现在很多访客购物时将感兴趣的商品加入收藏夹，再从收藏夹里选择自己想要的商品。假设访客搜索过手机，那么手淘首页就会出现访客之前没有搜索过的手机；如果访客搜索了没买，或者收藏了没买，那么就有必要给访客做相关的推荐。

第二是间接相关。以牛仔裤为例，淘宝除了给访客推荐牛仔裤商品，还会给访客推荐与之相关的东西，如运动裤，淘宝认为访客访问了牛仔裤，可能也会需要一条运动裤。平台推荐产品的核心是：投其所好。也就是根据访客的行为习惯，给访客推荐访客喜欢的或者很可能喜欢的东西，增加访客购买的可能性。不过淘宝不会每个店铺的产品都推荐，它只会推荐卖得好的商家。所以想要让淘宝推荐店铺，就需要自己店铺的产品有高于同行的点击率、收藏加购和转化率等，这样淘宝才会推荐自己店铺的宝贝。

3. 店铺标签

店铺标签就是构成自己店铺特征的人群画像。人群画像显示消费者身上的两个属性即标签，一个是基本属性，一个是行为属性。消费者身上的基本属性有：年龄性别占比、地理位置爱好占比、会员等级、消费层级、价格带构成、天气因素等。消费者身上的行为属性有：浏览过的痕迹、已购买、已收藏、主搜关键词等。可以用一句话来说，千人千面的淘宝搜索结果是消费者身上的标签与店铺和宝贝身上的标签的双向交叉选择。店铺标签不是短期之内形成的，而是长期作用的结果。所以想要了解自己的店铺标签，或者给自己店铺打上不错的标签，就要对数据做出统计。如果一个店铺的标签没打好，引入的流量和标签不匹配，引进来的流量不精准，转化就无从谈起。店铺标签主要是通过每天的访客情况和已购客户的情况形成的，所以每一个进店的客户都会对店铺造成潜移默化的影响。很多店铺用淘宝客推了不少产品，但效果微乎其微，甚至自然搜索的流量还在减少，这就是没有做好店铺的标签，甚至打乱了本来的标签所导致的。

那么怎么给自己的店铺打上合适的标签呢？怎么样才能引入精准的流量呢？最重要的就是分析店铺产品的特点，分析产品适合什么样的人群，并确定店铺的产品针对的是哪类人；分析完产品的特点以后，可以用直通车的定向推广把产品展示到这些人的面前，而不是盲目地去推广,否则会花费大量的资金,且不一定有多大的效果。

千人千面的出现意味着店铺在引流的时候是有所选择的,店铺的工作重点是引进那些与店铺定位相契合的流量。如果引进的流量与店铺定位不符,就会打乱店铺的定位,店铺的标签变得不清晰,自然很难得到淘宝的推荐。

课程思政

《关于工业大数据发展的指导意见》

工业大数据是工业领域产品和服务全生命周期数据的总称,包括工业企业在研发设计、生产制造、经营管理、运维服务等环节中生成和使用的数据,以及工业互联网平台中的数据等。随着第四次工业革命的深入展开,工业大数据日渐成为工业发展最宝贵的战略资源,是推动制造业数字化、网络化、智能化发展的关键生产要素。

未来三到五年,随着5G、工业互联网、人工智能等的发展,工业大数据将从探索起步阶段迈入纵深发展阶段,迎来快速发展的机遇期,全球工业大数据的竞争也将变得更为激烈。

8.2.4 市场数据分析

1. 市场行情认知

市场行情是指市场上商品流通和商业往来中有关商品供给、商品需求、流通渠道、商品购销和价格的实际状况、特征以及变动的情况、趋势和相关条件的信息。形成市场行情的信息来源是广泛的、多方面的,它不仅涉及整个流通领域,而且涉及整个社会再生产各方面。许多个别的、片面的市场行情的信息经过综合分析,能够形成对某类商品的供求状况和某个市场供求形势做出特征性判断的市场行情报告。

有市场和商业,就有市场行情。无论是商人还是生产者,为了组织好生产和经营,都必须自觉地依据和运用价值规律,掌握市场行情,密切注视市场供求的变化。商品生产者和经营者的经济活动成效,只能通过商品在市场中的表现来检验。为了在竞争中取得有利地位,必须对市场行情进行认真的调查研究,对供求和价格的变化及其原因进行认真分析,并对变化的趋势做出预测,从而总结出商品经营的经验。

在商品经济条件下,社会生产和社会消费的矛盾必然要在市场上通过供求矛盾反映出来,社会再生产的运行过程必然要通过市场行情反映出来。市场行情实质上是社会再生产内在发展过程在市场上的外部表现。

知识链接

价值规律

商品的价值量由社会必要劳动时间决定,商品交换要以价值量为基础,实行等价交换。在商品生产和交换过程中,因商品生产技术的对比,实现优胜劣汰,以此促进生产力的不断发展,其表现形式是市场供求影响商品价格,商品价格以价值为中心上下波动。

2. 市场供给分析

商品供给是指在一定的时期内、一定的市场上，某种类商品的所有生产者提供给或者能够提供给市场的商品总量。影响供给的因素有商品价格、生产成本、相关商品生产数量及价格的变化、生产者对未来价格的预期、技术进步及引起的成本变化、政策性因素等。供给者希望价格越高越好，因为价格越高，供给者的利润越高。

3. 市场需求分析

商品需求是指在一定的时期内、一定的市场上，购买者对某种类的商品有货币支付能力的需求总量。影响需求的因素有商品价格、购买者收入、消费者偏好、消费者对商品价格的预期以及相关商品的价格。需求者希望价格越低越好，因为价格越低，需求者的利益越大。

4. 市场价格分析

1）价格形成理论

价格也称为市场价格，它是商品价值的货币表现，通常是指某种商品在市场上一定时期内客观形成的具有代表性的实际成交价格。价格基本上是自发形成的，是由商品价值、货币价值、供求和竞争、商品成本、消费习惯、成交数量、付款条件、地理位置、产品质量、自然因素（季节性因素、气候因素）、技术进步、政治经济形势、经济周期、战争等因素决定的。商品的价值是商品价格的基础，只要商品的价值不变，商品价格就会在其他因素的影响下围绕其价值来回波动。

市场供求是形成市场价格的重要参数，价格是在需求与供给的矛盾与平衡中产生，在讨价与还价中形成的。当市场需求扩大时，产品价格趋涨，价格高于价值；当需求萎缩时，产品价格趋跌，价格低于价值；供求平衡时，价格相对稳定，价格与价值相符。出现生产过剩或供应过多，卖方急于出售，产品价格趋跌；当产品供给减少时，产品价格趋涨。当需求扩大，同时供给发生缩减时，产品价格会急剧上升；当需求下降而供给却不断增加时，产品价格会急剧下跌。时间因素在价格形成中的作用：在短时间内需求对价格的形成起主导作用，在长时间内供给对价格的形成起主导作用，正常时间内是供求的均衡在起作用。

宏观经济的运行状况会影响商品市场价格：当经济上行时，商品市场价格会上涨；当经济下行时，商品市场价格会随着下降。此外，垄断的程度、竞争的激烈程度、科学技术的发展、自然条件的变化、政治环境、战争等突发事件都是影响商品市场价格的因素。又由于市场价格的构成包括生产成本、流通费用、税金及利润等，所以生产成本的变化、流通费用的增减以及缴纳税收的多少都会导致商品市场价格发生这样或那样的变化。

2）价格带分布

商家制定价格策略时，一个很重要的依据就是消费者的消费层次和价格承受能力，商家可以此为标准来制定相应的价格带。买家采购时，也应在相应的价格带当中寻找产品。

■ 课程思政

《促进大数据发展行动纲要》

《促进大数据发展行动纲要》的核心是推动数据资源共享开放。《促进大数据发展行动纲要》从内容架构上总体上呈现了"一体两翼一尾"的格局。"一体"即以"加快建设数据强国,释放数据红利、制度红利和创新红利"为宗旨,"两翼"是指以"加快政府数据开放共享,推动资源整合,提升治理能力"和"推动产业创新发展,培育新兴业态,助力经济转型"两方面内容为载体和依托,"一尾"是指以"强化安全保障,提高管理水平,促进健康发展"为保障和平衡。

8.3 电子商务数据的可视化与报告

8.3.1 电子商务数据可视化概述

1. 数据可视化认知

数据可视化主旨在于借助图形化手段,清晰有效地传达与沟通信息。但是,这并不意味着数据可视化就一定因为要实现其功能用途而令人感到枯燥乏味,或者是为了看上去绚丽多彩而显得极端复杂。为了有效地传达思想概念,美学形式与功能需要齐头并进,通过直观地传达关键的方面与特征,从而实现对于相当稀疏而又复杂的数据集的深入洞察。

数据可视化与信息图形、信息可视化、科学可视化以及统计图形密切相关。当前,在研究、教学和开发领域,数据可视化是一个极为活跃而又关键的方面。"数据可视化"这一术语实现了成熟的科学可视化领域与较年轻的信息可视化领域的统一。

数据可视化技术包含以下几个基本概念。

(1)数据空间:是由 n 维属性和 m 个元素组成的数据集所构成的多维信息空间。

(2)数据开发:是指利用一定的算法和工具对数据进行定量的推演和计算。

(3)数据分析:是指对多维数据进行切片、切块、旋转等动作,从而能多角度、多侧面观察数据。

(4)数据可视化:是指将大型数据集中的数据以图形、图像形式表示,并利用数据分析和开发工具发现其中未知信息的处理过程。

数据可视化有许多方法实现,这些方法根据可视化原理的不同可以划分为基于几何的技术、面向像素技术、基于图标的技术、基于层次的技术、基于图像的技术和分布式技术等。

数据可视化技术的基本思想,是将数据库中每一个数据项作为单个图元元素表示,大量的数据集构成数据图像,同时将数据的各个属性值以多维数据的形式表示,可以从不同的维度观察数据,从而对数据进行更深入的观察和分析。

2. 电子商务数据可视化认知

1)电子商务数据可视化概述

电子商务数据可视化,是获得信息的最佳方式之一,通过视觉化方式,可快速抓住要点信息。另外,电子商务数据通过视觉化方式呈现数据,能揭示令人惊奇的模式和结论。"通过视觉化,我们把信息变成了一道可用眼睛来探索的风景线,一种信息地图。当你迷失在信息中时,信息地图非常实用。"(《信息之美》作者英国作家大卫·麦坎德利斯之语）在电子商务行业尤为如此。

2）电子商务数据可视化的主要内容

(1) 产品销量。产品销量对于电子商务来说是一个非常重要的部分，而且能够非常直观地体现出消费者对于店铺内部产品的主要倾向。产品销量对于分析电子商务的发展来说是非常重要的一个部分，所以在进行电子商务数据可视化分析时，一定要对产品销量数据进行分析。

(2) 用户浏览数据。用户浏览数据对于电子商务来说是消费者兴趣爱好的一个间接体现。浏览量越高的产品就是电子商务后续添加货物时需要首先注意的地方，这对于规划电子商务后续发展来说是非常重要的一个部分。

电子商务数据的来源主要依托大数据，大数据提供给商家的信息是非常复杂的，所以在进行电子商务数据可视化的过程中一定要有选择性，不要将所有的电子商务数据都进行分析，否则不仅耗费时间，也没有重点。

但这一切都要基于一个好用的数据可视化平台。现在市面上流行的有 FineBI、Power BI，但权威机构 IDC 指出，市场占有率第一的还是 FineBI。

3) 电子商务数据可视化步骤

(1) 数据采集。数据采集（data acquisition，DAQ），又称为"数据获取"或"数据收集"，是指对现实世界进行采样，以便产生可供计算机处理的数据的过程。通常，数据采集过程包括为了获得所需信息，对信号和波形进行采集并对它们加以处理的步骤。数据采集系统的组成元件包括用于将测量参数转换成电信号的传感器，而这些电信号则是由数据采集硬件来负责获取的。

(2) 数据分析。数据分析是指为了提取有用信息和形成结论而对数据加以详细研究和概括总结的过程。数据分析与数据挖掘密切相关，但数据挖掘往往倾向于关注较大型的数据集，较少侧重于推理，且常常采用的是最初为另外一种不同目的而采集的数据。在统计学领域，有些人将数据分析划分为描述性统计分析、探索性数据分析以及验证性数据分析；其中，探索性数据分析侧重于在数据之中发现新的特征，而验证性数据分析则侧重于已有假设的证实或证伪。

数据分析的类型包括：① 探索性数据分析，是指为了形成值得假设的检验而对数据进行分析的一种方法，是对传统统计学假设检验手段的补充，该方法由美国著名统计学家约翰·图基命名；② 定性数据分析，又称为"定性资料分析""定性研究"或者"质性研究资料分析"，是指对诸如词语、照片、观察结果之类的非数值型数据（或者说资料）的分析。

2010 年后数据可视化工具基本以表格、图形（chart）、地图等可视化元素为主，数据可通过过滤、钻取、数据联动、跳转、高亮等分析手段做动态分析。

可视化工具可以提供多样的数据展现形式、多样的图形渲染形式、丰富的人机交互方式、支持商业逻辑的动态脚本引擎等。

不同于一般的 Dashboard 或者 Reporting 产品，永洪科技的 BI 前端是发现型的：交互手段丰富，分析功能强大。用户可以进一步与数据互动（interactive），过滤（filter）、钻取（drill）、刷取（brush）、关联（associate）、变换（transform）等技术，让用户能够掌握信息、发现问题、找到答案，并采取行动。

学而思
数据分析的常规分析方法

常规分析方法不对数据做抽象的处理,主要是直接呈现原始数据,多用于针对固定的指标且具有周期性的分析主题。常规分析方法直接通过原始数据来呈现业务意义,主要的分析方法有两种——趋势分析和占比分析,其对应的分析方法分别为同环比分析及帕累托分析。同环比分析,其核心目的在于呈现本期与往期之间的差异,如销售量增长趋势;而帕累托分析则是呈现单一维度中的各个要素占比的排名,如"各个城市本期的销售量增长趋势的排名",以及"前百分之八十的增长量都由哪几个城市贡献"这样的结论。

(3)数据治理。数据治理涵盖为特定组织机构之数据创建协调一致的企业级视图(enterprise view)所需的人员、过程和技术。数据治理旨在:① 增强决策制定过程中的一致性与信心;② 降低遭受监管罚款的风险;③ 改善数据的安全性;④ 最大限度地提高数据的创收潜力;⑤ 指定信息质量责任。

(4)数据管理。数据管理,又称为"数据资源管理",包括所有与管理作为有价值资源的数据相关的学科领域。对于数据管理,DAMA 所提出的正式定义是:"数据资源管理是指用于正确管理企业或机构整个数据生命周期需求的体系架构、政策、规范和操作程序的制定和执行过程。"这项定义相当宽泛,涵盖了许多可能在技术上并不直接接触低层数据管理工作(如关系数据库管理)的职业。

(5)数据挖掘。数据挖掘是指对大量数据加以分类整理并挑选出相关信息的过程。数据挖掘通常为商业智能组织和金融分析师所采用;不过,在科学领域,数据挖掘也越来越多地用于从现代实验与观察方法所产生的庞大数据集之中提取信息。

数据挖掘被描述为"从数据之中提取隐含的、先前未知的、潜在有用信息的非凡过程",以及"从大型数据集或数据库之中提取有用信息的科学"。与企业资源规划相关的数据挖掘是指对大型交易数据集进行统计分析和逻辑分析,从中寻找可能有助于决策制定工作的模式的过程。

知识链接
电子商务数据分析的重要作用

作用一:商品关联进行的挖掘营销。
作用二:社会网络营销。
作用三:地理营销。
作用四:用户行为的分析营销。
作用五:个性化推荐营销。

8.3.2 电子商务数据报告

1. 数据分析报告概述

撰写数据分析报告是 SEM 专员经常要做的工作,一份结构完整、条理清晰、数据翔实、分析合理的数据分析报告不仅能帮助领导快速做出决策，还能为SEM专员的工作加分。

1）什么是数据分析报告

数据分析报告是通过对项目数据进行全方位的科学分析来评估项目的可行性，为投资方决策项目提供科学、严谨的依据，降低项目投资的风险。

2）数据分析报告的作用

数据分析报告的作用主要有三个：展示分析结果、验证分析质量、提供决策参考。

（1）展示分析结果，就是将SEM推广的结论呈现出来。比如在本月的推广中花了多少钱、带来了多少流量、有多少人关注了我们的广告、广告带来了多少咨询量和转化量。

（2）验证分析质量，就是评定本阶段的推广效果，制作一个营销方案，看其推广效果如何，一份数据分析报告就出来了。

（3）提供决策参考，制订出的营销方案需要经过领导审批，一份清晰的数据分析报告能让管理者快速读懂，并迅速做出决策。

3）数据分析报告的种类

数据分析报告分为两种：一种是综合类分析报告，另一种是日常数据分析报告。

（1）综合类数据分析报告是对部门所涉工作项目进行全面评价的数据分析报告。报告要求全面，各个部分之间要有联系，通常篇幅较长，用Word呈现。

（2）日常数据分析报告以定期数据报表的形式来反映计划执行情况、呈现推广宣传效果、分析影响原因。这种报告要有时效性，争取在第一时间分析汇报，而且这种报告一般具有连续性，是一系列的报告，通常篇幅较短，除了使用Word，还可以使用PPT形式呈现。

> **知识链接**
>
> **域名解析过程**
>
> 输入www.tmall.com这个网址（域名），怎么就可以访问到对应的网站呢？那是因为如果需要让您的域名可以正常使用，就必须先把域名和您网站的服务器IP地址绑定在一起，以后用户在浏览器只要输入这个域名就等于输入您这个服务器的IP地址了，这个绑定的过程叫作域名解析。互联网有13台DNS根服务器，专门用来做域名解析，其中10台在美国（包括1台主根服务器），另外3台根服务器分别在英国、瑞典、日本，而中国一台都没有。那么，大家的担忧随之而来：如果美国的根服务器不为中国提供服务了，中国是不是就从网络上消失了？网站还能访问吗？其实域名服务器只是起解析域名作用而已，如果没有域名，我们可以用IP访问网站，只是用IP访问起来不方便而已，如103.235.46.39，这叫作IP地址，即Internet Protocol Address——互联网协议地址。比如输入ping www.baidu.com，可以查到百度这个网址解析绑定的是哪个服务器的IP地址。

2. 数据分析报告的写作原则

数据分析报告的撰写要遵从四个写作原则。

1）规范性

在一份数据分析报告中使用的名词术语要规范，标准要统一，前后应一致。例如，在数据报告前面部分使用术语"平均点击价格"，后面部分使用术语"平均点击成本"，虽然"平均点击价格"和"平均点击成本"语义是相近的,描述的是同一个指标,但前后不一致,容易被误解。如果管理者不甚精通 SEM,就会误认为是两个不同的指标。

2）重要性

体现数据分析重点,应选取重点关键指标进行分析,比如投入产出比、转化量等,尤其是企业要求的考核指标,需要详细分析,其他指标用数据表格加统计图展示即可。

3）谨慎性

基础数据必须真实、完整,分析过程必须科学、合理。数据分析报告中的基础数据必须是从推广账户的数据报告、百度统计、咨询工具中获取的真实数据,并且要完整,不能因为指标表现不好,就擅自修改数据。分析时可以使用多种分析方法,横向、纵向交叉分析,分析方法可以参考第 1 章中介绍的常用的数据分析方法。

4）创新性

适当引入新的研究模型或分析方法,结合实际结果来验证或改进。一份 SEM 数据分析报告如果能创新最好,不能创新,就客观陈述指标变化,诊断账户问题,给出优化方案,最好有验证后的结论,比如投入产出比环比上升了 2%,转化成本同比下降了 1%等。

3. 数据分析报告的结构

在编写数据分析报告时,需注意总框架与结构的形式。

1）总框架:总—分—总

数据分析报告遵循"总—分—总"的原则:首先需要阐述数据分析报告的书写目的,其次就此目的展开论述,最后对报告内容进行分析总结。

2）结构

完整的综合类数据分析报告结构需包含以下六大部分:标题、目录、前言、正文、结论、附录。

（1）标题。标题是整篇数据分析报告的高度概括,标题的形式可以根据报告内容确定。标题大概分为四种形式。标题高度概括了作者在整篇报告中要论述的观点,如《不可忽视的长尾关键词》。这种标题比较容易博得关注,但对内容要求较高,就像写议论文一样,需要准备相应的数据、案例来支撑长尾关键词很重要的观点,论据要确凿。

① 概括主要内容型。标题高度概括出整篇报告的内容,是客观地陈述事实,没有作者的观点论述,如《2016 年网站流量同比增长 30%》。这种报告比陈述观点的报告要简单一些,只是用文字将数据结论表达出来。

② 交代分析主题型。标题描述的是数据分析报告的类型,既没有作者的观点论述,也没有高度概括整篇报告的内容。例如,描述在某个时间段对某些指标的效果分析——《2016 年网络营销效果分析报告》,这种类型的标题是企业常用的。

③ 提出问题型。标题提出整篇报告论述的问题,如《跳出率为什么居高不下》。这种标题更容易引起关注,报告就是对标题提出问题的解答。跳出率为什么居高不下？报告要详细讲解导致跳出率高的各种原因,分析必须有理有据,不能只通篇唱高调,但没有给出具有说服力的解释。

（2）目录。目录需要体现出报告的分析思路,但又不能过于详细。例如,年度数据分析报告可以将内容的几个重要部分作为目录。对于日常数据分析报告,用 Word 呈现时不需要写目录,如果以 PPT 形式呈现,可以将几个部分做成目录。

（3）前言。前言可从三个方面进行概括。

① 为什么要开展此次分析，有何意义？例如，为进一步提升第四季度 SEM 投放效果，我们特地对第二季度和第三季度的数据做一个全面细致的分析，尤其在百度上的投放，竞争激烈，转化成本与日俱增，我们需要调整投放策略，力争提高转化量，降低转化成本。

② 通过此次分析要解决什么问题？达到何种目的？例如，随着百度广告位减少，竞争越发激烈，转化成本不断增加，通过本次详细的分析，需要从漏斗模型上方开始严格把控每一个层级的成本，努力降低转化成本。

③ 如何开展此次分析？主要通过哪几个方面开展？我们将通过收紧关键词的匹配方式、屏蔽无效点击、优化网站抵达率等方式来进一步优化投放效果。

（4）正文。正文是报告的主体部分，包含所有数据分析的事实和观点，通过数据图表和文字结合的方式来书写。正文中各个部分之间应该是相互关联的，具备一定的逻辑性。

① 数据呈现。编写百度日常数据分析报告时，如果数据太多，可以筛选呈现日程工作报表的重要信息，重点的指标还可以用折线图展示投入产出比的趋势变化。例如，用柱状图呈现今年各月消费与去年同期的对比趋势变化等。

② 文字内容。正文要包含投放概况的总述、重点指标的分析、产生指标变化的原因分析，如"针对正常推广下的数据进行分析，9 月份花费了 59 156.84 元，日均消费 2275.26 元，只有两天达到了销售限额。9 月份共获得 270 492 次展现和 9225 次点击，日均点击量 355 次，留电量 24 个，总体来说留电量还是很好的，波动也不是很大，继续进行优化，可争取进一步提高留电量，降低留电成本"。这是有关 9 月份投放的总述，下面可接着对重点指标展现量、点击量等进行细致的分析。

（5）结论。结论包含两部分，第一部分说明问题所在，第二部分阐明解决问题的思路和方法。根据正文的分析可以得出结论，指出该账户在投放过程中存在哪些问题，针对这些问题如何进行优化。例如，百度网盟数据分析案例中，针对点击量指标的结论可以这样写："该账户日均点击量不到 157 次，从展现量到点击量环节衰减很多，很大的一个原因是创意没有'魅力'，不足以引起网友的关注，不足以打动网民的心。一条高质量的创意就好比走在大街上的一个美女，在人海中能散发出迷人的魅力，让人忍不住多看几眼。我们不能选择广告在网页中的位置，只能通过优化创意来吸引和打动网民了。"

① 文字创意。要针对不同的推广组来写文字创意，文字创意和搜索推广中的创意是一样的，都是通过文字来传达企业的信息。因此，要保证创意具有吸引力，好比家长选择培训机构时，关注的是培训机构的资质、培训效果、机构规模、师资、环境等，因此我们在写创意时应考虑从潜在客户的角度出发，打消他们的顾虑，突出自身企业/产品的优势和特色，让自己的创意更具影响力和号召力。

② 图片创意优化。要选取与主题相关的图片，不要只为了博取眼球而选取与推广产品、服务不相关的图片；图片的颜色不要太暗淡，否则不容易引起关注；图片上的文字要简洁精炼，不要出现过多的文字；背景图与文字颜色要有较大的对比度，因为色差小会造成文字不清晰。

（6）附录。附录是对数据分析报告的补充，不是必须存在的部分，一般把日常数据报表作为附录。

以上是一份内容丰富的综合类数据分析报告所需要包含的六大部分。对于日常的数据分析报告，还要有推广账户的概述、账户投放的问题及解决办法等相关内容。

思考与练习

一、填空题

1. 在优化店铺的过程中，提升顾客的体验度是非常关键的，那么客户的体验度可以从_____、_____、_____进行优化提升。
2. 数据分析报告正文部分包含_____、_____、_____内容。
3. 新媒体数据分析的步骤为_____。
4. 新媒体数据在挖掘、处理及分析后，一般可以得到较为完整的数据结果。数据分析报告作用的是_____、_____、_____。

二、简答题

1. 针对淘宝一年一度的"双十一"大促销活动，公司成立了项目部，任命大胡子为此次活动的负责人，公司是卖数码产品的，针对此次"双十一"活动，大胡子作为负责人应该做哪些准备工作？
2. 在"双十一"促销活动中，有全国各地实力强大的卖家一起参与，为了让自己的产品脱颖而出，可采取的有效方法有哪些？
3. A店最近销售额下降，老板委派运营老贾做店铺数据分析，那么哪些数据指标在老贾的分析过程中会被用到？

第 9 章

新兴电子商务模式

知识目标

1. 掌握跨境电商、移动电商、直播电商、农村电商的含义。
2. 掌握跨境电商、农村电商的分类。
3. 熟悉移动电商、直播电商的模式。
4. 能够列举跨境电商、移动电商、直播电商、农村电商的特点。
5. 了解跨境电商、移动电商、直播电商、农村电商的主要平台。

 引例

2021 年跨境电商实现巨幅成长，CBEC 跨博会看点颇多商机无限

在 2020 年因新冠肺炎疫情导致我国传统外贸发生较大萎缩的情况下，跨境电商却一路逆势增长。据商务部发布的最新消息显示，2021 年上半年，中国跨境电商进出口实现 8867 亿元，同比增长 28.6%。其中，出口 6036 亿元，增长 44.1%；进口 2831 亿元，增长 4.6%。我国跨境电商已成为外贸发展新亮点。在这样的背景下，于 2021 年 10 月 14 日至 16 日在福州海峡国际会展中心召开的 2021 年 CBEC 中国跨境电商及新电商交易博览会备受业内瞩目。本届展会面积达 30 000 平方米，有超过 800 个品牌亮相，超 8000 位专业观众到场，超 500 家跨境企业出席活动，更有 1000 亿级采购需求现场发布。

2021 年 CBEC 中国跨境电商及新电商交易博览会共设四大展区，分别是跨境电商生产厂家展区、跨境平台展区、跨境服务商展区、创客区，汇聚跨境电商全产业链。作为本届展会一大亮点的创客区，是主办方为支持具有创新性的初创企业而特别设立的。任何行业都需要新鲜血液，扶持初创企业就是为整个跨境电商行业储备力量。跨境电商生产厂家展区，则是以生产型企业为主，将集聚智能科技、美妆个护、日用百货、母婴玩具、跨境食品、一次性卫生用品等众多热门板块。跨境电商平台区邀请亚马逊、Wish、eBay、速卖通、Lazada 以及新市场专场美客多、NewEgg、Allegro 等国际电商平台，实现买卖双方无缝对接，开拓国外市场。跨境服务商展区则相当于"大后勤"，所有跨境电商业务所涉及的物流仓储、金融支付、培训、知识产权等企业在这里集中展示，免除跨境电商发展的后顾之忧。

第 9 章 新兴电子商务模式

本届展会同期举办跨境电商高峰论坛，引领行业发展方向。以"2021跨境电商新生态创新发展高峰论坛"为主题的主论坛，邀请相关领导及行业专家解读国家政策，共同探讨行业发展趋势。此外，还以卖方需求为重点开设分论坛，围绕品牌出海、独立站、全球开店、平台运营以及新市场等热门话题进行讨论，助力中国品牌顺利出海，实现全球运营。

为提升企业品牌知名度，打响企业名号，本届展会还设立了品牌廊，通过讲述品牌故事展示企业发展史。同时，特设直播区，邀请老陈聊跨境、外贸团长、烨哥聊跨境等抖音跨境电商大卖家现场直播供应商产品，引爆线上询盘，助力参展商业绩提升。

（资料来源于网络并经作者加工整理）

↘ 辩证思考：
未来的跨境电子商务会是怎样的？

9.1 跨境电子商务

9.1.1 跨境电子商务的含义

跨境电子商务，简称跨境电商，是分属不同关境的交易主体，通过电子商务平台达成交易，进行支付结算，并通过跨境物流送达商品、完成交易的一种国际商业活动，其实质就是把传统国际贸易加以网络化、电子化。

跨境电子商务把原来传统的销售、购物渠道转移到了互联网上，打破了国家与地区间的壁垒。制造厂家也实现了工厂全球化、网络化、无形化、一体化服务。从概念上看，跨境电子商务有广义和狭义之分。广义的跨境电子商务，指的是分属不同关境的交易主体，通过电子商务的方式完成进出口贸易中的展示、洽谈和交易环节，并通过跨境物流送达商品、完成交割的一种国际商业活动。狭义的跨境电子商务基本等同于跨境零售，指的是分属于不同关境的交易主体，借助计算机网络达成交易，进行支付结算，并采用快件、小包等方式，通过跨境物流将商品送达消费者手中的交易过程。跨境电子商务在国际上的流行说法是跨境零售。而现实中，由于对小型商家用户与个人消费者进行明确区分界定的难度较大，所以跨境零售交易主体中往往还包含一部分碎片化、小额买卖的商家用户。跨境电子商务系统要素联动关系模型提供了跨境电子商务的总体框架，如图 9.1 所示。

> **小思考**
> 跨境电商与传统外贸电商之间有什么区别？

与传统国际贸易相比，跨境电子商务依托于互联网技术而存在，在物流方式、交易流程、结算方式等方面有很大不同，如图 9.2 所示。一方面，跨境电子商务让传统贸易实现了电子化、数字化和网络化，无论是订购还是支付环节，都可以经由互联网完成，甚至数字化产品的交付都可以通过网络完成。在跨境电子商务交易过程中，运输单据、交易合同以及各种票据都是以电子文件的形式存在的。因此，跨境电子商务贸易实际上是包含货物的电子贸易、在线数据传递、电子资金划拨、电子货单证等多环节与内容的一种新型国际贸易方式。另一方面，由于信息在互联网上具有流动便捷快速的特点，跨境电子商务使国际贸易卖方可以直接面对来自不同国家的消费者，因而最大限度地减少了传统贸易所必须涉及的交易环节和消除了供需双方之间的信息不对称。这也是跨境电子商务最大的优势所在。跨境电子商务已在全球范围内蓬勃发展。

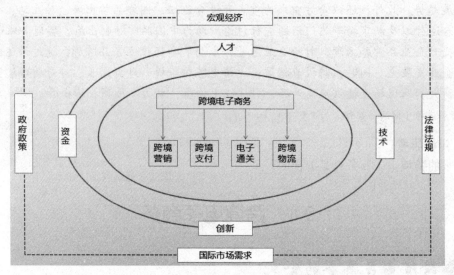

图9.1 跨境电子商务系统要素联动关系模型

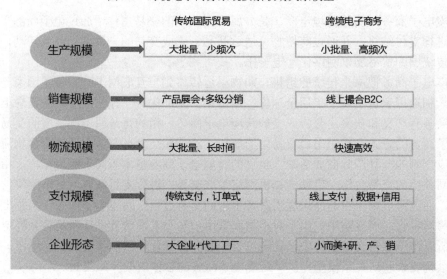

图9.2 跨境电子商务与传统国际贸易的对比

9.1.2 跨境电子商务的特点

跨境电子商务是以网络为依托，网络空间的特性深刻地影响着跨境电子商务的发展。与传统的交易方式相比，跨境电子商务具有自己的特点。

1. 全球性

网络是一个没有边界的媒介体，具有全球性和非中心化的特征。依附于网络发生的跨境电子商务也因此具有了全球性和非中心化的特性。电子商务与传统的交易方式相比，其中一个重要特点在于电子商务是一种无边界交易，丧失了传统交易所具有的地理因素。互联网用户不需要考虑跨越国界就可以把产品尤其是高附加值产品和服务提交到市场。网络的全球性特征带来的积极影响是信息的最大程度的共享,消极影响是用户必须面临因文化、政治和法律的不同而产生的风险。

2. 数字化

网络的发展使数字化产品和服务的传输盛行。传统国际贸易以实物贸易为主,而随着网络技术的发展和应用,贸易对象逐渐趋向于数字化产品,特别是影视作品、电子书籍、应用软件和游戏等品类的贸易量快速增长,且通过跨境电子商务进行销售或消费的趋势更加明显。

跨境电子商务是数字化传输活动的一种特殊形式。数字化传输通过不同类型的媒介,如数据、声音和图像,在全球化网络环境集中进行,这些媒介在网络中以计算机数据代码的形式出现。与之相比,传统的国际贸易主要存在于实物产品或服务中,而随着网络的发展,一些数字化产品和服务交易越来越多。以书籍交易为例,在传统的国际贸易中,是以一本书(即交易实物)为标的物进行买卖,而在跨境电子商务交易中,一个买家只需购买该书网上的数据权即可获取相应的信息,方便又快捷。

3. 多边性

网络的全球性特征带来的积极影响是信息的最大限度共享。跨境电子商务是一种无边界交易,突破了传统交易的地理因素限制,互联网用户可以通过网络将产品尤其是高附加值产品和服务提交到市场。传统的国际贸易以双边贸易为主,即使有多边贸易,也是通过多个双边贸易实现的,通常呈线状结构。跨境电子商务可以通过一国的交易平台,实现与其他国家的直接贸易,贸易过程相关的信息流、商流、物流、资金流由传统的双边逐步向多边方向演进,呈现出网状结构。简单来说,跨境电子商务可以通过 A 国的交易平台、B 国的支付结算平台、C 国的物流平台,实现多个国家间的直接贸易。

4. 直接性

传统的国际贸易要通过中介环节,即通过境内流通企业经过多级分销,才能到达需求的终端企业或消费者。通常情况下,进出口环节多、耗时长、成本高,会导致效率降低。跨境电子商务则免去了传统交易的中介环节,可以通过电子商务交易与服务平台,实现多国企业之间、企业与最终消费者之间的直接交易。与传统国际贸易相比,其进出口环节少、时间短、成本低、效率高。

5. 小批量

小批量是指跨境电子商务相对于传统贸易而言,单笔订单大多是小批量的,甚至是单件的,单次交易额较少,这是由于跨境电子商务实现了单个企业之间或单个企业与单个消费者之间的交易。跨境电子商务通过电子商务交易与服务平台,能够实现多国企业之间、企业与最终消费者之间的直接交易,更具有灵活性和即时性,因而一般是即时按需采购、销售和消费,相对于传统贸易而言,呈现出小批量特点,交易的次数和频率通常也较高。

6. 匿名性

由于跨境电子商务具有全球性和数据化的特性,因此很难识别电子商务用户的身份和其所处的地理位置。交易双方主体可以随时随地利用网络进行交易，而且利用电子商务平台进行交易的消费者出于规避交易风险的目的，通常不暴露自己的真实信息，如真实姓名和确切的地理位置等，但这丝毫不影响他们顺利地进行交易。

7. 即时性

对于网络而言，传输的速度和地理距离无关。传统国际贸易中，交易双方的信息交流方式多数是通过信函、邮件、传真等，在信息的发送与接收间，存在着长短不同的时间差，而且传输过程还可能遇到一定的障碍，使得信息无法流畅即时地进行传递，这在一定程度上会影响国际贸易的进行。不同于传统国际贸易模式，跨境电子商务对于信息的传输是即时的，也就是说无论实际时空距离远近，卖家发送信息与买家接收信息几乎是同时进行的，不存在时间差，就如同生活中面对面交谈。对于一些数字化商品（如音像制品、软件等）的交易，还可以即时清结，订货、付款、交货都可以在瞬间完成，给交易双方带来极大的便利。

> **知识链接**
>
> **跨境电子商务免税新规**
>
> 　　财政部、国家税务总局、商务部、海关总署日前联合发文明确，2018年10月1日起，对跨境电子商务综合试验区电商出口企业出口未取得有效进货凭证的货物，同时符合下列条件的，试行增值税、消费税免税政策。
>
> 　　第一，电子商务出口企业在综试区注册，并在注册地跨境电子商务线上综合服务平台登记出口日期、货物名称、计量单位、数量、单价、金额。第二，出口货物通过综试区所在地海关办理电子商务出口申报手续。第三，出口货物不属于财政部和税务总局根据国务院决定明确取消出口退（免）税的货物。
>
> 　　发文明确，海关总署定期将电子商务出口商品申报清单电子信息传输给国家税务总局。各综试区税务机关根据国家税务总局清分的出口商品申报清单电子信息加强出口货物免税管理。
>
> 　　发文指出，具体免税管理办法由省级税务部门商财政、商务部门制定。各综试区建设领导小组办公室和商务主管部门应统筹推进部门之间的沟通协作和相关政策落实，加快建立电子商务出口统计监测体系，促进跨境电子商务健康快速发展。
>
> 　　按照党中央、国务院决策部署，中国自2019年1月1日起，调整跨境电商零售进口税收政策，提高享受税收优惠政策的商品限额上限，扩大清单范围。

8. 无纸化

在传统国际贸易中，从询价、议价、磋商、订立合同，到货款结算都需要一系列的书面文件，并以之为交易的依据。而在电子商务中，交易主体主要使用无纸化的操作形式，这是跨境电子商务不同于传统贸易的典型特征。卖方通过网络发送信息，买方通过网络接收信息，整个电子信息的传输过程实现了无纸化。无纸化的交易方式使信息传递摆脱书面文件的限制，更加有效率，跨境电子商务以"无纸化"交易方式代替了传统国际贸易中的书面文件（如书面合同、结算单据等）进行贸易往来。

> **知识链接**
>
> **无货源铺货**
>
> 顾名思义，无货源铺货是指没有货源就大量地铺货，不需要囤货，大幅度降低了成本，然后通过 ERP 软件系统，采集国内电商网站比如京东、淘宝1688、速卖通等上面的商品编辑修改翻译过后，一键批量上传到自己的亚马逊店铺，把商品卖到国外去，国外买家看到这个产品拍下之后，通过 ERP 后台订单系统找到此产品的来源店铺，然后你再去此店铺拍下产品，发货到国际中转仓拆封检查无误后，进行二次打包，后出口报关清关，交由国际物流或第三方物流公司进行国际运输至目的国家后，接着运输至终端买家。

9. 快速演进

互联网本身无时无刻不在发生变化，而依托于互联网发展起来的电子商务活动在短短的几十年中经历了从兴起到稳定发展的过程，给人们的生活带来了翻天覆地的变化。网民在家里随便动动手指，就可以买到国外的产品，享受到国外的服务。为了迎合人们日益丰富的需求，数字化产品和服务更是层出不穷、花样百出。

9.1.3 跨境电子商务的分类

跨境电子商务按照不同标准划分，有不同的模式类型。按照交易模式，跨境电子商务模式主要分为跨境电子商务 B2B 模式、跨境电子商务 B2C 模式、跨境电子商务 C2C 模式和跨境电子商务 O2O 模式。按照商品流向，跨境电子商务模式可以分为进口跨境电子商务模式和出口跨境电子商务模式。

1. 按交易模式分类

从交易模式的角度看，跨境电子商务主要分为跨境电子商务 B2B 模式、跨境电子商务 B2C 模式、跨境电子商务 C2C 模式和跨境电子商务 O2O 模式。

1）跨境电子商务 B2B 模式

B2B 是英文 business to business 的缩写。跨境电子商务 B2B 是指商家对商家的跨境电子商务，即分属不同关境的企业，通过电商平台达成交易，进行支付结算，并通过跨境物流送达商品、完成交易的一种国际商业活动。从广义层面来看，跨境电子商务 B2B 是指互联网化的企业对企业跨境贸易活动，也即"互联网+传统国际贸易"。从狭义层面来看，跨境电子商务 B2B 是指基于电子商务信息平台或交易平台的企业对企业的跨境贸易活动。我们平时谈论的跨境电子商务 B2B，一般都是使用的狭义概念。常见的跨境电子商务 B2B 模式有以下几种形式。

（1）垂直模式。面向制造业或面向商业的垂直 B2B 模式，可以分为两个方向，即上游和下游。生产商或商业零售商可以与上游的供应商之间形成供货关系；生产商与下游的经销商可以形成销货关系。

（2）平台模式。面向中间交易市场的平台 B2B 模式，将各个行业中相近的交易过程集中到一个场所，为企业的采购方和供应方提供了一个交易的机会，这一类网站自己既不是拥有产品的企业,也不是经营商品的商家,它只提供一个平台,在网上将销售商和采购商汇集在一起,采购商可以在其网上查到销售商的有关信息和销售商品的有关信息。

> **小思考**
> 查找相关资料,说说跨境电子商务的发展趋势。

(3)自建模式。自建 B2B 模式是指跨国公司或全球龙头企业基于自身的信息化建设程度,搭建以自身产品供应链为核心的行业化电子商务平台。行业龙头企业通过自身的电子商务平台,串联起行业整条产业链,供应链上下游企业通过该平台实现资讯发布、沟通和交易。

(4)关联模式。关联模式是指行业为了提升电子商务交易平台信息的广泛程度和准确性,整合平台 B2B 模式和垂直 B2B 模式而建立起来的跨行业电子商务平台,目的是为同一客户提供一套整合的行业解决方案,这种模式也可以称为大垂直模式,而这种模式将成为未来 B2B 行业的主流模式。

2)跨境电子商务 B2C 模式

B2C 是英文 business to customer 的缩写。跨境电子商务 B2C 是跨境电子商务中一种非常重要的商业模式,该模式是指分属不同关境的企业直接面向消费者个人开展在线销售产品和服务,通过电商平台达成交易进行支付结算,并通过跨境物流送达商品、完成交易的一种国际商业活动。这是一种新型的国际贸易形式,同传统国际贸易交易过程相似,包括交易前的准备、交易谈判和签订合同、合同的履行和后期服务等整个过程。跨境电子商务 B2C,又称外贸 B2C、小额外贸电子商务或跨境电子商务平台或者自建的跨境电子商务网站,其采用国际航空小包和国际快递等方式将国内的产品或服务直接销售给国外消费者。常见的跨境电子商务 B2C 模式有以下几种形式。

(1)直发/直运平台模式,又称 Drop shipping 模式。在这一模式下,电子商务平台将接收的消费者订单信息发给批发商或厂商,后者则按照订单信息以零售的形式对消费者发送货物。由于供货商是品牌商、批发商或厂商,因此直发/直运平台模式是一种典型的 B2C 模式,可以将其理解为第三方 B2C 模式(参照国内的天猫商城)。直发/直运平台的部分利润来自商品零售价和批发价之间的差额。该模式的代表性企业有天猫国际(综合)、洋码头(北美)、跨境通(上海自贸试验区)、苏宁全球购、海豚村(欧洲)、一帆海购网(日本)和走秀网(全球时尚百货)等。

(2)自营 B2C 模式。在自营 B2C 模式下,大多数商品都需要平台自己备货,因此这应该是所有模式里最重要的一类。自营 B2C 模式分为综合型自营和垂直型自营两类:一种是综合型自营跨境 B2C 平台,代表性企业有亚马逊和1号店的"1号海购"等;另一种是垂直型自营跨境 B2C 平台,垂直型自营跨境 B2C 平台是指平台在选择自营品类时会集中于某个特定的范畴,如食品、奢侈品、化妆品或服饰等,代表企业有中粮我买网(食品)、蜜芽宝贝(母婴)、寺库网(奢侈品)、莎莎网(化妆品)和草莓网(化妆品)等。

3)跨境电子商务 C2C 模式

C2C 是英文 customer to customer 的缩写,指分属不同关境的个人卖方对个人买方开展在线销售产品和服务,主要通过第三方交易平台实现个人对个人的电子交易活动,也有人称之为"海代"(即海外代购)。C2C 的平台效应可以满足碎片化的用户个性化需求,并形成规模。从业务形态上,海外代购模式大致可以分为以下两类。

（1）海外代购平台。海外代购平台的运营重点在于尽可能多地吸引符合要求的第三方卖家入驻，自身不会深度涉入采购、销售及跨境物流环节。入驻平台的卖家一般都是有海外采购能力或者跨境贸易能力的小商家或个人，他们会定期或根据消费者订单集中采购特定商品，在收到消费者订单后通过转运或直邮模式将商品发往消费者手中。海外代购平台走的是典型的跨境C2C平台路线。代购平台通过向入驻卖家收取入场费、交易费和增值服务费等获取利润。该模式的优势是为消费者提供了较为丰富的海外产品品类选项，用户流量较大，其典型代表是洋码头、淘宝全球购、美国购物网和易趣全球集市等。

> **小思考**
> 跨境电子商务与海外代购相比有哪些优势？

（2）微信朋友圈海外代购。微信朋友圈代购是依靠熟人或半熟人社交关系从移动社交平台自主生长起来的原始商业形态。虽然社交关系对交易的安全性和商品的真实性起到了一定的作用，但受骗的例子并不在少数。随着海关政策的收紧，监管部门对朋友圈个人代购的定性很可能会从灰色贸易转为走私性质。待海外代购市场格局完成未来整合后，这种原始模式恐怕难以为继。

4）跨境电子商务O2O模式

O2O即online to offline，跨境电子商务O2O主要作用于商品消费领域。将线下的商业机会与互联网结合，让互联网成为线下交易的前台，实现实体资源和虚拟资源的互通互用。跨境电子商务O2O模式分为两大类：B2B跨境电子商务O2O和B2C跨境电子商务O2O。前者以出口为主，后者又分为跨境电子商务进口O2O和跨境电子商务出口O2O。B2C跨境电子商务O2O主要集中于进口电商领域，顾客到实体店体验商品，然后在网上下单。B2C跨境电子商务进口O2O模式主要有以下几种。

（1）线上下单，机场提货。该模式主要面向出国旅游购物者。消费者看中了海外机场免税店的商品后，可以在相关购物平台下单，回国时直接到机场免税店或就近地点自提货物，实现了轻松旅行。采用该模式的主要企业有天猫国际、乐天免税店、携程网旗下的"随行购"平台、中国免税集团旗下的中免网等。

（2）前店后仓（保税仓库）。设立跨境贸易O2O前店后库，通过在每个区设立保税仓储，与电子商务、海关、国税、外管、物流、快递等相连接，使整个购物过程可以在10分钟内完成。商店展示最新进口商品，仓库可以储存商品。采用该模式的企业主要有美市库、海岛网。

（3）在闹市区开体验店：线下展示，线上购买。企业在闹市区开设门店，展示商品，顾客对有意向的商品可以在网上下单，甚至扫码完成线上购物。采用该模式的企业主要有Choice西选、洋码头、美悦优选、聚美优品、步步高等。

（4）与线下实体商家合作。电商平台利用线下实体商家的品牌影响力和客流量实现引流，顾客进入合作实体商家后，可以通过手机扫码的方式直接下单，采用该模式的企业主要有蜜芽宝贝等。

（5）利用自身物流渠道设立社区便利店。企业借助自身在物流行业的庞大渠道，在各地设立社区便利店，用户可以在便利店中选购商品，通过扫描二维码订购商品，选择快递自提服务提取货物。采用该模式的典型企业是顺丰、嘿客等。

对于B2C跨境电子商务出口O2O模式来说，由于跨境电子商务的市场在海外，因此，电商公司需要在海外设立线下体验店,采用该模式的主要企业有大龙网和苏宁易购等。

2. 按商品流向分类

跨境电子商务渐渐成为外贸增长新引擎。从商品流向的角度分,跨境电子商务模式可以分为进口跨境电子商务模式和出口跨境电子商务模式。我国目前跨境出口电商发展较快,而跨境进口电商还处于稳步发展阶段,这种进出口结构集中反映了我国目前仍然是以出口为主、进口为辅的经济结构。

1)进口跨境电子商务模式

进口跨境电子商务模式是海外卖家将商品直销给国内的买家,一般是国内消费者访问境外商家的购物网站选择商品,然后下单,由境外卖家发国际快递给国内消费者。近年来,进口跨境电子商务的不断发展开拓出一个新兴的蓝海市场。由于货源组织供应、国际仓储物流、国内保税清关、模式选品等环节的不同选择,使进口跨境电子商务表现出了众多商业模式。

(1)M2C 模式。即 manufacturers to consumers(生产厂家对消费者),是生产厂家通过网络平台直接对消费者提供自己生产的产品或服务的一种商业模式,采用这种模式的典型企业有天猫国际。

(2)保税自营+直采模式。采用该模式的电商平台直接参与货源的组织物流仓储买卖流程,采购商品主要以爆款商品为主,物流配送方面采用在保税区自建仓库的方式,采用这种模式的典型企业有京东、聚美、蜜芽等。

(3)海外买手制。该模式中,海外买手(个人代购)入驻平台开店,从品类来看,以长尾非标品为主,采用这种模式的典型企业有淘宝全球购、洋码头、海蜜等。

(4)内容分享/社区资讯模式。该模式借助海外购物分享社区和用户口碑提高转化率,以内容引导消费,实现自然转化,采用这种模式的典型企业为小红书。

2)出口跨境电子商务模式

出口跨境电子商务模式是国内卖家将商品直销给境外的买家,境外买家通过访问跨境电子商务交易平台与境内生产商或供应商磋商,在线下单购买,并完成支付,由国内的商家发国际物流至国外买家。按照交易流通环节中我国跨境电子商务企业的地位作用及商业模式的区别,出口跨境电子商务模式可以划分为以下三类。

(1)跨境大宗交易平台(大宗 B2B)模式。跨境大宗交易平台模式主要是依托自主网络营销平台,传递供应商或采购商等合作伙伴的商品或服务信息,最终达成交易的一种模式,典型的代表平台主要有阿里巴巴、中国制造网、环球资源网等。跨境大宗交易平台(大宗 B2B)模式如图 9.3 所示。

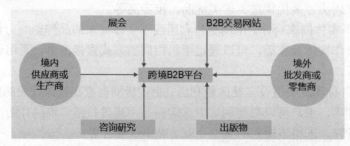

图 9.3 跨境大宗交易平台(大宗 B2B)模式

（2）综合类跨境小额交易平台（小宗 B2B 或 C2C）模式。在此模式下，网站平台仅是一个独立的第三方销售平台，买卖双方通过平台提供的商品信息下单成交。这种模式多属于直接面向消费者的情况，订单比较分散，典型的代表网站有阿里速卖通、敦煌网等。综合类跨境小额交易平台（小宗 B2B 或 C2C）模式如图 9.4 所示。

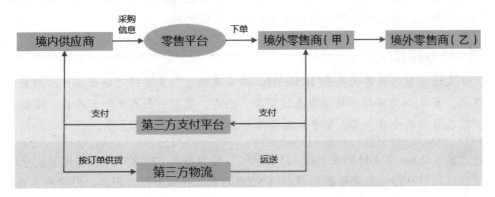

图 9.4 综合类跨境小额交易平台（小宗 B2B 或 C2C）模式

（3）垂直类跨境小额交易平台（独立 B2C）模式。在此模式下，独立的跨境 B2C 平台可以通过自建的交易平台，利用自己广大的资源优势联系境内外企业，寻求供货商，独家代理或买断货源，将商品放在平台上销售。这一模式的主要代表有兰亭集势、帝科思、米兰网等。垂直类跨境小额交易平台（独立 B2C）模式如图 9.5 所示。

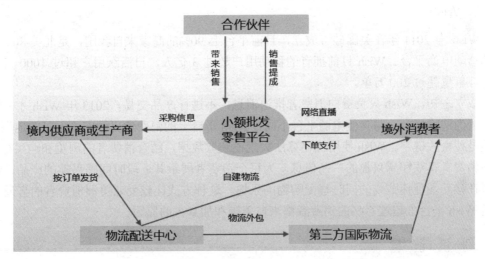

图 9.5 垂直类跨境小额交易平台（独立 B2C）模式

9.1.4 跨境电子商务主流平台

跨境电商平台的主要作用是信息展示、在线匹配和撮合。对于跨境电商卖家来说，在线渠道多元化是拓展网络销售渠道和规模的重要途径。对于某些商品或品牌来说，选择合适的目标市场进行深耕细作也是一种重要的策略。各大跨境电商平台都有自己的特点、行业优势以及客户群，因此，选择适合自己的行业、商品、销售计划的跨境电商平台显得尤为重要。典型的跨境电商平台有全球速卖通、Wish、eBay、亚马逊（Amazon）等。

1. 速卖通

速卖通的全称是全球速卖通,是阿里巴巴以帮助中小商家接触终端批发零售商,拓展利润空间为目的,全力打造的融合订单、支付、物流于一体的外贸在线交易平台,被称为"国际版淘宝"。在速卖通上,商家可以将产品信息发布到境外,供广大消费者查看并购买,然后商家可以通过国际快递进行货物运输,完成交易。

> **知识链接**
>
> 速卖通平台的销售模式是 B2B+B2C 垂直类销售,主要针对企业客户,侧重于新兴市场,其 75%的海外市场分布在俄罗斯、巴西、美国、西班牙和土耳其。速卖通是阿里巴巴系列的平台产品,整个页面简单整洁,适合初级卖家上手。

速卖通于 2010 年 4 月正式上线,目前已经发展为覆盖 220 多个国家和地区的全球跨境交易平台,每日在线境外消费者也已超过 5000 万人。在俄罗斯、巴西、以色列、西班牙、乌克兰和加拿大等地,速卖通都是非常重要的购物平台。

速卖通无线交易占比超过 55%,网站日均浏览量超过 2 亿次,速卖通具有入驻简单便捷、不懂专业英语也能轻松操作、物流配送全程无忧、报关无须亲自动手、国际支付宝担保交易等优势。满足条件的商家还可以成为"中国好卖家",享受流量支持、营销资源、品牌保护、申诉保障、提前放款和服务升级等多项专属权益。

2. Wish

Wish 于 2011 年在美国硅谷成立,目前平台上 90%的商家来自我国,是北美和欧洲最大的移动电商平台。Wish 目前拥有的移动用户超过 3 亿人,日活跃用户超过 1000 万人,日均订单量超过 200 万单。

成立之初,Wish 只负责向消费者推送消息,不进行产品交易,2013 年 Wish 才开始正式升级为购物平台。与其他电商平台不同,Wish 平台上的消费者更倾向于无目的地浏览,而不是搜索关键字。Wish 使用优化算法大规模获取数据,结合消费者的浏览和购买行为,判断消费者喜欢和感兴趣的产品信息,为每个消费者展示其近段时间感兴趣的产品,让消费者在移动端便捷购物的同时享受购物的乐趣。这种方式比较受北美洲消费者的喜爱,这也是 Wish 平台上超过 60%的消费者都来自美国和加拿大的原因。

> **知识链接**
>
> Wish 平台适用的商户类型是贸易商、转型做 B2C 的工厂、品牌经销商等。

3. eBay

1995 年 9 月 4 日,皮埃尔·奥米迪亚(Pierre Omidyar)在加利福尼亚州创立了 Auctionweb 网站,以在全美寻找 Pez 糖果盒爱好者。但令人意外的是,该网站非常受相关爱好者的欢迎,网站也随之发展了起来。1997 年 9 月,Auctionweb 正式更名为 eBay,并逐渐发展为让全球消费者在网上买卖产品的线上拍卖及购物网站。

目前,eBay 已经成为全球知名的电子交易市场之一,是美国、英国、澳大利亚、德国和加拿大等地的主流电子商务平台。eBay 只有两种销售方式，一种是拍卖，另一种是一口价，平台一般按照产品发布费用和成交佣金的方式收取费用。

eBay 开辟了全球直销渠道，为商家提供了低投入、零风险、高利润的境外直销模式，具体有以下优势：一是市场巨大，eBay 在 40 个国家和地区开设了站点，拥有超过 5 万个产品门类、3.8 亿境外消费者；二是购买力强，消费者在 eBay 的平均购买力强；三是平台成熟，eBay 平台上有超过 1 亿件产品在全球销售，并且 15 年的平台运营经验让 eBay 形成了严格的消费者及商家保护政策，能保障交易安全及消费者体验，同时能为通过审核的入驻商家提供客户经理支持，方便商家快速开展业务。

> 知识链接
>
> eBay 平台适用的商户类型是贸易商、有一定 B2C 经验的工厂、品牌经销商等。

4. 亚马逊

亚马逊（Amazon）成立于 1995 年，是美国较大的电子商务公司之一，也是最早开始经营电子商务的公司之一。

亚马逊一开始只涉及图书品类的销售业务，现在则涉及了范围广泛的产品品类业务，主要包括图书、影视、音乐和游戏、数码下载、电子和计算机、家居园艺用品、玩具、婴幼儿用品、食品、服饰、鞋类和珠宝、健康和个人护理用品、体育及户外用品、汽车及工业产品等。亚马逊已成为全球产品品种最多的网上零售商和全球第二大互联网企业。2012 年，亚马逊在我国正式推出全球开店项目。亚马逊方面的数据显示，目前我国已有数十万商家加入了该项目。

> 知识链接
>
> 亚马逊定位的核心理念就是：以创造长期价值为核心，长远思考才能做到不可能的事。

9.2 移动电子商务

9.2.1 移动电子商务的概念

移动电子商务（mobile e-commerce）由电子商务（e-commerce）的概念衍生出来，电子商务以 PC 机为主要界面，是有线的电子商务；而移动电子商务则是通过智能手机、平板电脑这些可以装在口袋里的终端与我们谋面，无论何时、何地都可以开始。有人预言，移动电子商务将决定 21 世纪新企业的风貌，也将改变生活与旧商业的地形地貌。移动电子商务就是利用智能手机、平板电脑等无线终端进行的 B2B、B2C、C2C 或 O2O 的电子商务。它将互联网、移动通信技术、短距离通信技术及其他信息处理技术完美地结合起来，使人们可以在任何时间、任何地点进行各种商贸活动，实现随时随地、线上线下的购物与交易、在线电子支付以及各种交易活动、商务活动、金融活动和相关的综合服务活动等。

> **知识链接**
>
> 手机淘宝属于由 PC 端转型而来的移动综合电商平台,同类平台包括京东、苏宁易购等。微店属于专注于移动端的综合电商平台,同类平台包括拼多多等。

9.2.2 移动电子商务的特点

随着移动电子商务的迅猛发展,有人预言,移动电子商务将引领 21 世纪电子商务市场,也将极大地改变人们的生活方式。相比使用传统的 PC 利用互联网进行电子商务交易,使用移动设备和移动网络进行电子商务活动,在互动性、便利性和个性化等方面更有优势,也可以看作是与传统电子商务的区别。移动电子商务的特征主要表现在以下几个方面。

1. 商务广泛性

商务广泛性是相对于传统电子商务模式而言的,移动电子商务可以让任何人在任何地点、任何时间获得符合用户需求的贴身网络服务。

随着智能手机的普及,智能手机用户越来越依赖于各种手机应用软件,而 App 开发的市场需求与发展前景也逐渐呈"红海市场"。

手机移动客户端能为用户提供拍摄、互联网冲浪、搜索、Wi-Fi、短信等服务,满足了用户的实际需求,而移动电子商务的商务广泛性也得到了充分的体现。

2. 服务个性化

服务个性化是指用户可以根据自己的需求和喜好来定制移动电子商务的子类服务和信息,并根据需要灵活选择访问和支付方法,设置个性化的信息格式。

移动电子商务的发展带动了各类 App 的爆发式增长,也正是 App 的应用彰显了移动电子商务的个性化服务,每一个 App 都能为用户带来特定的个性化服务,更重要的是它为用户解决了实际问题。

移动电子商务所带来的产品或服务,都是从用户的实际需求出发的。移动电子商务在推动企业迅速转型和发展的同时,也为人们的生活带来了便利。

3. 定位精准性

定位精准性是指能够获取和提供手机终端的位置信息,目前与位置相关的商务应用已成为移动电子商务领域中的一个重要组成部分。

移动电子商务中的定位精准性主要是通过电子地图来实现的,电子地图通过 GPS 全球定位系统对用户当前所在的位置进行精准定位,帮助用户快速在一个陌生环境辨认出方向,并且支持用户查询所在的位置周围的街道、商场、楼盘等不同的地理位置信息。

手机地图正是移动电子商务领域的产物。用户在使用地图 App 时,系统会自动定位当前位置,用户只需输入目的地,地图 App 就能在几秒内为用户导航,无论是公交路线、驾车路线还是步行路线,地图 App 都能为用户提供真实可靠的参考信息。而对于那些没有方向感的用户来说,系统还提供语音播报的功能,用户只需要拿着移动设备、戴上耳机就能识别任何陌生场所。

4. 支付便捷性

支付便捷性是指用户可以根据不同情况使用多种方式进行付费,如通信账户支付、手机银行支付或第三方支付工具等。

许多大型超市的收银台都出现过这样的场景：顾客推着满满的购物车，排着长队等待结账，收银员点钞找零钱。这样的付款效率让许多顾客看着都心急，目前，许多大型超市先后和支付宝合作，采取"扫描付款码"的方式结账。

顾客在使用支付宝结账时，打开支付宝客户端的首页，会出现一个"付款码"的条形码标识。顾客只需要点击付款码，收银员用扫描枪扫描了商品条码之后，再扫描手机客户端的付款码即可付款。这种付款方式节省了顾客排队等候的时间，同时也省去找零的麻烦，极受年轻人欢迎。

5. 营销精准化

营销精准化对于移动电子商务企业而言，是指手机对用户的随身携带性和较高的使用黏度，这使企业可以更加精准地对目标客户进行营销推广和服务关怀。

在移动电子商务营销中，企业通常会直接接触来自不同行业的客户。不同客户的需求点和喜好不同：有的客户注重品牌，有的客户看重产品的价格，有的客户在意效果。所以，企业在执行营销推广方案的过程中需要更加注重精准化营销。

影响消费者消费行为的渠道主要有三种，即移动终端、TV 终端和 PC 终端。移动终端将成为企业最有价值的营销投放渠道。

营销精准化主要体现在用户通过互联网浏览网页时，后台根据用户平时的浏览习惯"猜测"用户的需求而做出的推广营销。精准化营销能够使企业迅速抢占市场，优先获得更加优质的客户资源，通过对不同客户资源的分析，筛选出目标客户、意向客户，再实行有效的营销方案。

6. 社交便利化

社交便利化是指手机最基本的通信功能满足了用户的社交和沟通需求，特别是智能手机的各种社交软件应用，更充分凸显了手机终端的社交属性。将各个领域的用户互联起来，对企业而言，可通过多渠道进行营销；而对个人而言，可随时随地扩大交际圈，结交志同道合的朋友等。

> **小思考**
> 移动电子商务对人们的日常生活有哪些影响？

互联网的高速发展，直接推动了移动电子商务的发展，也相应地引起了各种移动社交应用软件的爆炸式增长。社交应用软件凭借触屏、高清、便于携带等优质的用户体验，使得以 iPhone 和 Android 为代表的手机移动设备正在悄然改变着企业的商务运行模式，对于原本被定义运用于商务领域的产品，企业应用生产商也逐渐把研发中心转移到移动终端平台。

7. 时间碎片化

时间碎片化是指智能终端的发展打破了时间的限制，用户可以利用碎片化的时间享受网络服务。曾有调查显示，手机用户的上网高峰期主要分布在中午 12 点至 13 点和晚上 19 点至 21 点。一般，在上午 10 点左右就开始进入上网高峰期，新闻、设计、电子商务等网站的流量逐渐增长；晚上 9 点左右，各类网民开始进入睡前休闲时段，社交、网购、视频、游戏等网站的流量再次进入增长模式。

手机移动终端实现了广大网民随时随地上网的诉求，这更说明移动电子商务正在逐渐渗透到人们的日常生活中。

移动终端的不断改革创新，使用户的上网时间越来越碎片化，从起床到睡觉、从上下班路途中到午休时间，甚至在餐桌上，用户的手机都不离手。然而，用户使用移动终端产品的时间呈碎片化并不代表工作的效率会降低，如用户在上下班的路途中可以登录手机客户端发送和查收工作邮件，在午休的时间可以选择网购，在睡前可以关注当天的时事新闻，等等。

9.2.3 移动电子商务的模式

移动电子商务的商业模式是为了提升平台价值和聚集客户，针对其目标市场进行准确的价值定位，以平台为载体，有效整合企业内外部各种资源，建立起产业链多方共同参与、共同进行价值创新的生态系统，形成一个完整的、高效的、具有独特核心竞争力的运行系统，并不断满足客户需求，提升客户价值，建立多元化的盈利模式，使企业达到持续盈利的目标。

1. O2O 模式

所谓 O2O 模式，是指将线下的商务机会与互联网相结合。O2O 电子商务模式需具备五大要素：独立网上商城、国家级权威行业可信网站认证、在线网络广告营销推广、全面社交媒体与客户在线互动、线上线下一体化的会员营销系统。

相对于传统的电子商务而言，O2O 真正实现了随时随地的信息交流和贴身服务，即任何人在任何地点、任何时间可以进行任何形式的电子商务。O2O 倡导将线上的消费者带到现实商店中，让互联网成为线下交易前台的模式正成为一种潮流。以手机扫码购物为代表的新型购物模式已成为一种流行的消费方式，通过"快拍二维码"扫描商品条形码即可找到线上商城和线下超市、便利店的所有商品信息，实时手机扫码比价，省时、省心、省钱，备受时尚购物群体的青睐。

> **知识链接**
>
> **伪满皇宫博物院推出新服务——扫二维码即可进入**
>
> 长春的伪满皇宫博物院在吉林省内率先启用手机微信购票，扫二维码即可进入伪满皇宫博物院，方便快捷。
>
> 每年旅游高峰期，伪满皇宫博物院游客服务中心排队购票的游客很多。为了解决这一难题，提高游客购票效率，避免发生安全事故，伪满皇宫博物院早在2018年"十一"黄金周前夕就引入了新型智能售票系统，更换了原有验票设备，并对网络售票各项措施进行了全面的测试：游客用手机扫描伪满皇宫博物院提供的二维码，即可进入选择界面，点击"微信购票"程序，按提示步骤操作，手机购票全程仅需50秒；游客在验票口扫描收到的验证二维码即可进入伪满皇宫博物院参观。
>
> 伪满皇宫博物院在实现网络快捷售票的同时，在游客服务中心还为游客提供了自助售票机，游客按照界面提示，通过微信、支付宝或银联卡支付方式可自助打印门票。

2. 信息服务模式

所谓信息服务模式，是指对信息服务的组成要素及其基本关系的描述，主要包括提供各种实时信息服务（如新闻、天气、股票信息等）、各种基于位置的信息服务（如移动用户附近酒店信息、娱乐场所信息等），以及各种紧急信息服务等。信息服务是移动电子商务中一种比较常见的服务。

在这种商务模式中，主要的参与者是内容和应用服务提供商、无线网络运营商和用户；主要的服务是信息服务；主要的利润来源是用户缴纳的服务预订费。内容服务提供商通过无线网络运营商向移动用户提供各种信息服务。用户通过缴纳一定的服务费获得这些服务，无线网络运营商通过传输信息而获得通信费。另外，根据与内容服务提供商签订的协议，无线网络运营商还会以佣金的形式获得内容服务提供商的利润分成。在这个模式中，移动用户是服务的享受者，也是利润的来源；无线网络运营商提供了服务实现的途径，获取信息服务费和佣金；内容服务提供商提供各种服务信息，也是利润的主要获得者，占到总利润的 80%～90%，可以说是最大的赢家。

3. 广告模式

所谓广告模式，是指无线网络运营商提供了一些内容和服务来吸引访问者，通过在其网页上加入标志、按钮或使用其他获得访问者信息的方式的广告客户收取广告费用来获取利润的商业运作模式。这种商务模式涉及广告客户、内容提供者、无线网络运营商和客户，其中还涉及一些中间商，如无线广告代理商、内容集成商、移动门户网站和无线网络接入商等。表面上看来，广告模式中广告客户支付给内容提供商一定的费用，内容提供商再与无线网络运营商之间进行利润分配，而实际上，移动用户才是利润的来源。移动用户通过购买产品和服务，将利润让渡给广告客户，而广告客户只是将其获得利润的一部分以广告费的形式付给内容服务提供商。内容提供商通过将推销信息添加到发给移动用户的内容和服务中，以获得广告费。无线网络运营商则通过为内容提供商提供无线传输服务获得通信费或利润分成。

4. 免费模式

所谓免费模式，是指商家利用大众乐于接受"天上掉馅饼"的心理，借助免费手段销售产品或服务建立庞大的消费群体，塑造品牌形象，然后再通过配套的增值服务、广告费等方式取得收益的一种新的商业模式。这种商业模式本身的成本很低，而"免费"的金字招牌对顾客有着无穷的吸引力，能在短时间内使企业迅速占领市场，扩大知名度。

9.2.4 移动电子商务常见平台

目前，移动电子商务平台较多，不同的移动电子商务平台售卖的产品类别不同：有的属于综合性平台，如手机淘宝、微店；有的专门售卖生鲜产品，如每日优鲜。

1. 手机淘宝

手机淘宝是由淘宝网官方出品的 App，它依托淘宝网的巨大优势，为消费者提供更加方便快捷的购物体验，从而方便了消费者随时随地进行搜索比价、浏览产品、移动购物和订询等操作。手机淘宝大大改善了消费者的产品浏览体验，并使购物体验更加个性化。目前，手机淘宝在所有移动终端中的流量占比是遥遥领先的。

> **小思考**
> 请分析淘宝平台的商业模式。

2. 微店

微店是一款网上购物 App，是基于社交关系的移动电商平台。微店致力于打造"口碑小店+回头客"的生意模式，其优势是开设成本低，资金、库存方面的风险小，借助微信强大的传播能力，商家只需利用碎片时间和个人朋友圈就可进行营销推广。

9.2.5 移动电子商务的应用

移动电子商务的应用是指电子商务的主体通过各种无线技术和移动终端，在"动态"中进行商务活动。移动电子商务的应用领域非常广泛，在传统商务活动的各个层面、各个领域都起到了举足轻重的作用，下面简单介绍其中的几种应用。

1. 移动网络购物

网络购物是指交易双方以互联网为媒介进行的商品交易活动，即通过互联网进行的信息的组织和传递，实现有形商品和无形商品所有权的转移或服务的消费。移动网络购物是利用移动端进行购物的形式，主要包括 B2C 和 C2C 两种形式。目前我国已经是全球最大和增速最快的移动电子商务市场，移动电子商务已进入快速爆发期。

从国内大型电子商务企业看，经过几年培育和推广，其在移动电子商务方面的表现十分突出。移动网络购物以淘宝、京东等最具有代表性，如图 9.6 和图 9.7 所示。

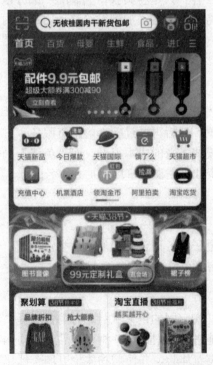

图 9.6　淘宝

图 9.7　京东

2. 旅游移动电子商务

旅游电子商务是指以网络为主体，以旅游信息库、电子化商务银行为基础，利用最先进的电子手段运作旅游业及其分销系统的商务体系。旅游电子商务为广大旅游业同行提供了一个互联网的平台。旅游移动电子商务则是利用移动端为广大游客提供旅游服务的互联网平台。旅游移动电子商务比较典型的有携程、去哪儿、同程旅游、蚂蜂窝自由行等，如图 9.8 所示。

图 9.8　旅游移动电子商务

3. 移动社交电子商务

所谓移动社交电子商务，即社交电子商务的移动化发展，是移动、社交网络、电子商务三者的融合，是指将关注、分享、沟通、讨论、互动等社交化的元素应用于移动电子商务交易过程的现象。具体而言，从消费者角度来看，移动社交电子商务既体现在消费者购买前的店铺选择、商品比较等，又体现在购物过程中通过 IM（即时通信）、论坛等与电子商务企业间的移动端交流与互动，也体现在购买商品后移动端消费评价及购物分享等。从品牌广告主的角度来看，移动社交电子商务就是通过移动端社交化工具的应用及与社交化媒体、网络的合作，完成企业销售、推广和商品的最终销售。

移动社交电子商务不仅是移动化的电子商务，更核心的理念是它拥有了人与社交。互联网将人们的关系链进行了无限放大，口碑和分享就像空气一样在移动互联网上无处不在。商家通过这些移动互联网带来的新优势，可以更好地链接、培育、服务用户，让商业的效率在数字化运营后得到极大的提升，让服务更加全面且及时地弥补传统商业在时空上的缺陷，让人们享受到更多的差异化体验。

移动社交电子商务是电子商务的一种新的衍生模式，它借助移动端和社交网站、SNS、微博、社交媒介、网络媒介的传播途径，通过社交互动、用户自生内容等手段来辅助商品的购买和销售行为。移动社交电子商务比较典型的有微博、微信、知乎、豆瓣、简书等，如图9.9所示。

图9.9 移动社交电子商务

4．移动支付

移动支付也称为手机支付，就是允许用户使用其移动终端（通常是手机）对所消费的商品或服务进行账务支付的一种服务方式。单位或个人通过移动设备、互联网或者近距离传感直接或间接向金融机构发送支付指令产生货币支付与资金转移行为，从而实现移动支付功能。移动支付将终端设备、互联网、应用提供商以及金融机构相融合，为用户提供货币支付、缴费等金融业务。移动支付 App 有支付宝、微信支付、QQ 钱包、华为钱包等，如图9.10所示。

图9.10 移动支付

5．移动医疗

移动医疗（mobile health，Mhealth）也称为移动健康，在 2007 年首次被提出，2009 年被公众接受。美国医疗信息与管理系统学会（HIMSS）给出的定义为：Mhealth 就是通过使用移动通信技术，如 PDA、移动电话和卫星通信来提供医疗服务和信息，具体到移动互联网领域，则以基于安卓和 iOS 等移动终端系统的医疗健康类 App 应用为主。

我国移动医疗健康市场的快速发展有助于降低因地区和收入差异带来的医疗资源服务的供给差异和分配不均，在一定程度上缓解目前"排队难、挂号难、看病难"问题，如图9.11所示。

6．移动教育

移动教育是指在移动的学习场所或利用移动的学习工具所实施的教育，是依托目前比较成熟的无线移动网络、国际互联网以及多媒体技术，学生和教师使用移动设备（如手机等）通过移动教学服务器实现的交互式教学活动。一个实用的移动教育系统必须同时兼顾学生、教师和教育资源三个方面，将其通过该系统有机地结合起来。

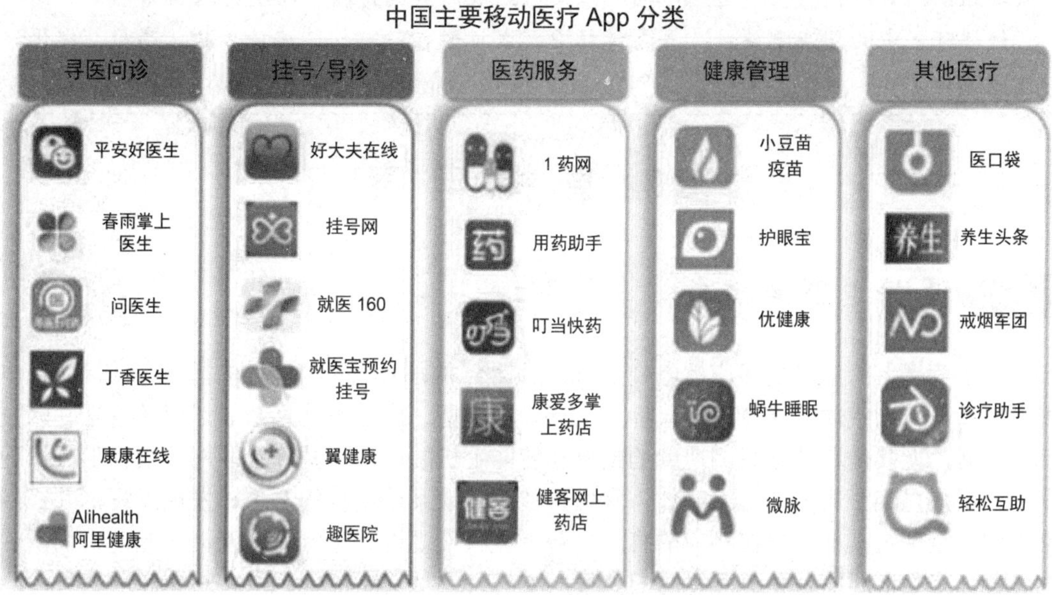

中国主要移动医疗 App 分类
寻医问诊
平安好医生
春雨掌上医生
问医生
丁香医生
康康在线
Alihealth 阿里健康
挂号/导诊
好大夫在线
挂号网
就医 160
就医宝预约挂号
翼健康
趣医院
医药服务
1 药网
用药助手
叮当快药
康爱多掌上药店
健客网上药店
健康管理
小豆苗疫苗
护眼宝
优健康
蜗牛睡眠
微脉
其他医疗
医口袋
养生头条
戒烟军团
诊疗助手
轻松互助

图 9.11　移动医疗

移动教育的形式已经渗透到教育行业的各个细分领域。总体来看，目前市场上热门的产品多为优质内容型（知识/资讯、真人课程等）或实用工具型（搜题答疑、词典、口语练习等），且均以手机 App 为载体，如图 9.12 所示。

教育学习
巧虎视频乐园
巧虎之家
时光企鹅
优学猫数学
伴鱼绘本
叫叫识字宝宝
云课堂智慧职教
学习通
学习强国
添加

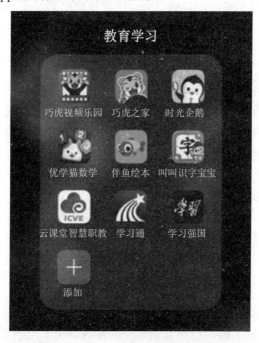

图 9.12　移动教育

> **知识链接**
>
> 　　当前的移动电子商务中的社群虽然是指互联网社群，但其实我国古代也有类似的兴趣组织，如清代嘉庆、道光年间北京文人组成的宣南诗社，而更为人们所熟知的是《红楼梦》中的"海棠诗社"。在诗社中，成员聚在一起作诗谈诗，趣味高雅，文化意蕴深厚。

9.3 直播电商

微课：直播电商的概念

9.3.1 直播电商的概念

　　传统意义上的直播是指广播电视节目的后期合成与播出同时进行的播出方式，如以电视或广播平台为载体的体育比赛直播、文艺活动直播、新闻事件直播等。但随着互联网技术的发展，尤其是移动互联网速度的提升和智能手机的普及，基于互联网的直播形式出现了，即用户以某个直播平台为载体，利用摄像头记录某个事件的发生、发展进程，并在网络上实时呈现，其他用户在相应的直播平台上能直接观看并进行实时互动。当前人们所说的直播，多数情况下是基于互联网的直播。

　　直播以互联网技术为依托，具有实时性强、互动性强、真实的特点。现场直播结束后，直播活动举办方还可以为用户提供重播、点播服务，这样做有利于扩大直播的影响范围，最大限度地发挥直播的作用。

　　直播作为一种全新的内容表现形式，在丰富互联网内容表现形式的同时，也为企业/品牌商带来了一种新的营销方式——直播电商。所谓直播电商，就是指企业/品牌商以直播平台为载体进行营销活动，以达到提升品牌影响力和提高商品销量目的的一种营销活动。

> **知识链接**
>
> 　　2021年上半年，我国消费市场复苏势头不断增强，其中，网络销售保持较快增长。上半年，全国实物商品网上零售额同比增长18.7%，增速比2020年同期提高4.4%；两年平均增长16.5%，比一季度多1.1%。在直播电商、生鲜电商等新业态和新模式的带动下，电商为消费市场注入了更强动力。

9.3.2 直播电商的特点

　　直播为企业/品牌商带来了新的营销机会。作为一种新兴的网络营销手段，直播电商具有以下三个特点。

1. 能够即时互动

　　传统的营销方式通常由企业/品牌商发布营销信息，用户被动地接收信息。在这个过程中，企业/品牌商无法立刻了解用户对营销信息的接收情况和用户对营销信息的态度。

　　而直播具有良好的互动性，在直播过程中，企业/品牌商在向用户呈现营销信息的同时，用户也可以针对营销信息发言和互动参与到直播活动中。这样既有利于增强用户的参与感，又调动了直播间的氛围。针对某些话题，甚至可以形成意向用户、围观用户以及企业/品牌商三方之间的强烈互动，真正实现企业/品牌商与用户之间、用户与用户之间的深度互动，实现营销效果最大化。

2. 场景真实

在营销活动中，真实、高质量的商品是企业/品牌商赢得用户信任的第一步。在传统的营销方式中，无论是图文式广告，还是视频类广告，它们虽然制作精良，极具吸引力，但是有些用户往往会对其真实性存在质疑，因为它们都是提前制作好的成品，制作过程中经过了大量人为的剪辑和美化。而通过直播的形式，企业/品牌商不仅可以展示商品的生产环境、生产过程，让用户了解商品真实的制作过程，获得用户的信任，还可以展示商品的试吃、试玩、试用等过程，让用户直观地了解商品的使用效果，从而刺激用户的购买欲。

3. 营销效果直观

消费者在线下购买商品时，容易受到外部环境的影响。而在直播活动中，主播对商品的现场展示和介绍，以及直播间内很多人争相下单购买的氛围，很容易刺激其他用户直接下单购买商品。在直播过程中，直播运营团队可以看到直播间的实时数据，了解直播间内商品的售卖情况，及时掌握直播活动的营销效果。

9.3.3 直播电商的模式

直播电商具有场景真实的特点，为了吸引用户观看直播，直播运营团队需要根据实际情况选择比较具有看点的直播电商模式。具体来说，常见的直播电商模式有以下几种。

1. 商品分享式直播

商品分享式直播就是主播在直播间向用户分享和推荐商品，或者由用户在直播间的评论区留言，告诉主播自己需要的商品，然后主播按照用户的需求推荐并讲解相应的商品，整个直播的内容就是主播讲解并展示商品。

2. 产地直销式直播

产地直销式直播是指主播在商品的原产地、生产车间等场景进行直播，直接向用户展示商品真实的生产环境、生产过程，从而吸引用户购买。

3. 基地走播式直播

基地走播式直播是指主播到直播基地进行直播。很多直播基地是由专业的直播机构建立的，能够为主播提供直播间、商品等服务。直播基地通常用于直播机构自身旗下的主播开展直播，或租给外界主播、商家进行直播。在供应链比较完善的基地，主播可以根据自身需求在基地挑选商品，并在基地提供的直播场地中直播。

直播基地搭建的直播间和配置的直播设备大多比较高档，所以直播画面及效果比较理想。此外，直播基地中的商品会在淘宝店铺或天猫店铺中上架，主播在基地选好商品后，在直播时将商品链接导入自己的直播间即可。因为这些商品都是经过主播仔细筛选的，所以比较符合主播直播间用户的需求,而且基地提供的商品款式非常丰富,主播不用担心缺少直播商品。

一般情况下,在基地进行直播时,主播把商品销售出去后,基地运营方会从中抽取一部分提成作为基地服务费。

> **知识链接**
>
> 直播营销的实质就是"内容+电商",它升级了"人""货""场"的关系,营销效率更高。

4. 现场制作并体验式直播

现场制作并体验式直播是指主播在直播间现场对商品进行加工、制作,向用户展示商品经过加工后的真实状态。食品、小型家电、3C商品(3C商品是计算机类、通信类和消费类电子商品三者的统称,也称"信息家电",如计算机、平板电脑、手机或数字音频播放器等)等可以采取这种直播营销模式。

尤其对于一些可加工的食品来说,主播可以在直播时加入烹饪食品的过程,然后进行试吃。这样既能向用户展示食品的加工方法,提高用户对食品的信任度,又能丰富直播内容,提高直播的吸引力。对于推广食品类商品的直播来说,虽然主播现场试吃食品的形式会对用户产生较大的吸引力,但是这种形式也存在一定的局限性。一场直播通常持续的时间较长,让主播在一场直播中从头吃到尾,显然是一项不小的挑战。

5. 砍价式直播

砍价式直播是指在直播中,主播向用户分析商品的优缺点,并告诉用户商品大概的价格,待有用户提出购买意向后,主播再向货主砍价,为用户争取更优惠的价格,待价格协商一致后即可成交。

6. 秒杀式直播

秒杀式直播是指主播与企业/品牌商合作,在直播中通过限时、限量等方式向用户推荐商品,吸引用户购买的直播方式。秒杀式直播进行时氛围紧张刺激,价格优惠程度高或稀缺性强,能吸引用户积极参与。

7. 教学培训式直播

教学培训式直播是指主播以授课的方式在直播中分享一些有价值的知识或技巧,如提升英语口语能力的技巧、化妆技巧、甜点制作技巧、运动健身技巧等,主播在分享知识或技巧的过程中推广一些商品。这样不仅能让用户通过观看直播学习到某些知识或技能,也能让用户感受到主播的专业性,提高用户对主播推荐商品的信任度。

8. 才艺表演式直播

才艺表演式直播是指主播直播表演舞蹈、脱口秀、魔术等才艺,并在表演才艺的过程中使用某种商品,从而达到推广商品的目的。才艺表演式直播适用于推广表演才艺时会使用到的工具类商品,如表演才艺穿着的服装、鞋,或使用的乐器等。

为了达到良好的直播效果,在这种直播形式中,主播不能只是自顾自地表演,还要与用户互动，这样才能增强直播的吸引力，让缺少语言交流的表演不显得无聊。

9. 开箱测评式直播

开箱测评式直播是指主播边拆箱子边介绍箱子里面的商品。在这类直播中，主播需要在开箱后诚实、客观地描述商品的特点和商品的使用体验，让用户真实、全面地了解商品的功能、性能等，从而达到推广商品的目的。

10. 访谈式直播

访谈式直播是指围绕某个主题，主播与嘉宾通过互动交谈的方式阐述自己的观点和看法，从而实现营销推广的目的。

11. 海淘现场式直播

海淘现场式直播是指主播在国外商场、免税店直播，用户通过观看直播选购商品。通过直播海淘现场，用户容易产生仿佛亲身在国外商场购物的感觉，商品的标价也一目了然，有利于提升用户对商品的信任度。

12. 展示日常式直播

在直播中，直播吃饭、购物等日常生活可以作为宣传个人形象的内容。同样，对于企业来说，也可以通过直播企业的日常活动来进行品牌宣传。所谓企业的日常活动，包括企业研发新品的过程、企业生产商品的过程、企业领导开会的情景，以及企业员工的工作环境、工作状态等。对于企业中的从业人员来说，这些事情稀松平常，但对于直播间里的用户来说，这些事情却属于企业运营中的"机密"，对他们有着非常大的吸引力，因此，展示企业的日常活动也是一种吸引用户注意力的直播营销方式。

例如，"凯叔讲故事"策划的"凯叔带你云游故事工厂"，以直播探访"凯叔讲故事"工作基地的方式，带领用户探访"凯叔讲故事"的配音间、玩具设计工作室等，并访问为故事配音的工作人员，向用户揭密"凯叔讲故事"中故事和玩具的"生产"方式，在给用户带来新奇体验的同时，也向其展示了品牌商精细化生产商品的态度和过程，从而提升了用户对商品的信任度。

> **小思考**
> 请简要说明直播电商模式与传统电商模式的不同。

9.3.4 直播电商的主流平台

直播平台是直播产业链中不可或缺的一个部分，它为直播提供了内容输入和输出的渠道。根据直播平台的主打内容来划分，目前市场上的直播平台可以分为综合类直播平台、电商类直播平台、短视频类直播平台和教育类直播平台四种类型。

1. 综合类直播平台

综合类直播平台是指包含户外、生活、娱乐、教育等多种直播类目的平台，用户在这类平台上可以观看的内容较多。目前，具有代表性的综合类直播平台有斗鱼、虎牙、YY直播、花椒直播、一直播、映客等。图9.13所示为YY直播的直播类目。这种类型的直播平台在直播行业具有较大的优势，因为其涵盖的直播内容比较丰富，受众群体也比较大。

图 9.13 YY 直播的直播类目

2. 电商类直播平台

电商类直播平台主要是指淘宝直播(见图 9.14)、京东直播(见图 9.15)、拼多多直播等,是以为用户提供商品营销渠道为主的平台。电商类直播平台具有较强的营销性质,在电商类直播平台上,商家可以通过直播的形式与用户互动,以较低的成本吸引用户关注自己的商品并产生交易,而用户在这些平台上观看直播的主要目的也是购买商品。

图 9.14 淘宝直播

图 9.15 京东直播

3. 短视频类直播平台

短视频类直播平台主要以输出短视频为主，但随着直播形式的发展，很多短视频平台也开通了直播功能，用户在这些平台上不仅可以发布自己创作的短视频内容，还能通过直播展示才艺、销售商品。比较典型的短视频直播平台有抖音、快手、美拍、西瓜视频等。图9.16所示为抖音平台上的直播页面。

4. 教育类直播平台

传统的在线教育平台多以视频录播、语音、图片、文字、PPT等形式与用户分享知识，虽然知识呈现的形式已足够多样化，但是这些形式都缺乏有效的互动，无法让知识分享者为用户进行实时的答疑和讲解，因此教育类直播平台应运而生，如网易云课堂、千聊、荔枝微课、小鹅通等。

教育类直播平台支持知识分享者采取视频直播或语音直播的形式与用户分享知识，在直播过程中，知识分享者可以与用户进行实时互动，针对用户提出的一些问题进行在线解答。网易云课堂是在原有平台、原有功能的基础上增加了直播功能，而千聊、荔枝微课、小鹅通等平台则属于独立开发的教育类直播平台。图9.17所示为荔枝微课直播页面。

图 9.16 抖音直播页面

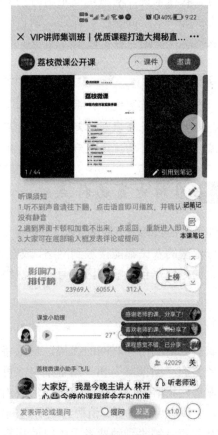

图 9.17 荔枝微课直播页面

> **课程思政**
>
> 近年来,短视频平台尤其受到青少年的喜爱。短视频降低了获取知识的门槛,促进社会知识信息良性循环。同时,短视频平台赋予青少年更多表达渠道,给予了青少年更多自我表达的机会与空间,可以使青少年在短视频的分享互动中展示自身个性,获得社交的满足感。

9.4 农村电商

9.4.1 农村电商的概念

农村电商是指利用互联网、计算机等现代信息技术,为从事涉农领域的生产经营主体提供在网上完成产品或服务的销售、购买和电子支付等业务交易的过程。这种新的电商模式能够推动农业的生产和销售,提高农产品的知名度和竞争力,助力新农村建设。

对于农村来说,农村电商是新时期依托互联网技术发展起来的一种全新的商品交易方式,主要解决农产品生产、流通、销售、安全等关键问题,能缩小城乡之间的信息鸿沟,促进农村地区快速发展。

> **知识链接**
>
> 农村电商是围绕农产品(加工品)进城和消费品下乡开展的电子化交易和管理活动,是电子商务在农村的延伸和深度应用。农村电商包含四个方面的基本要素,即信息流、资金流、物流配送和安全支付体系。

9.4.2 农村电商的特点

随着我国经济水平的提升,互联网飞速发展,新农村基础设施建设进一步完善,我国大部分地区的农民都能接触到网络,政府为农村电商基础设施建设提供了强大的政策支持;一些大的电商平台也响应国家号召,纷纷开展了农村电商发展项目。我国农村电商有以下特点。

1. 直接性

农村电商利用互联网的优势,直接将生产者、销售者、消费者联合在一起,是农业产业化经营的"助推器"和"黏合剂",可以有效解决农业生产、农用物资采购、农产品营销和服务网络等方面存在的问题,形成由物流、商流、信息流、资金流等组成的全新流通体系。生产者、销售者、消费者三者之间沟通便捷,农产品和服务相关信息传递到消费者、货物从生产者销售到消费者手中时间极短,促进了农产品的流通。例如,农村电商通过互联网,将海南的椰子直接销售到东北消费者手中。

2. 低成本

农村电商利用网络带来的便利性，降低运营成本。

首先，农村生产和管理成本很低，并且国家对农村经济有扶持。电商企业经营的成本也较低，只需要一些平台推广费用。消费者购买成本较低，足不出户就能购买到好的产品。

其次，在过去，一笔交易的形成往往伴随着许多交易部门的参与和促成，交易的完成是许多交易部门共同促成的结果。农村电商这一无形的超级大市场可促使农村的中小企业减少库存积压，降低库存成本，还可以通过电子商务实行网上销售，直接减少交易成本。

最后，农村电商可以实现农业的规模化、集约化生产，从而降低生产成本，同时通过网络营销可以推动"订单农业"模式的形成，在一定程度上解决供需不匹配的问题，避免了生产的过度浪费。

> **知识链接**
>
> 农村电商具有加速农业信息的流通、拓宽农产品销售渠道、创新农产品营销模式和优化农业生产资源配置等作用。

3. 集群效应

与传统的企业发展模式不同，农村电商发展的集群效应明显，发展的结果不是单一的公司壮大，而是整个村、镇的集群效应，如"堰下村""东风村""东高庄村"等淘宝村。在农村，往往是一两个主体先尝试，成功之后，被不断地仿制和传播，这既有背靠共同的区位优势的原因，也与中国农村特有的文化、传统有关——信息极易扩散。这种密集的同质性的商务活动的集中，一方面会引发一定的竞争，同时也极易形成共同的联盟和完整的产业链条，如沙集镇已经成立了电子商务协会，并形成了网店、家具生产厂、板材加工厂、家具配件店、网店专业服务商和物流快递公司等相对完善的配套体系。

4. 可扩展性

虽然农村中小企业运用电子商务技术是一个循序渐进的过程，但各企业电子商务必须随着客户需求的变化而变化，随着企业业务需求的发展，以及市场环境和管理环境的变化而进行扩展或调整，要本着一切为客户考虑的原则，以提高客户的满意度为终极目标，给电子商务的交易留有足够的余地和空间，便于随时随地伸缩延展。

5. 不均衡性

农村电商仍处于成长阶段且发展不均衡。总体来说，我国的农村电商仍处于成长期，东部地区农村电商发展已初具规模，而西部地区农村电商的发展仍处于起步阶段。在偏远山区，互联网的覆盖面小，物流基础设施依然薄弱，导致农村电商的发展仍存在很大困难。

9.4.3 农村电商的分类

农村电商在长期的发展过程中，结合地域特征、经营产品特征、不同运营商的特点，形成了丰富多彩的形式。因此，根据不同的标准，农村电商可分为不同的类型。本书主要从产品流通方向、县域发展模式、服务对象来进行分类。

1. 根据产品流通方向分类

（1）输出模式。输出模式是指农产品、手工产品、特色旅游资源等从农村向外部市场输出为主的电子商务模式。当前，农村电商主要就是以输出农村资源为主，从而解决农村产品难销、滞销问题，增加农民收入。该模式通过政府主导、政府委托企业或者企业自发，依托当地特有资源，以品牌化、标准化为路径，增加产品附加值和市场竞争力，实现农民收入的增加。

（2）输入模式。输入模式是以消费品、服务业向农村输入为主的电子商务模式。一般情况下，输入模式通过在县域设立县级服务中心，在乡镇建立服务站点，依托完善的网络服务体系和前端服务点，向农村输入农资产品、消费品、金融产品、服务项目等资源，使农民借助互联网共享发展红利。

> **知识链接**
>
> **赶街模式**
>
> 赶街模式中的消费品下乡就是一种输入模式。浙江赶街电子商务有限公司招募农村便利店、小卖铺合伙人作为农村代购点，提供网络、计算机设备等设施，并每月发放一定的酬金，在县级设立服务中心，主要进行业务培训、资源分配、广告宣传等工作。代购点的主要职责是帮助农民进行网上购物、代收发快递包裹，辅助提供电话电费缴纳、金融贷款等业务。这种模式通过在农村铺设代购点，直接将网购服务送到农户"家门口"，农户只需进行商品选择、付款就可实现"足不出户"的购物，基本等同于当下城市的网络购物的模式，在降低农民消费购物人力、财力成本的同时，带动农村整体消费，有效连通农村与城市。

2. 根据电子商务县域发展模式分类

电子商务对于县域经济转型发展的价值日益显现。一方面，它可以促进县域农业、制造业的优化升级和现代服务业的创新发展，对于调整县域产业结构具有重要意义；另一方面，电子商务进入农村，能让农民返乡创业、就业，推动农民在当地实现城镇化，同时可以拉动消费，形成新的经济增长点。根据农村电商发展的县域特征，其发展模式可以分为以下几种。

1）沙集模式——依托自产资源模式

沙集模式是互联网在农村高度应用的典型。沙集镇是从单户家具简单拼装，再通过网络销售到全国各地的模式开始的，这种做法被当地不断复制壮大，最后形成产业集群。生产规模逐步从单户自主加工发展到具备现代化和标准化水准的大型加工厂。家具加工由最初的简单拼装，发展到个性化定制。随着家具加工产业的壮大，物流、家居建材、箱包、五金、网上服务等产业迅速发展。

沙集模式是农村自发发展电子商务的典型模式，核心是"网络+公司+农户"的互相推动发展，是以家庭经营为基础，以返乡创业农民工为主体，以信息化带动产业化，从而形成的相对完整的农村电商生态链，如图9.18所示。

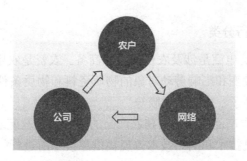

图 9.18 沙集模式示意图

2）清河模式——依托专业资源模式

清河模式是"专业市场+互联网"的农村电商模式。清河县依赖其特有的羊绒支柱产业，借助互联网进行重新整合，将互联网融入传统的羊绒加工销售产业链，有效解决销售成本高、效率低、开拓市场难等问题，带动当地羊绒产业高速发展，网商群体和交易规模迅速放大，形成依托产业优势的农村电商模式，如图 9.19 所示。

图 9.19 清河模式示意图

3）武功模式——依托区位资源模式

武功模式是基于区位优势形成的电子商务模式。陕西省武功县位于关中平原西部，地势平坦，是新疆、甘肃走出西部面向全国的重要通道，交通便捷。为此，武功县大力度发展仓储物流和物资集散业务，将自身搭建成电商枢纽，提出"买西北、卖全国"的电子商务发展战略，投资建设设施齐全的大型电子商务园区，吸引当地乃至全国的电商企业设点占位，以聚集作用形成规模效应，辐射带动青海、甘肃、新疆等西部地区农特产品销售，将自身打造成西北电子商务中转站，如图 9.20 所示。

图 9.20 武功模式示意图

知识链接

电子商务县域发展模式，除了本节介绍的三个模式，还有通榆模式、成县模式等。

通榆模式是吉林省通榆县积极探索运用电子商务进行农产品原产地直销，采取"统一品牌、统一标准、统一质量、统一包装"的方式实现网络销售的模式。

成县模式主要是"核桃书记"李祥（当地的县委书记）带领当地四大班子成员、乡村干部一起用微博、微信推动当地的优质核桃网销的模式。成县电商的模式比较简单，但他们走出了"爆品拉动，多品畅销"的路子。

3. 根据服务对象进行分类

（1）农资电商。农资电商是涉及农资的电子商务。农资是农用物资的简称，一般是指在农业生产过程中用以改变和影响劳动对象的物质资料和物质条件，如农业运输机械、生产及加工机械、农药、种子、化肥、农膜等。

（2）农产品电商。农产品电商是指在农产品的生产加工及配送销售等过程中，交易当事人或参与人利用计算机技术和网络技术等现代信息技术所进行的供求和价格等信息的收集发布、达成农产品或服务的交易，同时依托生产基地与物流配送系统完成农产品交付的一种新型商业模式。

（3）农村旅游电商。农村旅游电商是电子商务和乡村旅游、乡村经济融合发展的产物。可以认为，乡村旅游电商是在旅游电子商务的基础上加入乡村的因素，是旅游电子商务在乡村旅游活动各环节的具体应用。

（4）农村金融电商。农村金融电商是与"三农"相关的货币、信用等金融行业与互联网相结合的新兴领域，包括与"三农"相关的互联网信贷、供应链金融、预售订单融资、跨界合作金融、货币汇兑、账户预存款、移动支付等金融业务。

9.4.4 农村电商常见平台

目前，淘宝、拼多多等大型综合平台都开辟了生鲜等农村电商相关板块，流量、销售额都很大，而微商的兴起也为农产品上行提供了新的渠道。下面分别介绍农村淘宝、拼多多农产品电商以及农产品微商。

1. 农村淘宝

农村淘宝是阿里巴巴集团的战略项目，以电子商务平台为基础，通过与各地政府开展深度合作，建立县村两级服务网络，凭借电子商务的优势，突破物流、信息流的瓶颈，弥补农村地区在人才和意识方面的短板，实现"网货下乡"和"农产品进城"的双向流通功能。

2. 拼多多农产品电商

> **小思考**
> 查询资料，并思考中国邮政在农村电商方面有什么优势。

近年来，拼多多大力扶持农产品电商，将传统农产品流通环节精简为2～3个环节，使农产品直接从生产基地送到消费者手中成为可能，大幅度降低了相关成本，让消费者、农户都充分受益。同时，通过创新的"拼购"模式，拼多多将时间、空间上较为分散的农产品交易，汇聚为短期内的同质化需求，利用互联网的信息流通和规模优势为我国农产品"进城"提供有利条件。同时，拼多多于2019年开启"多多农园"项目，通过在国家级贫困县和深度贫困地区引入现代企业管理模式，培养新型电子商务经营主体，帮助农户在拼多多上开设店铺，使其转变为农商。此外，拼多多还与中国邮政达成合作，凭借中国邮政资金流、物流、商流"三流合一"的优势，找到了全新的农产品产销对接综合解决方案。

3. 农产品微商

微商是基于移动互联网的空间，借助社交软件，以人为中心、以社交为纽带的新商业模式。农产品属于生活必需品，且复购率高、单价低，与微商产品"高频购买、低价"的特征相吻合，因而农产品微商虽然起步晚，但迅速成为微商中的后起之秀。农产品微商具有门槛低、成本低的优势，农户只需要准备一部手机，注册微信账号、添加一定数量的微信好友后在微信群或微信朋友圈发布农产品销售文案，即可吸引消费者询问并购买。

课程思政

"村村通"是国家的一个系统工程，包括公路、电力、生活和饮用水、电话网、有线电视网、互联网等多个方面，是国家为构建和谐社会、支持新农村建设的一项重大举措，是一项民心工程，体现了政府执政为民的理念。

思考与练习

一、填空题

1. 阿里巴巴国际站属于_____类型的跨境电商网站。
2. 微店是一款网上购物 App，是基于_____的移动电商平台。
3. 所谓直播电商，就是指企业/品牌商以_____为载体进行营销活动，以达到提升品牌影响力和提高_____目的的一种营销活动。
4. 农村电商利用互联网的优势，直接将_____、销售者、_____联合在一起，是农业产业化经营的"助推器"和"黏合剂"。
5. 所谓_____，是指对信息服务的组成要素及其基本关系的描述。

二、简答题

1. 请说说你对移动电商的认识。
2. 请写出农村电商的特征。
3. 试阐述什么是教学培训式直播。
4. 简述移动电子商务有哪些主要应用。
5. 通过网络搜索并结合本章内容谈谈跨境电商和传统国际贸易的区别。

参 考 文 献

[1] 蔡元萍. 网上支付与结算[M]. 4版. 大连：东北财经大学出版社，2017.

[2] 于巧娥，文继权. 电子商务基础与实务[M]. 2版. 北京：中国人民大学出版社，2020.

[3] 白东蕊. 电子商务基础与实务（双色版）[M]. 北京：人民邮电出版社，2020.

[4] 朱建明，王秀利，李洋. 电子商务安全[M]. 2版. 北京：机械工业出版社，2020.

[5] 唐四薪，郑光勇，唐琼. 电子商务安全[M]. 2版. 北京：清华大学出版社，2020.

[6] 马刚，姜明，杨兴凯. 电子商务支付与结算[M]. 4版. 大连：东北财经大学出版社，2019.

[7] 胡娟. 电子商务支付与安全[M]. 北京：北京邮电大学出版社，2018.

[8] 彭明唱. 网络营销[M]. 北京：电子工业出版社，2021.

[9] 贺湘辉，刘香玉. 电子商务基础[M]. 2版. 北京：中国人民大学出版社，2020.

[10] 邓之宏，常立军. 电子商务物流[M]. 北京：北京大学出版社，2020.

[11] 鲁馨蔓. 电子商务物流管理与应用[M]. 北京：北京大学出版社，2019.